创新型经管专业精品教材

国际投资

主编 陈 涔 彭光细 刘潇潇

上海交通大學出版社
SHANGHAI JIAO TONG UNIVERSITY PRESS

内容提要

本书以国际投资基本理论为基础，紧密结合国际投资发展现状，全面介绍了国际投资的理论与实践。本书共10章，内容包括国际投资概述、国际投资基本理论、国际投资环境、国际投资主体、国际直接投资、国际间接投资、国际投资风险管理、国际投资的法律保障与争端解决、中国利用外资、中国对外投资。本书结构严谨，采用了最新的数据和案例，具有很强的实用性和可操作性。

本书可以作为经管专业学生的专业课教材，也可作为国际投资从业人员的参考书。

图书在版编目（CIP）数据

国际投资 / 陈涔，彭光细，刘潇潇主编. -- 上海 : 上海交通大学出版社，2021.8
ISBN 978-7-313-24471-0

Ⅰ. ①国… Ⅱ. ①陈… ②彭… ③刘… Ⅲ. ①国际投资 Ⅳ. ①F831.6

中国版本图书馆CIP数据核字(2021)第060237号

国际投资
GUOJI TOUZI

主　　编：陈　涔　彭光细　刘潇潇
出版发行：上海交通大学出版社
地　　址：上海市番禺路951号
邮政编码：200030
电　　话：021-64071208
印　　制：北京京华铭诚工贸有限公司
经　　销：全国新华书店
开　　本：787mm×1092mm　1/16
印　　张：13.75
字　　数：318千字
版　　次：2021年8月第1版
印　　次：2021年8月第1次印刷
书　　号：ISBN 978-7-313-24471-0
定　　价：48.00元

前言
PREFACE

国际投资是一种比较复杂的跨国性经济活动，是商品经济和社会分工国际化发展到一定阶段的产物。第二次世界大战之后，在第三次科技革命的推动下国际投资得到了极其迅速的发展。目前，国际投资和国际贸易的总量增长已成为经济全球化的重要标志和主要表现。

就我国来说，改革开放40多年来，我国经济保持了快速稳定的发展，形成了全方位、宽领域、多层次的对外开放格局。我国有越来越多的企业走出国门，以全球市场为目标进行深度全球化发展，同时，我国已连续十几年成为吸引外资最多的发展中国家。在这种经济全球化和区域经济一体化的背景下，如何在全世界范围内把握投资机会、优化资源配置、获得投资收益成为摆在我国投资者面前的重要课题。

为满足国际投资课程教学的需要，我们组织编写了这本《国际投资》。本书以国际投资基本理论为基础，紧密结合国际投资发展现状，全面介绍了国际投资的理论与实践。

在编写的过程中，我们充分考虑了国际投资课程的教学目标、知识结构、理论水平及教学计划的安排，舍弃了少数晦涩艰深的知识，灵活安排学科中的重点知识。本书共10章，内容包括国际投资概述、国际投资基本理论、国际投资环境、国际投资主体、国际直接投资、国际间接投资、国际投资风险管理、国际投资的法律保障与争端解决、中国利用外资、中国对外投资。

总的来说，本书具有以下几个特色。

- **重点突出，难易适中：**本书紧紧围绕国际投资最基础、最核心的知识，运用基本的国际投资理论建立分析框架，帮助学生理解国际投资环境评估、国际投资主体、国际投资方式、国际投资风险管理等内容。
- **内容先进，层层深入：**本书追踪国际投资的前沿动态，把国际投资理论与实践的最新发展纳入其中。例如，本书介绍了中国放开对QDII和QFII的限制，介绍了国际股票投资、国际债券投资等实用知识，还对中国引进外资及对外投资的实际情况进行了分析。

- **紧跟时事，深度解读**：本书自始至终都渗透着经济全球化和区域经济一体化的国际视野，将课本知识与最新的时事资料紧密结合，通过“章前引例”“案例”“网络资源”等版块来引导学生关注时事要闻，培养学生的国际投资理念和相关操作技能。

本书由从事国际投资教学的一线双师型教师结合课程改革实践和自身教学实践编写而成。具体编写分工如下：由湖南外贸职业学院的陈涔老师编写第 1、8、9、10 章，彭光细老师编写第 2、4 章，刘潇潇老师编写第 5、6 章，杨静老师编写第 3 章，任媛媛老师编写第 7 章。由陈涔老师、张丽健、孔德宏老师负责统稿。

在编写本书过程中，我们参考了大量的文献资料，在此，我们向参考过的中外文献的作者表示诚挚的谢意。

尽管我们在编写本书时已竭尽所能，但由于编写时间仓促，编者水平有限，书中难免存在疏漏与不当之处，敬请广大读者批评指正。

本书编委会

主　编　陈　涔　彭光细　刘潇潇

副主编　任媛媛　杨　静　张丽健　孔德宏

目录

CONTENTS

4

第四章　国际投资主体

5

第五章　国际直接投资

6

第六章　国际间接投资

7

第七章　国际投资风险管理

第一章　国际投资概述

学习目标

通过学习本章内容，学生应掌握国际投资的概念、特征、动机及分类；了解国际投资的起源与发展，以及国际投资对世界经济、东道国经济和投资国经济的影响。

章前导读

学习中国改革开放，越南发展势头强劲

2015 年，越南颁布《住房法》和《房地产经营法》，正式取消了外国人在越南购房的诸多限制。之后，大批专为海外买家打造的高端房屋项目应运而生。受此影响，越南胡志明市的住房价格指数在 2016 年至 2017 年被推至历史高位。

实际上，越南不仅放宽了房地产投资的相关政策，还积极探索经济体制改革，学习中国改革开放。

1．十五年间，GDP 增幅达 2 075%

与中国 1978 年开始实施的改革开放总方针类似，1986 年 12 月，越南确立了革新开放国家发展战略，旨在对经济体制进行改革，同时加强与外界的联系，从而促进本国经济高速发展。

根据国际货币基金组织发布的数据，2016 年越南 GDP 总值达 2 026.16 亿美元，位列全球第 43 位。从 1990 年至 2015 年的 15 年间，越南的 GDP 增幅达 2 075%，位列全球第二，仅次于中国。这些数据表明，越南的经济发展进入了稳定扩张阶段。

2. “越南制造”促进经济结构调整

长期以来，农业一直是越南国民经济的支柱产业。与农业生产总值相比，工业生产总值在国内生产总值中的占比较小。但随着经济发展模式的转变，越南工贸部报告显示，近10年来越南工业总产值增长2.5倍，约占国内生产总值的31%。

助推越南工业发展的因素来自多个方面，其中人口红利是最重要的因素。越南官方数据显示，越南35岁以下人口占比超过60%。在其他国家和地区劳动力成本不断升高的现状下，越南凭借劳动力成本优势，吸引着全球制造业企业。英特尔电脑公司、LG电子公司、西门子公司、三星电子公司等跨国公司纷纷在越南设立工厂，拉动了越南经济增长，同时也支撑了当地的房价和房租。此外，人口红利也推动了加工制造业的发展。近年来，电子产品、纺织品、服装等已成为越南主要出口产品，这些产品的出口额占越南出口总额的60%以上。

未来，越南将进一步调整经济结构，鼓励民营资本投资和外商投资，目标是吸引全球500强企业中至少150家来越投资。如今，“越南制造”声名鹊起，越南有望成为下一个世界工厂。

3. 1 000万人次！旅游业蓬勃发展

2016年，越南的外国游客量首次达到1 000万人次。2017年第一季度，越南接待外国游客共计320万人次，同比增长30.6%。这些令人印象深刻的数字充分证明，越南在发展旅游产业方面取得了成功。随着赴越外国游客数量的持续增长，旅游业正为越南经济发展做出越来越多的贡献。

尽管在国家体量上，越南和中国没有可比性，但其在GDP增幅、产业结构调整和吸纳外资的方式等方面的确和改革开放初期的中国较为相似。对于一个在20世纪80年代才从数十年战争中崛起，且一度非常贫穷的国家而言，这的确是了不起的成就。

资料来源：界面，https://www.jiemian.com/article/1877677.html

思考：

1. 什么是利用外资？
2. 越南吸引外资对本国的经济发展起到了怎样的作用？

第一节 国际投资的内涵

一、国际投资的概念

国际投资是指各类具有独立投资决策权并对投资结果承担责任的投资主体，将拥有的货币、实物及其他形式的资产或生产要素，经跨国资本流动与配置转化成实物资产、无形

资产或金融资产，同时通过跨国运营实现价值增值的经济行为。国际投资主体包括跨国公司、官方与半官方机构、跨国金融机构和自然人等。

从投资学的角度讲，投资本身并没有国际、国内之分。但由于国家的存在，各国经济制度和经济政策有所不同，各国政府对外国资本流入或本国资本流出的态度也不同，而这些人为的而非经济本身的因素会影响投资收益和风险，从而导致了国际投资和国内投资有所区别。

国际投资属于跨国性经济行为，至少涉及两类国家，即投资国和东道国。投资国，又称资本流出国或对外投资国，是指从事国际投资活动的经济主体所在的国家。东道国，又称资本流入国、资本接受国或被投资国，是指允许或吸收外国资本在本国进行投资和接受外国资本贷款的国家。

就一个国家而言，其既可以对外投资，又可以引进外商投资，即以两种不同的身份出现，既是投资国，又是东道国。

二、国际投资的特征

与国内投资相比，国际投资具有以下几个特征。

（一）投资动机具有多样性

国际投资的最终目的是获利和促进投资国和东道国国民经济的发展，其动机有很多种，包括利用东道国资源、贴近市场、维持市场份额、转移污染、开拓和维护出口市场、降低成本、分散资产风险、学习国外先进技术等。

（二）投资关系具有多重性

在国际投资中，投资关系具有多重性。就投资主体而言，无论这一投资主体是官方投资机构还是私人投资机构，其既需要处理自身与被投资机构之间的关系，又需要处理自身与东道国之间的关系。而对投资国和东道国来说，两者既有投资层面的关系，又有国家层面的关系。

（三）货币种类及货币制度呈现多元化

国内投资中一般使用本国货币，而国际投资中一般使用在国际货币市场上可以自由兑换的货币，如英镑、美元、日元、欧元等。投资者进行国际投资时，无论是筹集或运用资本，还是撤回资本或汇回利润，都面临货币结算和兑换问题。即使是发行自由兑换货币国家的投资者进行国际投资，也会发生投资者所在国货币与东道国货币的相互兑换，这是因为在大多数国家和地区一般只流通本国或本地区的货币。

此外，由于各国货币管理制度的不同和汇率的变化，国际投资者的活动经常受到不同程度的制约，进而影响国际投资的规模、流向、形式、风险及收益。

（四）投资环境具有差异性

投资环境，又称投资气候，是指影响投资活动的所有外部条件的总和，包括东道国的经济环境、政治环境、法律环境、基础设施条件和自然地理环境等诸多因素。

相对来说，投资者对本国的政治环境比较熟悉、易于了解，对经济环境较为适应。而国际投资环境往往比较复杂，主要表现为各国的政治环境不同，经济环境差异较大，法律环境比较复杂。此外，国际投资者还会面临语言不同、风俗习惯各异等障碍。对国际投资者来说，能否全面了解并很快适应差异较大的投资环境，直接影响投资进度和后续收益。

（五）投资进程具有曲折性

与国内投资相比，国际投资的进程更为复杂和曲折。

首先，国际投资的前期准备工作需要花费较长时间，包括开展对东道国投资环境的调查研究、投资项目报批、国际商务谈判等工作。由于世界上大多数的国家实行货币资本投资和结算，因此其他生产要素（如实物资本、技术等）的国际流动都受到诸多限制，这就使得国际投资活动受到许多制约。

其次，国际投资进程的曲折性还表现在项目运行环节中诸多问题的处理上。例如，资金调动、产品销售等常会受到东道国的种种限制，各种经济纠纷的解决也会受到非经济因素的影响。

（六）投资风险具有复杂性

国际投资环境复杂多变，国际投资者除了面临国内投资中常见的销售风险、财务风险、人事风险、技术风险外，还会面临汇率风险、国家风险等。例如，由于国际资金市场的汇率频繁变动，投资者手中的货币大幅贬值。又如，由于东道国政权更迭，对外政策发生变化，或者东道国出现民族纠纷和内战，外资企业的安全得不到保障。再者，由于国际社会对东道国进行经济封锁，外资企业的经营活动难以正常开展。这些都会给国际投资者造成经济损失，也使国际投资决策变得更加复杂。

三、国际投资的动机

抛开带有国际经济援助性质的国际投资不说，跨国公司进行国际投资的最终目的通常是实现利润最大化，但其直接动机却各不相同。对此，国内外很多学者进行了分析。总的来说，国际投资的常见动机主要包括以下几种。

（一）利用东道国的自然资源

利用东道国的自然资源是最常见的国际投资动机之一。可以说，自然资源的短缺和自

然资源地理分布的不均衡，是制约世界经济发展的重要因素，也是促进国际直接投资发展的主要原因之一。例如，中东地区富产石油，而其他地区很多国家都需要大量进口石油，这些国家的石油企业就设法收购中东地区的油田，或者采取其他方式参与中东地区的原油生产，以此来保证投资国国内的生产和生活需要。

（二）利用东道国的人力资源

利用东道国的人力资源也是最常见的国际投资动机之一。例如，一些发达国家由于人均收入水平很高而失去了从事劳动密集型产品生产的优势，但是仍保留资本、技术等方面的优势，所以他们把一些劳动密集型产业转移到发展中国家。又如，一些制造业企业调整生产工序，把劳动密集型的生产环节（如组装）放到发展中国家，进而充分利用当地的劳动力资源，以降低产品成本，获取更多收益。

（三）贴近市场

贴近市场包括绕过贸易壁垒和占领市场两种情况。

绕过贸易壁垒是指跨国公司为了避免因东道国的政策限制而影响出口，选择在东道国开展生产经营活动。例如，20 世纪 80 年代日本汽车企业在政府实施自愿出口限制（指出口国在进口国的要求或压力下，自动限定某一时期内某些商品的出口数量或金额，出口国超过限额即自行停止出口）的情况下，为了保住美国市场，而对美国进行直接投资。

占领市场是指跨国公司为了研发满足当地需求的产品，进一步占领东道国市场而进行投资。例如，韩国人热衷于购买本国产品，对那些想占领韩国市场的跨国公司来说，在当地建立合资企业，其产品会比较容易被韩国消费者所接受。

（四）维持市场份额

当竞争对手率先到某一海外市场进行直接投资时，为了维护自身的市场份额或者为了避免丧失主动权，跨国公司会追随竞争对手到海外投资。例如，麦当劳公司与肯德基公司这两家快餐连锁企业，基本上只要在某个城市发现其中一家，就可以断定附近还有另一家。

（五）转移污染

工业的发展会在一定程度上造成环境污染。西方发达国家的工业化历程表明，环境污染会使社会付出巨大代价。随着社会的发展，人们的环保意识逐渐增强，各国都相继颁布了一系列严格限制工业污染的法令和政策。

一些发达国家的跨国公司为了逃避本国的管制，将重污染产业以国际直接投资的方式转移到对工业污染管理较为宽松的发展中国家，甚至一些著名的跨国公司在发展中国家也可能成为污染大户。例如，2006 年 33 家在华跨国公司被曝光，原因是这些企业未能按照中国环保法规进行必要的排污控制，其中有 5 家企业是 2006 年世界 500 强企业。

四、国际投资的分类

国际投资是一种比较复杂的跨国性经济活动，是投资主体、投资目标、投资要素、投资方式、投资流向、投入与产出关系等诸多因素的内在统一。国际投资的内容十分丰富，形式也多种多样。按照不同的标准，其可以分为不同的种类。

（一）官方投资和私人投资

按照投资主体、资本来源及资本用途的不同，国际投资可以分为官方投资和私人投资。

1. 官方投资

官方投资，又称公共投资，是指由一国政府或国际组织（如世界银行、国际货币基金组织等）为社会公共利益而进行的投资。这类投资多为项目贷款。例如，投资国向东道国提供项目贷款，旨在帮助东道国兴建机场、铁路、体育场所等；又如，为了减少入黄泥沙和水土流失，改善当地生态环境，促进区域经济可持续发展，世界银行向中国政府提供 1 500 亿美元贷款。

这类投资的目的如下：一是向国际收支困难的国家提供援助，以避免由一国经济不景气造成其他国家经济衰退的连锁反应；二是以提供出口信贷的方式促进出口国产业发展；三是帮助借款国恢复经济，发展生产。这类投资一般不以盈利为主要目的，而是以友好关系为前提，并具有一定的国际经济援助性质。

2. 私人投资

私人投资，又称民间投资，是指一国居民或私人企业以盈利为目的，参与东道国经济活动并进行投资的经济行为。例如，私人或私人企业购买其他国家企业发行的股票或公司债券，或到另一国家兴办企业。

私人投资主体多为私营跨国公司。私营跨国公司规模庞大，除在国内从事生产经营活动以外，还在国外开展投资活动。它们是当前国际投资中最活跃的主体，其生产经营活动在世界生产和贸易活动中占相当大的比重。因此，这类投资主体及其投资行为也是国际投资学研究的主要内容。

小案例

可口可乐公司是著名跨国公司，也是全球最大的饮料制造商。自 1981 年进军中国市场以来，可口可乐公司为中国消费者提供超过 20 个品牌、100 种口味的产品，其系列产品在中国平均每天的销售量达到 1.4 亿杯。中国成为其全球 207 个市场中的第三大市场，而且是增长最快的市场之一。截至目前，可口可乐公司在中国建有 40 多家装瓶厂，投资额累计超过 100 亿美元，拥有员工超过 49 000 名，其中 99%为本地员工。

（二）国际直接投资和国际间接投资

按照投资主体是否拥有对海外企业的实际经营管理权，国际投资可以分为国际直接投资和国际间接投资。这是国际投资实务和理论研究中最有意义的划分方法。

1. 国际直接投资

国际直接投资，又称对外直接投资，是指投资者以拥有或控制国外企业经营管理权为核心，以获取利润为主要目的而进行的投资。

这类投资不是单纯的资金转移，而是伴随着技术、经营管理知识等生产要素由投资国的特定产业部门向东道国特定产业部门的转移。近年来，国际直接投资的规模和比重不断增大，形式也愈加多样化。

2. 国际间接投资

国际间接投资是一类仅以获取资本增值或实施对外援助与开发为目的，而不以控制经营管理权为目的，以购买外国公司的股票、债券或提供国际信贷为手段，以取得利息、股息等为形式的投资。国际间接投资主要包括国际证券投资和国际信贷投资。

国际证券投资是指一国企业、公民与他国企业、公民，进行股票、债券及金融衍生产品交易的投资，主要包括国际股票投资、国际债券投资、国际基金投资、金融衍生产品投资。

国际信贷投资是指由一国政府、银行或国际金融组织向其他国政府、银行、自然人或法人提供借贷资金，并要求后者在约定时间还本付息的投资活动，包括政府贷款、国际金融组织贷款和国际商业银行贷款等三种形式。

实际上，国际直接投资与国际间接投资不是完全割裂的。随着金融衍生产品的不断创新，以及跨国公司海外经营模式的创新，国际直接投资和国际间接投资呈现交叉进行、日益融合的趋势。例如，对于跨国公司来说，要想有效地管理现金流和其他金融资产，必须依赖于证券投资，因此，证券投资通常伴随着直接投资而产生。再有，跨国并购已经成为国际直接投资的主要形式之一，而任何一项跨国并购都离不开证券市场的运作。

（三）短期投资和长期投资

按照投资期限的不同，国际投资可以分为短期投资和长期投资。

1. 短期投资

短期投资是指投资期限在一年以内的金融投资，主要包括暂时性的相互借贷、存款，购买一年到期的汇票、债券等。

2. 长期投资

长期投资是指投资期限在一年以上的国际投资。国际投资中以长期投资居多。

第二节 国际投资的起源与发展

一、国际投资产生的历史背景

国际投资是商品经济和社会分工国际化发展到一定阶段的产物。国际投资的最初表现形式为资本输出。从历史上看，国际投资可追溯到 18 世纪中后期。当时，英国已经完成了具有历史意义的工业革命。工业革命的胜利，推动了英国社会生产力飞速发展，并为英国积累了大量资本，使英国成为当时世界的工业中心和经济中心。由于英国的工业生产需要大量的原材料和生活资料，同时其他国家进行工业革命需要资本，英国开始大举进行海外投资。随后，其他发达国家都积极开展国际投资，拓展国外市场。

19 世纪后期，国际投资获得了较快发展，发达国家涌现出了一批以全球市场为目标的跨国公司的先驱。这时期，德国拜耳公司在美国纽约州开设了制造苯胺的工厂，瑞典诺贝尔公司在德国汉堡开设了制造炸药的工厂，美国胜家公司、吉列公司也先后在英国投资建厂，并进行海外销售。

二、国际投资的发展进程

从发展进程来看，国际投资起源于国际贸易，后转化为货币资金运动，并进一步发展为跨国性生产投资活动。国际投资先后以国际贸易、国际间接投资、国际直接投资为主要表现形式，其中，以跨国公司的出现为标志的国际直接投资是国际投资的最高形式。

在国际投资中，资本在国际范围内的运动具体表现为商品资本国际流动、货币资本国际流动和生产资本国际流动，如图 1-1 所示。

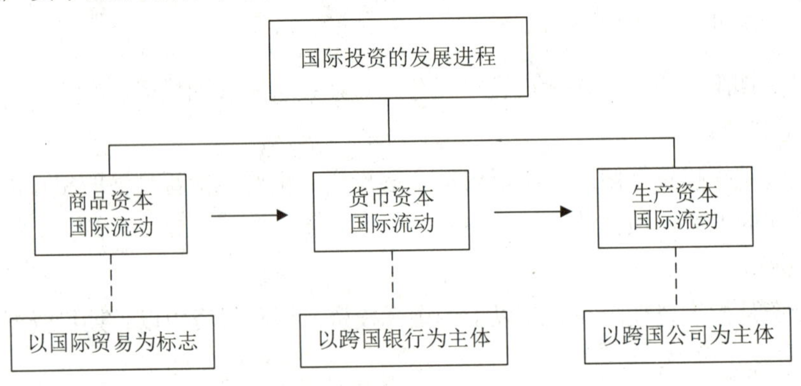

图 1-1　国际投资的发展进程

按照国际投资规模和形式的变化，可以将国际投资的发展历程归纳为以下五个阶段。

（一）国际私人投资的黄金阶段（1890—1914 年）

1914 年以前，国际投资以私人国际投资为主，这时期被称为私人国际投资的黄金时代。私人国际投资占主导地位的原因如下：在 1914 年以前的一段较长的时期内，资本主义国家处在自由竞争阶段，强调个人主义与政府互不干涉，所以当时私人国际投资很少受到政府的限制或阻碍。此外，国际上通行金本位制，使汇率波动所带来的风险和损失降到了最低。

从投资格局来看，这时期英国、法国和德国是当时最大的对外投资国，此外，荷兰与瑞士也是重要的国际资本来源地。从投资流向来看，刚开始英国的对外投资多投向欧洲大陆。1870 年以后，英国的对外投资多流向农产品和原料的重要产地，尤其是美国、澳大利亚、加拿大、阿根廷和新西兰。而法国和德国直到 19 世纪末才开始对外投资。法国的对外投资受政治因素的影响较大，主要流向俄国及东欧和北欧的一些国家，而德国的对外投资主要流向中欧、东欧的一些国家。

从投资行业来看，这时期国际投资主要表现为英、法、德、美等发达国家对殖民地、殖民国的初级产品产业进行投资，集中在铁路运输、矿物采掘、石油开采和热带植物种植等基础部门，对制造业的投资很少。

从投资形式来看，这时期国际直接投资总额只占国际投资总额的 10%左右，剩余部分为国际间接投资。以当时主要的国际投资输出国——英国和法国为例，1913 年英国的对外投资总额占全球国际投资总额的一半左右，其 70.5%为证券投资；而法国也是以债券资本输出为主，故而法国有“高利贷帝国主义”之称。

（二）两次世界大战期间的低迷徘徊阶段（1914—1945 年）

这一时期适逢两次世界大战和 20 世纪 30 年代的经济大萧条，各国均资金短缺、市场萎缩，导致传统的私人国际投资风险增大，国际投资中私人国际投资所占比重大幅减少。

这一时期，国际上各主要投资国的地位也发生了显著变化。美国从一个国际净债务国变成最大的债权国。从 1914 年至 1919 年，美国从负债约 37 亿美元变成拥有债权总额约 37 亿美元。与之形成鲜明对比的是，英国与法国由于大量借款和削减对外投资，加之他们在国外所投资资产的大幅贬值，在第一次世界大战结束时他们的债权国地位已大大削弱。因此，第一次世界大战后，新的长期国际资本的主要来源地由英国变成美国。此外，由于支付战争费用、在协约国的投资资产被没收以及在其他地区所投资资产的贬值，德国由债权国沦为净债务国。

在 1929—1933 年世界经济大危机期间，国际上主要工业国的工业总产值下降了 17%，世界贸易总额下降了 25%。在这场经济大萧条尚未完全结束之际，第二次世界大战爆发，国际投资受到了严重影响，发展十分低迷。以美国为例，这期间美国的对外投资净值下降非常严重，从 1919 年的 27 亿美元骤降至 1937 年的 5 亿美元，跌幅近 82%，如图 1-2 所示。

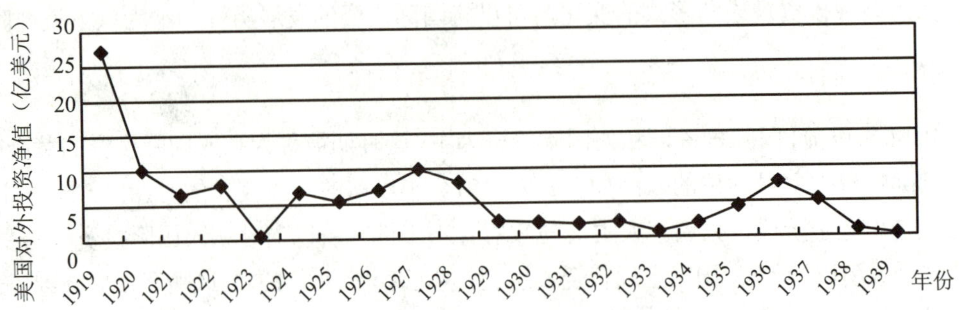

图 1-2　1919—1939 年美国对外投资净值的变化

（三）二战后的恢复增长阶段（1946—1970 年）

这一时期，世界政治经济格局相对稳定，顺势而来的第三次工业革命掀起了国际投资的新浪潮。在这个阶段，发达资本主义国家的国际直接投资总额也出现大幅增长，引起国际投资格局再次发生改变。

在第二次世界大战中，美国是唯一的得利者，由此也获得了世界政治、军事、经济的霸主地位，并迅速向外扩张，成为这一时期主要的资本来源国和主要债权国。该时期美国的私人国际投资净值数额巨大，如表 1-1 所示。

表 1-1　1946—1965 年美国私人国际投资净值

单位：亿美元

项目		1946—1955 年平均净值	1956 年净值	1958 年净值	1960 年净值	1964 年净值	1965 年净值
直接投资	新投资	6.52	19.38	11.81	16.94	24.16	33.71
	再投资	6.13	9.74	9.45	12.66	14.31	15.25
证券投资		1.63	6.34	14.44	8.5	19.61	10.8
总计		14.28	35.46	35.70	38.1	58.08	59.76

1947 年，美国宣布实行旨在帮助遭到战争破坏的欧洲国家恢复经济的“马歇尔计划”，仅 1948—1953 年，其就向欧洲提供了 136 亿美元的资金。此后，随着世界经济的恢复与发展，西方主要投资国的国际投资规模大幅增长，其他国家的国际直接投资规模也显著增长，尤其引人注目的是，一些发展中国家和地区（如印度、韩国、新加坡、阿根廷、巴西及中国香港、中国台湾等）也开始对外投资。另外，该时期的国际投资方式也由原来的以证券投资为主，开始转变为以直接投资为主。

（四）高速发展阶段（20 世纪 70 年代至 2000 年）

20 世纪 70 年代以后，随着金融体制改革的不断深化，跨国公司进一步推进全球化发展，促使国际投资进入高速发展阶段。

在科技进步、金融创新、投资自由化和跨国公司全球化等多种因素的共同作用下，国际投资在这一阶段蓬勃发展，成为世界经济舞台上的一抹亮色。其中，1991—2000 年全球国际直接投资总额呈现不断增长的态势，如图 1-3 所示。

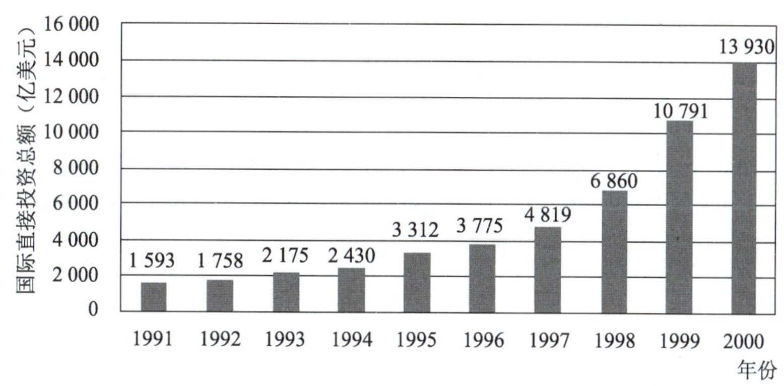

图 1-3　1991—2000 年全球国际直接投资总额走势

资料来源：联合国贸易发展会议《世界投资报告 2003》，中华人民共和国商务部

这时期国际直接投资总额的增长率大大超过同期世界总产值和世界出口总额的增长率，如图 1-4 所示，由此，国际直接投资成为国际投资的主要形式。

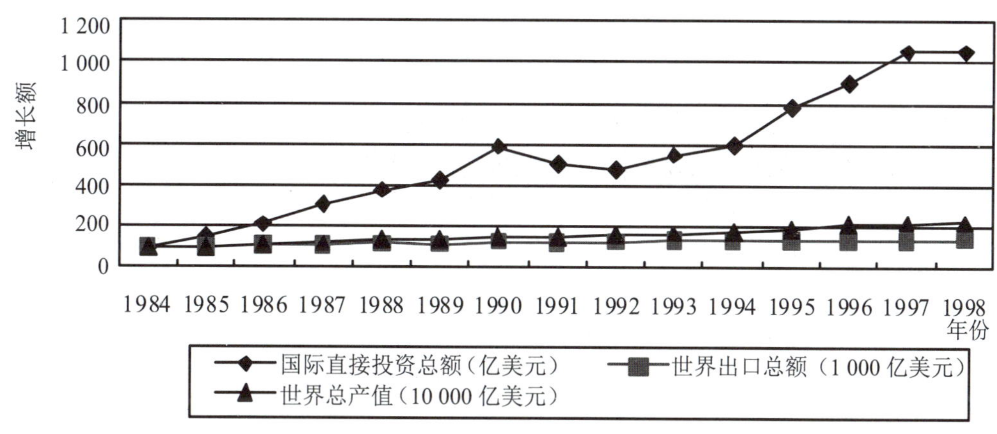

图 1-4　1984—1998 年国际直接投资总额、世界出口总额和世界总产值的增长

资料来源：联合国贸易发展会议《世界投资报告 2003》，中华人民共和国商务部

20 世纪 80 年代，发达国家间的相互投资（又称交叉投资）不断增长，不仅在国际资本流动中占据相当大的比重，而且在国际直接投资中占据重要的地位。这时期世界上大致

形成了以美国为中心的北美圈、以英国为中心的欧盟圈和以日本为中心的亚洲圈的“大三角”国际投资格局。联合国贸易发展会议资料表明，在 1985—2000 年间，“大三角”国家所主导的国际直接投资总额占全球国际直接投资流入总量的 75%和流出总量的 85%。

（五）国际投资调量整理阶段（2001—2013 年）

进入 21 世纪以后，全球大部分国家的经济发展速度有所下降，相应地，国际投资的规模也出现了一定幅度的下降。《世界投资报告》显示，2002 年全球国际直接投资总额仅为 6 510 亿美元，只有创纪录的 2000 年总额的一半。2003 年全球国际直接投资流入量更是进一步跌至 5 600 亿美元，处于 21 世纪初的最低水平。

2004 年之后，全球国际直接投资流入量出现反弹，连续 4 年出现增长。2007 年，这一数字达到 18 330 亿美元，高于 2000 年的最高纪录，反映出世界很多地区的经济出现强劲增长。然而，这种良好的发展势头因为世界范围内的经济危机与金融危机而暂停。2008 年，全球国际直接投资总额下降至 16 970 亿美元。2009 年，这一跌势继续且势头加大，降至 11 140 亿美元。

2010 年全球国际直接投资流入量小幅回升，全球工业产值和贸易总额已恢复至危机前水平。2011 年全球国际直接投资总额超过了危机前的均值，达到了 15 000 亿美元，但仍然比 2007 年的峰值低约 23%。

在经历了两年的小幅回升后，2012 年全球国际直接投资总额再次下降，降至 13 500 亿美元，且回升需要的时间明显长于预期。出现这种现象的主要原因是全球经济的脆弱性和政策的不确定性增加。2013 年，全球国际直接投资总额恢复上升趋势，达到 14 500 亿美元。由此可见，后危机时代国际直接投资仍然处于不断调整的阶段。

网络资源

登录联合国贸易和发展会议官网 https://unctad.org/，查阅历年《世界投资报告》，了解全球国际投资发展的最新动态和历史数据。

三、国际投资的发展趋势

（一）世界投资趋势

1．全球国际直接投资增长乏力

联合国贸易和发展会议发布的《世界投资报告》指出，长期看全球国际直接投资增长乏力，尽管在 2008 年全球金融危机之后世界经济出现了短暂的复苏，但跨境投资停滞不前，贸易增长乏力，全球价值链增长放缓。

以 2016 年的数据（见表 1-2）为例，当年吸收国际直接投资最多的国家和地区中发展

中经济体占一半，美国高居榜首，英国在巨额跨国并购的推动下跃升至第二位，中国排名第三位。2017 年至 2018 年，全球国际直接投资总额大幅下降，2019 年全球国际直接投资总额上升 3%。

表 1-2　2016 年吸收国际直接投资最多的国家和地区排名

单位：亿美元

排名	国家/地区	2016 年国际直接投资流入量
1	美国	3 850.0
2	英国	1 790.0
3	中国	1 337.0
4	中国香港	1 081.3
5	荷兰	919.6
6	新加坡	616.0
7	巴西	586.8
8	澳大利亚	481.9
9	印度	444.9
10	俄罗斯	376.7

2. 国际直接投资是重要的外部资金来源

流入发展中经济体的外部资本很多，其中，国际直接投资是数额最大、最稳定的外部资金来源。总体来看，这些资金还远未达到联合国可持续发展目标（联合国制定的 17 个全球发展目标，旨在从 2015 年至 2030 年间以综合方式彻底解决社会、经济和环境三个维度的发展问题，转向可持续发展道路）所规定的年均投资水平。

3. 大型经济集团左右全球国际直接投资

《世界投资报告》指出，从近几年的世界投资数据看，来自大型经济集团的国际直接投资左右着全球国际直接投资的发展。2016 年，流入二十国集团（G20）的国际直接投资总额首次超过了一万亿美元。一些集团如英联邦、金砖国家、非洲、加勒比和太平洋国家集团基本都是国际直接投资的目的地，而其他集团如 G20、亚太经合组织（APEC）、北美自由贸易区则是国际资本的来源地。除这些大型集团外，跨地区的安排（如“一带一路”倡议）也广泛刺激了国际直接投资的增长。

网络资源

登录网址 https://www.iqiyi.com/v_19rr8n8nso.html，观看“‘一带一路’成为带动国际投资新引擎”视频。

（二）地区投资趋势

1. 发达国家：跨国并购成为主要动力

从发达国家的世界投资情况看，大型跨国并购成为国际投资的主要动力。大型跨国并购是融合全球经济的重要途径，跨国收购特别是涉及大型跨国公司巨额投资和重大改组的兼并和收购是发达国家企业深度全球化最明显表现。

2. 亚洲地区：全球最大的投资目的地

《世界投资报告》指出，亚洲是全球最大的国际直接投资目的地，2019 年全球超过30%的外资流入该区域，总额达 4 740 亿美元。其中，2019 年流入南亚和东南亚的国际直接投资总额与 2018 年相比分别增长 10%和 5%，流入中国的外资达 1 410 亿美元，创历史新高。

（三）投资政策趋势

1. 投资政策的复杂性、不确定性日益凸显

各国对可持续发展的重视增大了投资政策的挑战性和复杂性。各国决策和决策过程的差异越来越大，从中反映出各国社会和政府在面对全球化时所采取的应对方式有所不同。许多国家都积极促进外国公司在本国的发展，但也有一些国家对外国公司收购本国企业或外国公司的某些投资决策保持审慎态度。由于政府干预越来越频繁，国际投资者对投资政策的预见性也越来越低。

从国际层面看，国际投资协定（指国家或地区针对有关跨境投资的事宜订立条约，旨在保护、促进和开放投资）改革势头强劲，从而提高了协定的现代化水平，不过也有一些国家选择退出协定。总的来说，超大型区域协定的谈判难度和执行难度在不断增加。

2. 各国不断出台监管措施和限制性规定

联合国贸易发展组织的数据显示，近年来上百个国家和经济体采取了许多影响外商投资的措施，其中大部分都与投资自由化和投资促进有关，小部分为新的限制性规定和监管措施。

对外国投资者而言，进入许多行业尤其是金融服务业、采掘业和房地产业，变得更容易了。许多国家简化了注册流程，提供了新的投资激励，改革了国内投资争议解决体系。此外，一些国家推广私有化和新的公私合作模式也对引进外资起到了促进作用。

第三节 国际投资的经济影响

在国际投资不断发展的过程中，其带给不同国家的影响是不同的。正如经济学家约瑟夫·斯蒂格利茨所言，“全球化犹如一股汹涌的波涛，它既可以吞没一些国家，也可以推

动一些国家向前”。本节主要从短期国际投资和长期国际投资对世界经济、东道国经济和投资国经济的影响的角度出发，进行研究和探讨。

一、短期国际投资对世界经济的影响

短期国际投资一般表现为国际间的短期资金融通活动、信用活动等资本投资活动，其特点是资产流动速度快、周期短。短期国际投资对世界经济的影响主要表现在以下几个方面。

（一）对国际收支的影响

短期国际投资有助于促进国际收支的平衡。当一国国际收支出现暂时性逆差时，该国汇率会下降，此时如果投资者预期这种下跌是暂时的，他们会买进该国货币，等到汇率上升时再卖出。这种短期资本投资有助于减少国际收支逆差。反之，当一国的国际收支出现暂时性顺差时，该国货币汇率会上升，投资者会卖出该国货币，等到汇率下降时再买进，从而形成短期资本外流，有助于减少国际收支顺差。

（二）对货币政策的影响

短期国际投资的资金流动性强，对货币政策的变化反应灵敏，因此，其会在较大程度上影响各国货币政策的效力。当一国政府想通过提高利率来缓解国内通货膨胀时，大量流入的短期资金会使该国国内货币供给量增加，从而减弱紧缩性货币政策的力度。反之，当一国政府想通过降低利率来缓解国内通货紧缩，又会诱发大量的资本外流，导致国内货币供给量减少，从而削弱扩张性货币政策的实效。

总体看来，短期资本频繁流动，不仅加大了各国政府实施货币政策的难度，也增加了各国协调经济金融政策的难度。

（三）对国际金融市场的影响

短期国际投资的资本特别是投机资本，在国际间迅速地大规模流动，会造成各国利率和汇率的大起大落，加剧国际金融市场的动荡。进入 20 世纪 90 年代以来，国际金融市场经常充斥着数万亿美元的游资，它们脱离生产领域，在各国开放的金融市场中频繁流动，随时会对各国的资本市场、证券市场、外汇市场和黄金市场形成强烈冲击。

（四）对国际贸易的影响

短期国际投资活动包括国际贸易中的预付货款、延期支付、票据贴现和短期贷款等活动。这类活动大多是伴随着贸易双方获得必要资金及进行债权债务结算而产生的，对国际贸易有一定的促进作用。还有一类短期国际投资活动是由一些短期因素（如挤兑）引起的，并不能反映各国经济发展的客观要求，这类活动往往会加剧国际信贷活动的不规律变动，促使利率和汇率的频繁变动，进而导致国际贸易的风险增加。

（五）对世界经济波动的影响

经济波动是指由经济周期导致的经济景气与衰退的规律性变动。当一国发生经济衰退时，国内的投资机会减少，该国的资本就会流向其他国家，导致国内的经济形势更加严峻，进而对世界经济波动造成一定的影响。这种短期资本流动特别是以投机为目的的短期资本流动，会在一定程度上加剧世界经济的波动，甚至扰乱正常的国际金融秩序。

二、长期国际投资的影响

长期国际投资的期限长，资本金额巨大，会对东道国经济和投资国经济的长期稳定和持续发展产生较大影响。

（一）对东道国经济的影响

1. 积极影响

长期国际投资对东道国经济的积极影响主要包括以下几个方面。

（1）长期国际投资有利于扩大东道国的产品出口。投资国常以输出资本或将劳动、资源密集型产业向发展中国家转移的方式进行长期国际投资，目的是利用当地资源。而吸收外国资本的东道国，则可以通过引进先进技术和利用外国投资者的国际销售渠道，不断提高本国产品的出口创汇能力。例如，马来西亚在 20 世纪七八十年代就是通过大举引进外资、开办出口导向型的合资企业，使其出口规模不断扩大。

（2）长期国际投资可以解决东道国资金短缺的困难。有些东道国尤其是一些发展中国家，受经济发展水平的制约，居民储蓄率较低，需要靠外国资本来解决资金短缺的困难。例如，韩国、新加坡等国家在经济腾飞初期都曾面临资金短缺的问题，后来他们吸收了大量外国资本，助力了自身经济发展。

（3）长期国际投资可以增加东道国的就业机会。长期国际投资能够为东道国带来资本、技术、设备等生产要素，进而增加国内的就业机会。例如，1986 年墨西哥利用外资建设出口加工区，为本国人民提供了 30 多万个就业岗位。

（4）长期国际投资能够提高东道国的工业化水平。长期国际投资中有些是以技术入股、技术转让的方式开展，即由投资国向东道国提供比较先进的技术和工艺，这能够大大提升东道国的技术水平和工艺水平。例如，20 世纪 60 年代日本引进外国资本，同时消化吸收外国先进技术，从而迅速提高了工业化水平。

2. 消极影响

长期国际投资对东道国经济的消极影响主要包括以下几个方面。

（1）长期国际投资的资本进入国民经济的重要部门或控制和支配某些重要行业，会

使东道国的民族工业受制于外国资本。由此，东道国可能面临丧失经济决策自主权、增加对外国资本依赖性的风险。

（2）过量的外国资本流入会导致沉重的债务负担。东道国如果过度借入国际贷款或发行国际证券而不能充分有效地管理所筹集到的外资，就可能造成还本付息的困难，甚至导致债务危机。

（3）长期国际投资如果旨在对资源进行掠夺性开采或占领东道国市场，会严重威胁东道国长期、稳定、持续的发展。20 世纪初许多拉美国家就遭受过这样的教训。

（二）对投资国经济的影响

1. 积极影响

长期国际投资对投资国经济的积极影响主要包括以下几个方面。

（1）长期国际投资可以推动商品和劳务出口。长期国际投资不是单纯的货币资本输出，而是包括货币资本、技术设备、管理经验和知识产权等相关要素的整体输出。例如，到国外投资办厂除了要投入货币资本外，还有投入技术设备、专家指导服务、技术培训等。

（2）长期国际投资能够提高投资国的资本收益。有些投资国尤其是一些资本相对过剩的发达国家，新增投资的预期利润率比较低，资本的边际收益率往往是递减的。因此，把闲置的资本转移到资本相对短缺且投资利润回报率较高的国家或地区，就能够提高资本收益，增加国民收入。

（3）长期国际投资有利于破除贸易保护主义壁垒。目前，国际市场竞争加剧，贸易摩擦严重，倾销与反倾销的贸易保护主义斗争在全球愈演愈烈。许多具有一定经济实力的国家选择向海外输出资本、到国外进行长期投资，并将之作为冲破贸易保护主义壁垒、规避贸易制裁、巩固海外市场份额的有效手段。

2. 消极影响

长期国际投资对投资国经济的消极影响主要包括以下几个方面。

（1）可能培养投资国的潜在竞争对手。投资国将大量的资金、先进的技术设备及科学管理经验输往东道国，将刺激并提升东道国产品的国际竞争力。东道国经济发展起来之后，其产品的国际竞争力不断增强，东道国必然会与投资国在国际市场上展开竞争，甚至取代或动摇投资国的国际地位。例如，日本、韩国等亚洲新兴工业化国家在 20 世纪六七十年代积极引进外资，之后通过技术积累在汽车、造船、家电等领域取得了竞争优势，成为欧美发达国家的主要竞争对手。

（2）资本过度外流会在一定程度上破坏投资国的经济秩序，影响国内经济发展。任何国家的资本都是有限的，长期资本过量输出必然会削弱投资国的资金供给能力，使国内的就业机会减少、国民收入与财政收入降低，从而造成国内“产业空心化”的局面，严重影响国内经济的稳定发展。

（3）可能给投资国带来经济损失和贸易摩擦。东道国的政治、经济、文化、法律背景错综复杂，国际投资者往往需要承受巨大的风险。尤其是当东道国发生军事政变、内战、动乱、民族纠纷，或是实施不利于外资企业的法令，或是陷入债务危机时，国际投资者就会处于被动局面，可能蒙受巨大的经济损失，甚至连人身安全都受到威胁。这时就可能给投资国带来经济损失和贸易摩擦。

关键术语

国际投资　投资国　东道国　官方投资　私人投资　国际直接投资　国际间接投资

课后练习

一、不定项选择题

1.（　　）是指各类具有独立投资决策权并对投资结果承担责任的投资主体，将其拥有的货币、实物及其他形式的资产或生产要素，经跨国资本流动与配置转化成实物资产、无形资产或金融资产，同时通过跨国运营实现价值增值的经济行为。

A．国际直接投资　　B．国际投资

C．国际间接投资　　D．国际证券投资

2．国际投资中的长期投资是指（　　）以上的投资。

A．三年　　B．八年　　C．一年　　D．五年

3．世界银行给某一发展中国家提供贷款，用于该国开发牧业，这属于（　　）。

A．短期投资　　B．公共投资

C．私人投资　　D．间接投资

4．国际直接投资与国际间接投资的区别是（　　）。

A．前者可以是实物投资，后者不可以是实物投资

B．能否有效地控制作为投资对象的海外企业

C．前者是个别经营单位进行的投资，后者是政府进行的投资

D．前者属于长期投资，后者属于短期投资

5．第一次世界大战前，国际投资是以（　　）为主。

A．证券投资　　B．实业投资

C．直接投资　　D．私人投资

6．长期国际投资对东道国经济的积极影响包括（　　）。

A．长期国际投资有利于扩大东道国的产品出口

B．长期国际投资可以解决东道国资金短缺的困难

C．长期国际投资可以增加东道国的就业机会

D．长期国际投资能够提高东道国的工业化水平

7．长期国际投资对投资国经济的消极影响包括（　　）。

A．可能培养投资国的潜在竞争对手

B．资本过度外流会在一定程度上破坏投资国的经济秩序

C．可能给投资国带来经济损失和贸易摩擦

D．过量的外国资本流入会导致沉重的债务负担

二、判断题

1．国际投资风险比国内投资风险更复杂。（　　）

2．国际直接投资是将货币、技术、设备、经营管理等资源进行一揽子跨国移动和重新配置。（　　）

3．国际投资对世界经济的影响可以概括为“有百利而无一害”。（　　）

三、简答题

1．简述国际投资的分类。

2．简述国际投资的发展历程。

3．简述短期国际投资对世界经济的影响。

4．简述长期国际投资对东道国经济的影响。

第二章　国际投资基本理论

学习目标

通过学习本章内容，学生应掌握西方国际直接投资理论、发展中国家直接投资理论及国际直接投资理论的最新发展，并能够运用国际直接投资理论解释国际直接投资现象。

章前导读

迪士尼童话王国的扩张之路

成立于 1923 年的迪士尼公司从美国本土开始，历经了近百年，逐步扩张到全球各地，并将业务从最初的动画电影扩展到 5 大板块，包括媒体网络、主题公园及度假区、影视娱乐、消费品和互动娱乐。2016 年，迪士尼公司全年营收为 556.32 亿美元，同比增长 6%，市值达 1 533 亿美元。可以说，迪士尼公司是全球众多文娱企业的最终目标。纵观迪士尼公司的发展历程，可以发现其全球扩张路线大致分为三条。

第一条路线是推出多部经典动画影片。1928 年，迪士尼公司推出了自己的第一部动画片《威利号汽船》，塑造了米老鼠这一著名的动画人物。1937 年，迪士尼公司发行了世界上第一部有剧情的长篇动画影片《白雪公主和七个小矮人》，并发行了电影原声音乐唱片。之后，迪士尼公司几乎每年都推出新片，塑造了非常多的经典卡通形象。可以说，迪士尼公司引领了世界动画电影的潮流，由此，经典动画也成为迪士尼公司最主要的象征。此外，迪士尼公司还收购了皮克斯影业、漫威漫画、卢卡斯影业等三家电影公司，进一步壮大了动画影片制作实力，同时借助动画影片的影响，把自身的品牌文化推

向全世界。

第二条路线是建设和扩展主题乐园及度假区。1955 年，迪士尼公司将动画中的角色和魔幻表现手法与游乐园功能相结合，推出了世界上第一个现代意义上的主题公园，即迪士尼乐园。迪士尼乐园充满了梦幻和童真，里面不仅设置了各个经典影片中的场景和卡通形象，还配有酒店、游乐场、商店等。

目前，全球已建成 6 座迪士尼乐园，分别位于美国的洛杉矶和奥兰多，日本东京，法国巴黎，中国的香港和上海。在全世界儿童的心中，迪士尼乐园已经成为欢乐的代名词。随着迪士尼公司不断推出新的动画影片，迪士尼乐园的主题也不断增多，成为“永远建不完的乐园”。2016 年迪士尼主题乐园收入达 169.74 亿美元，占迪士尼公司总营收的 30%，迪士尼公司的董事会执行主席表示，主题乐园收入是迪士尼公司最稳定的收入来源之一。

第三条路线是推出各种消费产品及衍生产品。一方面，迪士尼公司采用授权的方式与其他知名的服装、玩具品牌合作，推出联名产品；另一方面，迪士尼公司在全球开设了 300 多家迪士尼连锁商店。2015 年，迪士尼旗舰店首次落户中国，位于上海陆家嘴，是全球最大的迪士尼商店，销售超过 2 000 种迪士尼公司旗下的商品，包括服饰、玩具、生活用品等。随后，迪士尼乐园落户上海，迪士尼公司在上海兴业太古汇开设了第二家迪士尼商店。

迪士尼品牌之所以能风靡全球，很大程度上是因为其推出的这三条路线相互促进，不断循环，形成了迪士尼公司强大的核心竞争优势。

资料来源：亿欧网，https://www.iyiou.com/news/2017102558192

思考：

迪士尼公司是如何从最初的动画电影公司扩张成风靡全球的童话王国的？

国际投资理论是国际投资研究的基石。为什么跨国公司要进行国际投资？如何从深层次认识跨国公司进行国际投资所遵循的规律？这些问题的答案可以从国际投资的基本理论中找到。这些理论的形成和发展与国际投资的实践有着密切的关系。

随着国际投资的发展，国际投资的理论研究也经历了数个阶段的演化。具体来说，国际投资理论分为国际直接投资理论和国际间接投资理论①。20 世纪 60 年代以后，西方跨国公司的崛起使国际直接投资的发展超过了国际间接投资，使以西方跨国公司为研究对象的国际直接投资理论研究成为主流。20 世纪 70 年代以后，在全球金融自由化和金融创新的推动下，国际证券投资迅速复苏，国际证券投资理论也迅速发展起来。

---

① 国际间接理论主要包括古典国际间接投资理论和现代国际间接投资理论，前者着重说明国际间接投资的原因和资本流动规律，后者着重说明国际间接投资的选择和优化组合。古典国际间接投资理论中最具代表性的是美国经济学家麦克杜格尔提出的国际资本流动理论。现代国际间接投资理论是现代西方证券投资理论在国际投资领域的延伸和拓展，具有代表性的理论有美国经济学家马科维茨的证券组合理论、威廉·夏普的资本资产定价理论、罗斯的资产套利定价理论等。对于国际间接理论，可参照投资学和证券投资的相关教材自行学习，本章不做详述。

本章主要介绍在当代西方国际投资理论中占主导地位、影响最为广泛的各种国际直接投资理论，包括垄断优势理论、产品周期理论、比较优势理论、内部化理论、国际生产折衷理论等，并对近 20 多年来涌现出的比较有影响力的发展中国家直接投资理论进行简要归纳，以使读者对国际投资理论的发展有所了解。

第一节 西方国际直接投资理论

最初的国际直接投资理论主要以发达国家及其企业为研究对象，试图从不同的角度对发达国家及其企业的国际直接投资行为进行解释，具有代表性的理论有垄断优势理论、国际产品生命周期理论、内部化理论、比较优势理论和国际生产折衷理论。

一、垄断优势理论

（一）垄断优势理论的主要内容

垄断优势理论是最早的国际直接投资理论，由加拿大经济学家海默于 1960 年在《国内公司的国际经营：国际直接投资研究》一文中提出，之后美国经济学家约翰逊、凯夫斯等人对该理论进行了拓展研究。

海默认为，国内市场和国际市场的不完全竞争性特点导致了跨国公司具有相应的垄断优势。这些垄断优势使跨国公司能排斥东道国企业的竞争，维持较高的垄断价格和利润，这也是跨国公司进行国际直接投资的主要原因。

具体而言，跨国公司拥有的垄断优势包括以下几个方面。

（1）市场垄断优势，主要表现为跨国公司拥有品类齐全的产品、稳定的销售渠道、操纵市场价格的能力等。

（2）生产垄断优势，主要表现为跨国公司拥有技术专利、专有技术、融通资金优势、生产模式优势、管理经验优势等。其中，技术专利和专有技术可以限制竞争者进入，帮助跨国公司占领市场；融通资金优势、生产模式优势和管理经验优势能帮助跨国公司扩大生产，维持垄断地位。

（3）规模经济优势，主要表现为跨国公司通过一体化经营实现内部规模经济和外部规模经济，从而降低了成本，获得了更多的利润。

（4）政府的管理行为带来的优势，主要表现为跨国公司利用政府的税收政策、关税政策、利率政策和汇率政策等所带来的优势获利。

按照垄断优势理论，市场的不完全竞争是跨国公司进行国际直接投资的根本条件，而进行国际直接投资的决定性因素是跨国公司所拥有的垄断优势。此外，垄断优势理论还解释了为什么跨国公司选择国际直接投资而不选择出口产品或转让许可证。海默认为，跨国

公司进行国际直接投资的原因包括两个方面：一是东道国的关税壁垒阻碍了跨国公司通过出口扩大市场，因此，跨国公司必须通过国际直接投资绕过关税壁垒，从而维持并扩大市场；二是技术产品不能通过销售获得全部利益，而进行国际直接投资可以保证跨国公司实现对国外经营活动和技术应用情况的控制，还可以获得技术资产的全部收益。

（二）垄断优势理论的发展与完善

西方学者对垄断优势理论进行了补充和拓展，其中具有代表性的理论有以下几种。

1. 约翰逊的知识资产占有能力论

美国芝加哥大学教授约翰逊认为，跨国公司进行国际直接投资的优势主要来自对知识资产的占有和使用。知识资产包括专利、专有技术、技术诀窍、管理与组织经验、销售经验等无形资产。与其他资产相比，知识资产的创造成本很高，但是通过国际直接投资来利用这些知识资产的成本却很低，有时甚至为零。跨国公司过去为创造这些知识资产已经进行了大量研究与开发，子公司或分公司可以无成本或低成本使用母公司的知识资产，而其他企业要想获取同类知识就要付出全部成本。跨国公司的优势在于始终把握新知识，并在其公司内部传播，以确保自身在知识资产方面的竞争优势。

2. 凯夫斯的产品差异理论

美国经济学家凯夫斯认为，跨国公司拥有的垄断优势主要体现在产品差异性上。跨国公司会利用其生产技术优势、管理优势等使其产品在质量、包装、功能、外观等方面与其他公司的产品产生差异，也会利用商标、品牌等增加产品价值，吸引更多的消费者，从而获得产品定价和市场占有率方面的优势。

产品差异造就竞争优势

产品差异是指由产品的质量、知名度、生产地点、生产时间、适用性等因素造成的同类产品之间的差异。在许多消费者心目中，著名跨国公司的产品总是与品质优良相联系，这种认识既可能来源于消费者的实际体验，也可能来源于广告宣传。例如，1988 年美国宝洁公司进入中国市场之后，陆续发布了六大洗发护发品牌、20 多个产品系列，包括飘柔、潘婷、海飞丝、沙宣、润妍、伊卡璐。每个品牌都有自身特色，相互之间既有合作又有竞争。此外，每个品牌都邀请了不止一位具有超高人气的明星代言人，并密集发布了许多广告。这种多品牌战略和广告营销战略促进了产品差异化，帮助宝洁公司迅速打开了中国市场。

3. 尼克博克的寡占反应理论

寡占是指由几家大企业占领绝大部分市场份额的市场结构。美国著名学者尼克博克认为，第二次世界大战后美国企业大举进行国际直接投资的现象主要是由寡占反应行为引起的。寡占反应是指一旦有一个寡头到国外建立子公司，其他寡头就会追随而至，以抵消领先者可能取得的优势，从而保持原有市场份额的现象。

尼克博克还提出了进攻性投资与防御性投资两个概念。进攻性投资是指率先在国外建立第一家分支机构的寡头公司所进行的投资；防御性投资是指同一行业的其他寡头公司追随进攻性投资，在临近地点进行的投资。

用寡占反应理论解释汽车巨头的“龙虎斗”

寡占反应理论说明了寡头做出国际直接投资决策时，首先考虑的不是眼前的盈利，而是先占领市场。运用该理论能很好地解释两家跨国汽车巨头——通用汽车公司和丰田汽车公司在抢占中国市场时上演的“龙虎斗”。

1997 年，通用汽车公司在上海成立了上海通用汽车公司。几年后，上海通用汽车公司南征北战，硕果累累，形成了“北有烟台的上海通用东岳汽车公司，南有柳州的上海通用五菱汽车公司”的布局。

在布局上，通用汽车公司领先了一步，但丰田汽车公司也没有坐失良机。1998 年四川丰田汽车公司成立，2002 年天津丰田汽车公司成立，2004 年广州丰田汽车公司成立……丰田汽车公司步步紧逼，丝毫不肯将中国市场轻易地拱手让人。

在这场市场争夺战中，先是通用汽车公司“快攻”，然后丰田汽车公司“跟进”，这两家汽车巨头在中国上演了一出寡占反应的大戏。

（三）对垄断优势理论的评价

垄断优势理论开创了国际直接投资理论研究的先河，其侧重于研究市场的不完全竞争所带来的客观有利条件，强调跨国公司凭借的是其所拥有的各种优势特别是技术优势，并将其看作跨国公司进行国际直接投资的决定性因素。该理论的最大贡献在于将国际投资研究从流通领域转入生产领域，为后来者的研究开辟了广阔的天地。

但是，垄断优势理论也存在许多局限性。该理论是基于美国制造业企业的国际直接投资活动而得出的结论，侧重于解释知识和技术密集型企业的境外投资活动，缺乏普遍的指导意义，难以解释发达国家中小企业的国际投资行为，也不能解释不具备垄断优势的发展中国家企业的国际投资行为。此外，该理论只回答了企业为什么能到国外投资并从事直接生产，而基本上没有回答企业为什么要到国外生产和到哪儿去生产等问题。

案例

雀巢公司收购惠氏奶粉

2012 年 4 月 23 日，在经历了多次报价、竞购之后，“并购狂人”雀巢公司以 118.5 亿美元收购辉瑞公司的营养品业务及其旗下的婴幼儿奶粉品牌惠氏。

按照垄断优势理论分析，雀巢公司拥有的优势如下。

（1）技术优势。雀巢公司的研发中心遍布全球，包括设在瑞士的基础研究中心和分布在欧洲、亚洲、非洲及美洲等地区的 29 个研发中心，拥有约 5 000 名研发人员。研发人员的主要任务是从健康和营养、食品科学、食品与顾客的交互、食品安全质量等方面入手，帮助雀巢公司开发高品质食品。

（2）资金优势。2011 年，无论是在新兴市场还是在发达市场，雀巢公司都取得了良好的业绩，收入和利润都获得了增长。2011 年，雀巢公司公布的销售额为 836 亿瑞士法郎。

（3）组织管理优势。雀巢公司的成功是多种因素共同作用的结果，其中“整体+模块”战略的实施是一个重要因素。公司总部对生产工艺、品牌、质量控制及主要原材料等做出了严格的规定，而各子公司有权根据所在国的市场需求决定每种产品的最终形态，从而实现了国际性经营和当地国家经营之间的平衡。

资料来源：腾讯网，https://finance.qq.com/a/20120423/006151.htm

二、国际产品生命周期理论

国际产品生命周期理论的奠基人是美国经济学家弗农。弗农经过长期研究发现美国跨国公司通常根据产品所处的不同阶段决定这些产品的生产和销售地点。基于此，他提出跨国公司的国际投资决策与产品生命周期有关。

（一）国际产品生命周期理论的主要内容

国际产品生命周期理论将产品生命周期划分为产品创新阶段、成熟阶段和标准化阶段，然后用国际产品生命周期的变化规律来解释跨国公司的国际投资决策和美国与其他国家之间国际贸易格局的变化规律。

1. 产品创新阶段

在产品创新阶段，创新国（如美国）的企业凭借雄厚的研发能力来发明新技术，开发新产品，并将新产品投放于本国市场。在这个阶段，企业通常选择在国内生产新产品，一方面因为处于创新阶段的产品尚未定型，有待进一步改进，在国内生产既容易获得所需的零部件等，又便于根据市场的反应及时对产品进行调整；另一方面，通常新产品的需求价格弹性较低，企业可以在国内采用高价策略，从而在投入初期迅速收回成本。在这个阶段其他国家由于不具备相关技术而无法生产该新产品，因此不得不从创新国进口，而创新国企业则凭借技术、产品性能和品牌优势，能够从国外市场获得丰厚的利润，无须冒更大的风险到海外开展投资活动。

2. 产品成熟阶段

随着新技术趋于成熟，产品已经定型，市场对产品的需求增大，市场的需求价格弹性也变大，这时降低生产成本成为必要。同时，由于产品在国外市场的大量销售，产品的生产技术也开始扩散，国外竞争者开始制造仿制品，由垄断技术带来的优势随时可能丧失。而进口国为了保护国内企业也开始实施关税与非关税壁垒。此时，创新国企业为了避免贸易摩擦、接近消费市场和减少运输费用，就会采用国际直接投资的方式，到其他国家进行生产和销售，进一步占领当地市场。

3. 产品标准化阶段

随着产品和产品技术趋于标准化，跨国公司在技术上的垄断优势不复存在，产品的生产也已经在其他发达国家普及。在这个阶段，产品的成本与价格因素在竞争中起决定性作用。跨国公司为了进一步降低成本，往往会将生产转移到生产要素成本更低的发展中国家和地区。

美国经济学家巴特利和高歇尔根据国际产品生命周期理论提出了产品创新、接近市场、通过竞争降低成本（指通过全球生产实现生产标准化、合理化）的三位一体的跨国投资模式。

复印机产品的国际贸易模式演变

20 世纪 60 年代初，美国施乐公司推出了市场上第一款复印机，并在美国本土市场销售。后来，施乐公司开始向日本和西欧的一些发达国家出口复印机。随着这些国家市场需求的增长，施乐公司开始在日本和英国建立合资企业。

几年之后，随着国外合资企业的发展，施乐复印机的出口量开始下降，美国的用户也开始从价格更低的国外渠道（如日本）购买复印机。后来，日本公司发现在本土生产复印机的成本大幅上涨，于是他们又将生产基地陆续转移到新加坡、泰国等国家。

复印机技术起源于美国，然后向其他几个发达国家（如日本、英国等）出口和转移技术，接下来，这些发达国家又从复印机出口国转变为净进口国。复印机产品的国际贸易模式演变、投资区位的变迁与国际产品生命周期理论的预测是一致的。

资料来源：思博网，https://bbs.mysipo.com/article-7582-1.html

（二）对国际产品周期理论的评价

国际产品周期理论从企业垄断优势和特定区位优势相结合的角度深刻地揭示了企业从出口转向国际直接投资的原因、条件和转换的过程。但它也具有较大的局限性，主要表现在以下几个方面：① 它没有很好地解释发达国家之间的双向直接投资；② 该理论主要涉及最终产品市场，而资源开发型投资和技术开发型投资与产品的生命周期无关；③ 该理论能够解释跨国公司的初次跨国投资行为，却不能解释已经建立国际生产和销售体系的跨国公司的投资行为；④ 该理论不能很好地解释发展中国家的国际直接投资行为；⑤ 该理论认为垄断优势的丧失导致国际直接投资，实际上，许多跨国公司在保有垄断优势的同时，还进行大量国际直接投资。

三、内部化理论

20 世纪 70 年代中后期，西方跨国公司迅速发展，国际生产体系逐步形成。西方的经济学家开始从企业内部资源的配置、交换机制的形成过程的角度出发，对跨国公司的投资活动展开研究。1976 年，英国经济学家巴克莱和卡森在《跨国公司的未来》一书中首次提出了市场内部化理论，该理论主要回答了“为什么和在怎样的情况下，到国外投资是一种比出口产品和转让许可证更为有利的经营方式？”这一问题。

内部化的概念最早是由美国经济学家科斯提出的，他认为通过市场进行交易需要花费一定的成本，同时降低了效率，所以最好在厂商内部组织和开展交易。内部化理论认为，跨国公司的国际直接投资行为实质上是将国际市场交易内部化，之所以采取这种经营战略，是因为跨国公司对减少的交易费用和增加的组织成本进行了权衡和比较，发现内部化可以提升整体收益。

具体来说，内部化对跨国公司的影响主要包括以下几个方面：第一，可以消除买卖双方的不确定性，降低内部资源的交易成本；第二，可以通过投资或兼并形成垄断优势；第三，能将相互依赖的经营活动置于统一的控制之下，有助于保护知识产权和协调中间产品的供需关系；第四，通过对有形产品和无形产品的转移，规避政府的干预。

四、比较优势理论

1978 年，日本经济学家小岛清在其出版的《国际直接投资理论》中提出了比较优势理论，或称边际产业扩展理论。该理论从不同国家在不同产业上存在的比较成本差异方面解释了跨国公司按比较优势原理进行国际投资的行为。

该理论的主要内容为假设某发达国家在技术、资本密集产业上具有比较优势，某发展中国家在劳动密集型产业上具有比较优势，则两国之间的贸易方向应为发达国家向发展中国家出口技术、资本密集型产品，而发展中国家向发达国家出口劳动密集型产品，这样双方都能发挥各自的比较优势。

在这种情况下，发达国家可将技术、资本密集型产品的生产向发展中国家转移，利用发展中国家的劳动力来降低产品成本，获得更高的收益，同时，也可以推动发展中国家的产业发展和进口增加。这种增加国际贸易量的国际直接投资方式被称为“投资—贸易互补型”或“顺贸易型投资”。

与其他理论相比，比较优势理论从宏观的角度出发，采用两个国家、两种产品或多种产品的分析模式，得出了跨国公司从边际产业开始进行国际直接投资的结论。

五、国际生产折衷理论

1977 年，英国经济学家约翰·邓宁在《贸易、经济活动的区位与跨国公司：折衷理论的探索》一文中提出了国际生产折衷理论。1981 年，他在《国际生产与跨国公司》一书中对该理论进行了系统的阐述。

邓宁认为，20 世纪 60 年代之后国际直接投资理论主要沿着四个方向发展：一是根据产业组织理论，研究跨国公司发展国际直接投资所拥有的净优势，集中表现为海默的垄断优势理论；二是采用动态分析方法，将国际直接投资与对外贸易结合起来研究，集中表现为弗农的国际产品生产周期理论；三是根据生产区位理论，研究跨国公司为什么在某国进行国际直接投资，而不是在其他国家进行国际直接投资；四是厂商理论，强调市场的不完全竞争对跨国公司的国际直接投资行为的影响，集中表现为内部化理论。

邓宁认为这些理论各有所长，但都是对国际直接投资所做的部分解释，缺乏将国际直接投资、对外贸易和对外技术转让结合起来的一般理论。基于这种考虑，邓宁集上述理论之长，并结合区位理论，提出了国际生产折衷理论，用以解释国际直接投资的原因和条件。国际生产折衷理论具有较高的综合性和概括性，是最具影响力的国际直接投资理论。

（一）国际生产折衷理论的主要内容

邓宁认为，跨国公司是否会做出国际直接投资决策是由该公司本身是否拥有所有权优势、内部化优势和区位优势三大基本因素共同决定的，这也被称为“三优势模式”。

1. 所有权优势

所有权优势，又称厂商优势，是指跨国公司拥有或能够获得而其他公司没有且无法获得的资产及其所有权方面的优势。

邓宁认为，跨国公司所拥有的所有权优势主要包括两类：第一类是资产性所有权优势，其既包括有形资产优势，也包括无形资产优势，前者指跨国公司在生产设备、厂房、资金、能源及原材料等方面的垄断优势，后者指跨国公司在专利、专有技术、商标商誉、技术开发、创新能力、管理与营销技术等方面的优势；第二类是交易性所有权优势，主要指跨国

公司在全球范围内跨国经营、合理调配各种资源、规避各种风险、全面降低交易成本等方面获得了一定的优势。

邓宁认为，企业开展国际直接投资必然具备上述所有权优势，但具有这些优势并不一定导致企业进行国际直接投资。也就是说，所有权优势只是企业进行国际直接投资的必要条件，而不是充分条件。如果企业仅具有所有权优势，它不一定会通过进行国际直接投资来开拓这些优势，因为通过出口或技术转让的方法同样可以利用这些优势。要很好地解释企业的国际直接投资行为，还必须考察其是否具备内部化优势和区位优势。

2. 内部化优势

内部化优势是指为了避免外部市场的不完全竞争性对企业利益的不利影响，拥有所有权优势的企业选择将其优势保持在企业内部的能力。

邓宁认为，如果一个企业的产品生产过程包含多个阶段，那必然存在中间产品，为了降低中间产品的交易成本，实现资源的最优配置，进而发挥企业垄断优势的最大效用，企业倾向于进行跨地区化、跨国化发展。

但邓宁同样认为，内部化优势和所有权优势一样，也只是企业进行国际直接投资的必要条件，而不是充分条件。即使同时具备所有权优势和内部化优势，企业也不一定选择进行国际直接投资，因为它也可以在国内扩大生产规模，然后再将产品出口。

3. 区位优势

区位优势是指相对于投资国而言，东道国具有对跨国公司生产经营有利的条件。区位优势包括直接区位优势和间接区位优势。

直接区位优势包括东道国具有的广阔的产品销售市场、政府的各种优惠投资政策、价格低廉的生产要素、丰富的原材料等。

间接区位优势是指由于投资国自身的不利因素所衬托出的东道国的区位优势，如东道国产品出口运输费用较低、投资国的产品出口受到东道国贸易保护主义的限制等。

所有权优势、内部化优势和区位优势相互关联，共同决定了企业从事国际生产的倾向，而且决定了国际直接投资的类型和部门结构。邓宁认为，企业若仅拥有所有权优势，则倾向于选择技术授权；企业若同时拥有所有权优势和内部化优势，则倾向于选择出口；企业若同时拥有三种优势，则会选择国际直接投资，如表 2-1 所示。

表 2-1　企业优势与国际经济活动模式的对应关系

国际经济活动模式	所有权优势	内部化优势	区位优势
国际直接投资（投资式）	√	√	√
出口（贸易式）	√	√	×
技术授权（契约式）	√	×	×

注：“√”表示具有某种优势；“×”表示缺乏某种优势。

（二）对国际生产折衷理论的评价

国际生产折衷理论是目前国际上最具影响力的跨国公司研究理论，该理论融合了以往各种理论的精华，并加以归纳与总结，更全面地解释了跨国公司开展国际经营活动的动机和原因。但其也有不足之处：一是将利润最大化作为跨国公司进行国际直接投资的主要目标，这与近年来跨国公司国际投资目标多元化的现实不符；二是将所有权优势、内部化优势和区位优势三个因素等量对待，对各种优势的相互关系及变化过程没有交代清楚。

第二节 发展中国家国际直接投资理论

20 世纪 70 年代以后，发展中国家也加入了进行国际直接投资的行列，这引起了学者们的关注。发展中国家直接投资理论有很多，其中具有代表性的有小规模技术理论、技术地方化理论、投资发展周期理论和技术创新产业升级理论。

一、小规模技术理论

1977 年，美国经济学家威尔斯在《发展中国家企业的国际化》一文中提出了小规模技术理论。1983 年，他在《第三世界跨国公司》一书中对该理论进行了系统的阐述。

（一）小规模技术理论的主要内容

威尔斯认为，发展中国家的跨国公司之所以能够进行国际投资，是因为它们拥有小规模生产技术的比较优势，可以满足一些规模较小或具有个性化、多样化特点的市场需求，并凭借较低的生产成本获得投资收益。

小规模技术理论的主要内容可以概括为发展中国家企业可以利用小规模生产技术在竞争中获得优势，这种优势在企业的国际直接投资活动起着重要作用。

具体来说，发展中国家企业拥有的小规模技术优势主要表现在以下三个方面。

（1）拥有为小规模市场服务的小规模技术优势。小规模市场的普遍特征是具有显著差异性且需求量有限，大规模生产技术无法满足这种市场需求，相关企业也难以从中获得规模效益。这种小规模市场为许多发展中国家企业提供了市场机遇，发展中国家企业可以有针对性地开发满足小规模市场需求的生产技术，同时利用本国低成本的劳动力，灵活地组织小批量生产，从而获得竞争优势。

（2）发展中国家企业在生产和输出具有民族特色产品方面具有优势。例如，印度企业在英国和美国开设具有印度特色的餐馆，中国香港企业在澳大利亚开设华文报纸和中国

饭店，等等。

（3）低生产成本和低价策略。与发达国家跨国公司相比，生产的产品物美价廉是发展中国家跨国公司形成竞争优势的重要原因，也是其抢占市场份额的重要武器。

（二）对小规模技术理论的评价

小规模技术理论的最大特点是摒弃了只能依赖垄断的技术优势打入国际市场的传统观点，将发展中国家进行国际直接投资的竞争优势的产生与这些国家自身的市场特征有机结合起来，从而为经济落后国家发展国际直接投资提供了理论依据。世界市场是多元化、多层次的，即使是那些技术不够先进、经营范围和生产规模不够庞大的小企业，也可以参与国际直接投资，并具有很强的经济动力和较大的市场空间。

当然，该理论也有一些局限性和片面性。例如，该理论很难解释一些发展中国家的高新技术企业的国际直接投资行为，也无法解释当今发展中国家对发达国家的国际直接投资日趋增长的现象。

二、技术地方化理论

1983 年，英国经济学家拉奥基于对印度跨国公司的竞争优势的研究和分析，提出了技术地方化理论。

（一）技术地方化理论的主要内容

技术地方化理论的主要内容可以概括为发展中国家跨国公司并不是被动地模仿和复制发达国家的技术，而是进行了改造、消化和创新，使其更适合自身的经济条件和需求，从而形成了自身的特定优势。这种技术创新在企业的国际直接投资活动起着重要作用。

拉奥认为，首先，技术创新活动使得引进的技术更加适合发展中国家的经济条件和需求，并与发展中国家的生产要素的价格和质量相适应。发展中国家一般劳动力充足且成本较低，因此发展中国家企业倾向于将引进的技术改造为劳动密集型技术。其次，发展中国家改进的技术和产品除了适合自身外，还适合与其经济发展程度相当、收入水平相仿的其他发展中国家。

总的来说，企业通过对进口的技术和产品进行创新和改造，就能在较低的技术水平层次上形成特有优势。这种优势不仅能推动企业对其他发展中国家的投资，在企业通过积累经验获得了生产差异化产品的能力，并能够满足发达国家市场的多样化需求之后，这种优势还可以最终促成企业对发达国家的国际投资。

（二）对技术地方化理论的评价

技术地方化理论对于发展中国家跨国公司的国际投资活动具有很强的现实指导意义。

该理论不仅分析了发展中国家企业的竞争优势，还重点强调了企业要想形成竞争优势必须开展创新活动。需要指出的是，这种创新活动往往受到当地的生产供给、需求条件及企业创新能力的直接影响。也就是说，企业不应被动地接受“降级技术”，而应该根据当地的生产、需求条件，主动地改进、创新技术，以形成自己独特的竞争优势。

尽管拉奥对企业技术创新活动的描述仍然是粗线条的，但是，其明确阐述了发展中国家企业可以靠相对比较优势进行跨国生产和经营。

三、投资发展周期论

20 世纪 80 年代，邓宁将国际折衷理论动态化，创立了投资发展周期论，旨在从宏观、动态的角度解释发展中国家的国际直接投资行为。

投资发展周期理论的主要内容可以概括为发展中国家的国际直接投资行为与其经济发展水平有密切关系，经济发展水平对本国企业所有权优势、内部化优势及本国区位优势状况的实现，都将会产生重大影响，最终影响国际直接投资行为。

邓宁认为，可以从人均国民生产总值（GNP）入手，探求发展中国家的国际直接投资行为与经济发展水平的关系。邓宁按人均 GNP 的不同水平把发展中国家的国际直接投资发展进程划分为以下四个阶段，如表 2-2 所示。

表 2-2 国际直接投资的发展进程

阶段	本国区位优势	国际直接投资流入	本国企业所有权优势和内部化优势	国际直接投资流出	NOI	国家
第一阶段	缺乏区位优势	国际直接投资流入较少	缺乏所有权优势和内部化优势	国际直接投资流出极少	为零或负值	低收入国家、发展中国家
第二阶段	拥有劳动力资源、自然资源优势	国际直接投资流入增加	所有权优势和内部化优势初步显现	国际直接投资流出较少，但速度加快	为负，且绝对值不断扩大	发展中国家
第三阶段	从劳动力资源、自然资源优势向资本、技术优势发展	国际直接投资流入增加	所有权优势和内部化优势增强	国际直接投资流出速度加快	为负，且绝对值不断缩小	新兴工业化国家、发达国家
第四阶段	拥有资本、技术优势	国际直接投资流入速度减缓	具备典型的所有权优势和内部化优势	国际直接投资流出速度加快	为正，且数值不断扩大	发达国家

第一阶段：人均 GNP 为 0～400 美元。处于该阶段的国家较为贫穷，几乎没有所有权优势，也没有内部化优势，对于外国的区位优势也无力加以利用，国际直接投资处于空白

状态。与此同时，本国投资环境较差，对外国企业没有什么吸引力。所以这些国家的国际直接投资净额（Net Outward Investment，简称 NOI，等于国际直接投资额减去吸收外商直接投资额）为零或负数。

第二阶段：人均 GNP 为 401～2 500 美元。处于该阶段的国家经济不断发展，市场不断扩大，投资环境有所改善，故区位优势有所增强，国际直接投资流入迅速增加。但由于国内经济发展有限，这些国家拥有的所有权优势、内部化优势仍十分有限，因此国际直接投资处于低水平，总体资本流入大大超过资本流出，NOI 仍为负值，且绝对值有增大的趋势。

第三阶段：人均 GNP 为 2 501～4 000 美元。处于该阶段的国家大多为新兴工业化国家或发达国家，这些国家拥有的所有权优势和内部化优势不断增强，国际直接投资活动日益频繁，资本流出速度可能超过资本流入速度，但 NOI 仍为负值，只是绝对值不断缩小。

第四阶段：人均 GNP 超过 4 000 美元。处于该阶段的国家多为发达国家，这些国家往往具有较强的所有权优势和内部化优势，并能够利用外国区位优势，所以，国际直接投资迅速增长，总体资本流出大大超过资本流入，NOI 为正值，且数值有增大的趋势。

四、技术创新产业升级理论

20 世纪 80 年代中期以后，一些发展中国家特别是一些新兴工业化国家的跨国公司向发达国家的国际直接投资大幅增加，并成为东道国企业强有力的竞争对手。如何解释发展中国家跨国公司的国际直接投资现象，成为理论界研究的热点。

在这种背景下，英国学者坎特韦尔和他的学生托伦蒂诺在系统地考察了发展中国家的国际直接投资行为之后，提出了发展中国家的技术创新产业升级理论。

（一）技术创新产业升级理论的主要内容

1. 技术创新带来产业升级

坎特威尔和托伦蒂诺从技术累积的角度出发，提出技术创新是一国发展的根本动力，可以促进国家的经济发展。不同于发达国家对研发方面的大量投入，发展中国家企业由于缺乏人力、物力、财力支持，对技术的创新研究相对薄弱，主要是利用长期以来积累的学习经验和组织能力来掌握和开发现有的技术，并按照本土化特点进行一定程度的改进。

2. 产业分布和地理分布

在对技术创新带来产业升级进行论述的基础上，他们进一步提出发展中国家国际直接投资的产业分布和地理分布是随着时间的推移而逐步深入的，并且可以预测。

在产业分布方面，发展中国家国际直接活动首先表现为以自然资源开发为主的纵向一体化生产活动，其次表现为以进口替代和出口导向为主的横向一体化生产活动，最后表现为涉及高新技术领域的全方位国际直接投资。

在地理分布方面，受心理距离的影响，先从周边国家开始投资；随着国际直接投资经验的积累，其开始从周边国家向其他发展中国家转移；最后，随着工业化程度加深、产业结构升级，其逐步向高新技术领域拓展，同时，为了获得更先进的知识技术开始对发达国家进行国际直接投资。

（二）对技术创新产业升级理论的评价

技术创新产业升级理论是以技术积累为内在动力，以地域扩展为基础的。随着技术积累优势的扩展，国际直接投资的方式逐步从资源依赖型向技术依赖型转变，而且投资产业也逐步升级。

该理论解释了 20 世纪 80 年代以来发展中国家尤其是新兴工业化国家和地区的国际投资活动由发展中国家向发达国家、由传统产业向高技术产业延伸的轨迹，对于发展中国家通过国际投资来加强技术创新与积累，进而提升产业结构和加强国际竞争力具有普遍的指导意义，受到了西方经济理论界的高度评价。

第三节 国际直接投资理论的最新发展

20 世纪 90 年代以来，由跨国公司主导的国际直接投资已经成为全球经济一体化的主要力量。因此，学者们开始更多地从跨国公司的角度和宏观经济学的角度综合分析，提出了投资诱发要素组合理论、动态比较优势投资理论等，进一步丰富和充实了国际直接投资理论。

一、投资诱发要素组合理论

20 世纪 90 年代初，国际经济学者将研究重点转移到外部因素对跨国公司国际投资行为的影响上，推出了投资诱发要素组合理论。该理论的核心观点是任何形式的国际直接投资都是直接诱发要素和间接诱发要素综合作用的结果。

（一）投资诱发要素组合理论的主要内容

所谓直接诱发要素，是指直接诱发国际直接投资的各类生产要素，包括劳动力、资本、自然资源、技术、管理模式等。直接诱发要素既可存在于投资国，也可存在于东道国。以技术要素为例，投资国如果拥有技术上的相对优势，可以选择利用技术优势进行国际直接投资；东道国如果拥有技术上的相对优势，可以选择利用技术优势吸引外国直接投资。

间接诱发要素是指除直接诱发要素以外的其他诱发要素，主要包括以下三个方面。

（1）与投资国有关的间接诱发要素，包括投资国政府推出鼓励性投资政策和法规，

政府与东道国签订协议、确立合作关系，等等。

（2）与东道国有关的间接诱发要素，包括东道国政局稳定、基础设施完善、涉外法律法规健全、推出吸引外资的政策等。

（3）全球性间接诱发要素，包括经济一体化、区域化、集团化发展，科技革命发展及影响，利率、汇率波动，等等。

事实上，国际直接投资活动往往是由直接诱发要素和间接诱发要素共同作用所产生的，而两类要素所起作用的大小与投资者自身情况及其投资目的有关。

（二）对投资诱发要素组合理论的评价

投资诱发要素组合理论试图从新的角度解释国际直接投资的动机、原因和条件，其创新之处在于强调经济政策、法律法规、投资环境及宏观经济等间接诱发要素对国际直接投资所起的重要作用。

诚然，在一般情况下，直接诱发要素是国际直接投资的主要诱发因素，因为国际直接投资本身就是资本、技术、管理模式等生产要素的跨国流动。但是，单纯从直接诱发要素的角度进行分析，不可能全面地解释国际直接投资的动机和条件。尤其是对大多数发展中国家和地区的企业而言，它们在资本、技术等直接诱发要素方面往往不具备优势，它们的国际直接投资行为在很大程度上是间接诱发要素作用的结果。从这个意义上说，投资诱发要素组合理论为发展中国家和地区开展国际直接投资提供了新的理论支持。

二、动态比较优势投资理论

日本学者小泽辉智认为，任何一国的比较优势都不是一成不变的，而是会随着时间和条件的变化发生转移或消失。基于此，他提出了动态比较优势投资理论。该理论的主要内容为当一国的比较优势发生变化后，其产业结构和投资结构也会随之变化，这会在很大程度上影响国际直接投资活动。特别是随着时间的推移和经济的发展，发展中国家的资本和技术因不断积累而变得丰裕，这时发展中国家的比较优势就逐渐转到资本和技术密集型产品的生产上。

按照这个理论，不断增强本国比较优势来保持竞争优势，是发展中国家从单纯吸引外资向进行国际投资转变的根本原因。小泽辉智把这一转变过程分为以下四个阶段：第一个阶段为单纯吸引外国直接投资阶段；第二个阶段为开始进行国际直接投资阶段，导致这一转型的原因是物质资本和人力资本的积累使要素禀赋发生变化；第三阶段为从劳动力导向型、贸易支持型向技术支持型转变的国际投资阶段；第四阶段为吸收外国的资本密集型投资和进行资源导向型国际投资交叉进行的阶段。

动态比较优势投资理论把一国的经济发展、比较优势和国际直接投资作为相互作用的三种因素，融合为一体，阐明发展中国家如何通过国际直接投资来促进经济转型。该理论的最大特点在于从宏观角度出发，更多地强调国与国之间经济发展阶段的对应性及各国动态比较优势的互补性，并将之视作国际直接投资的原因。该理论可以用于解释发达国家与发展中国家之间，以及处于不同发展阶段的发展中国家之间的国际直接投资现象。

关键术语

垄断优势理论	国际产品生命周期理论	内部化理论
比较优势理论	国际生产折衷理论	小规模技术理论

课后练习

一、不定项选择题

1. 在国际直接投资领域里，主张比较优势理论的经济学家是（　　）。
   A. 海默　　B. 弗农　　C. 邓宁　　D. 小岛清
2. 被誉为国际直接投资理论先驱的是（　　）。
   A. 纳克斯　　B. 海默　　C. 邓宁　　D. 小岛清
3. 国际生产折衷理论的三大优势不包括（　　）。
   A. 所有权优势　　B. 内部化优势
   C. 垄断优势　　D. 区位优势
4. 弗农提出的国际直接投资理论是（　　）。
   A. 国际产品生命周期理论　　B. 垄断优势理论
   C. 国际生产折衷理论　　D. 厂商增长理论
5. 企业具备国际生产折衷理论所阐述的三种优势时应选择（　　）。
   A. 出口　　B. 许可证交易
   C. 战略联盟　　D. 国际直接投资
6. 比较优势理论中的边际产业是指（　　）。
   A. 已经或即将丧失比较优势的产业
   B. 具有比较优势的产业
   C. 具有潜在的比较优势的产业
   D. 能够带来边际利润的产业
7. 根据内部化理论，跨国化就是企业（　　）。
   A. 加强内部组织管理　　B. 在内部化过程中超越国界的表现
   C. 特定优势即垄断优势的体现　　D. 内部关系和对外关系的协调统一

8．属于西方国际直接投资理论的是（　　）。

A．国际产品生命周期理论　　B．比较优势理论

C．小规模技术理论　　D．技术创新产业升级理论

9．发展中国家直接投资理论包括（　　）。

A．垄断优势理论　　B．内部化理论

C．小规模技术理论　　D．投资发展周期论

二、判断题

1．内部化理论的理论基础是科斯定理。（　　）

2．国际产品生命周期理论没有很好地解释发达国家之间的双向直接投资。（　　）

3．小岛清的比较优势理论能够很好地解释美国对日本进行国际直接投资的发生机理。（　　）

4．国际产品生命周期理论能够很好地解释美国在 20 世纪 60 年代的国际直接投资行为。（　　）

三、简答题

1．简述垄断优势理论的主要内容。

2．简述国际生产折衷理论的主要内容。

3．比较西方国际直接投资理论的异同。

4．试述适用于解释发展中国家国际直接投资活动的理论有哪些。

第三章　国际投资环境

学习目标

通过学习本章内容，学生应掌握国际投资环境的概念、分类、特点、构成及其影响；熟悉国际投资环境的评估方法，并能够运用冷热比较法、罗氏等级评分法、闵氏评估法、道氏公司动态分析法、多因素加权分析法、成本分析法等评估国际投资环境。

章前导读

中兴通讯的挫折——法律环境对国际投资活动的影响

中兴通讯股份有限公司（以下简称“中兴通讯”）是中国最大的通信设备公司之一，也是全球领先的综合通信解决方案提供商，共为全球 180 多个国家和地区的通信运营商提供了创新技术与产品解决方案，并通过全系列的无线业务、有线业务、终端产品和专业通信服务满足全球不同运营商的差异化需求。

中兴通讯是一家全球化公司，但在全球化的进程中，其曾遭遇过致命性的打击。2018 年 4 月 16 日，美国商务部宣布，未来 7 年将禁止美国公司向中兴通讯销售零部件、商品、软件和技术。禁售理由是中兴通讯违反了美国限制向伊朗出售美国技术的制裁条款。

该事件可以追溯到 2016 年 3 月，当时美国商务部对中兴通讯施行出口限制，禁止美国元器件供应商向中兴通讯出口元器件、软件、设备等技术产品，原因是中兴通讯涉嫌违反美国对伊朗的出口管制政策。2017 年 3 月，据路透社报道，中兴通讯在美国得克

萨斯州联邦法院认罪，承认违反制裁规定向伊朗出售美国商品和技术。当时中兴通讯与美国财政部、商务部和司法部达成了和解协议，一次性认缴罚款 8.92 亿美元。根据当时的协议，中兴通讯承诺解雇 4 名高级雇员，并通过减少奖金或处罚等方式处罚 35 名员工。但中兴通讯后来承认，该公司只解雇了 4 名高级雇员，未处罚或减少 35 名员工的奖金。美国基于此激活了拒绝令。随后，中兴通讯（ZTE）股票停牌，全公司进入“休克”状态。

经过多方努力和长达 53 天的周旋，2018 年 6 月 7 日，美国商务部部长罗斯宣布与中兴通讯达成新的和解协议。美国商务部在其声明中称，中兴通讯及其关联公司已同意支付罚款和采取合规措施来规避美国商务部此前针对该公司向美国供应商采购零部件的禁令。按照协议，中兴通讯须支付 10 亿美元罚款，另外须准备 4 亿美元交由第三方保管，然后美国商务部才会将中兴公司从禁令名单中撤除。尽管该事件最终得以解决，但中兴通讯为此付出了惨痛的代价。

资料来源：中国日报网，

http://www.chinadaily.com.cn/interface/toutiaonew/1078502/2018-06-11/cd_36367208.html

思考：

1．造成中兴通讯困难处境的原因是什么？

2．结合案例说明政治环境与法律环境之间的关系。

第一节 国际投资环境的概述

一、国际投资环境的概念

国际投资环境的概念有狭义和广义之分。

狭义的国际投资环境是指东道国的经济环境，包括东道国的经济发展水平、经济发展战略、经济体制、产业结构、基础设施、市场的完善程度、外汇管制、物价稳定程度等。

广义的国际投资环境，又称国际投资气候，是指外国投资者所面临的影响投资活动及预期收益的东道国环境的总称。它由东道国的自然、经济、政治、法律和社会等外部条件共同决定。本书所讲的国际投资环境通常指广义的国际投资环境。

二、国际投资环境的分类

按照不同的标准，国际投资环境可以分为不同的种类。

（一）东道国国内环境与东道国国际环境

按照因素形成和波及范围的不同，国际投资环境可分为东道国国内环境与东道国国际环境。

东道国国内环境是指东道国本身的国别性因素的总和，包括东道国的自然条件、经济发展状况、政治状况等。

东道国国际环境是指与东道国所处的国际环境状况相联系的超国别性因素的总和，包括东道国所处经济区域、东道国的国际政治地位及与其他国家的关系等。

（二）宏观投资环境和微观投资环境

按照地域范围的不同，国际投资环境可以分为宏观投资环境和微观投资环境。

宏观投资环境是指东道国范围内影响投资的各种因素的总和。

微观投资环境是指投资地区范围内影响投资的各种因素的总和。微观投资环境是一国宏观投资环境的组成部分，微观投资环境因各个地区的经济状况、社会文化、基础设施、优惠政策等的不同而各异。

（三）硬环境和软环境

按照外部条件性质的不同，国际投资环境可以分为硬环境和软环境。

硬环境是指影响国际投资的外部物质条件和因素的总和，包括地理位置、资源条件、基础设施等。

软环境主要指影响国际投资的社会人文方面的条件和因素的总和，包括工资水平、技术水平、市场情况、投资政策等。

（四）自然因素环境、人为自然因素环境和人为因素环境

按照构成因素稳定性的不同，国际投资环境可以分为自然因素环境、人为自然因素环境和人为因素环境，其构成因素如表 3-1 所示。

表 3-1　自然因素环境、人为自然因素环境和人为因素环境的构成因素

A 自然因素环境的构成因素	B 人为自然因素环境的构成因素	C 人为因素环境的构成因素
a_1 自然资源	b_1 经济增长率	c_1 地区开放程度
a_2 地理条件	b_2 经济结构	c_2 政府对外资的态度
a_3 人力资源	b_3 劳动效率	c_3 吸引外资的政策
a_4 自然气候	b_4 市场完备性	c_4 政府政策的连续性
⋮	⋮	⋮
相对稳定	中期可变	短期可变

自然因素环境相对稳定，其构成因素包括自然资源、地理条件和人力资源等。

人为自然因素环境中期可变，其既是人类生产活动长期作用的结果，也是影响国际投资的关键因素。人为自然因素环境的构成因素包括经济增长率、经济结构、劳动效率等。

人为因素环境短期可变，其构成因素包括地区开放程度、政府对外资的态度、吸引外资的政策、政府政策的连续性等。

三、国际投资环境的特点

国际投资环境具有以下几个突出特点。

（一）综合性

国际投资是一项复杂的经济活动，而现代经济社会也具有复杂性，两者共同决定了国际投资环境由多种因素共同构成。这些因素都以不同的方式对国际投资产生影响，因此，跨国公司在评估投资环境、做出投资决策时，应全面考虑各种环境因素，而不能只注意一个或某几个因素。

（二）客观性

构成国际投资环境的各个因素是先于投资行为而客观存在的，且不以任何人的意志为转移。国际投资环境的客观性要求跨国公司在投资的过程中，必须客观地评估环境，以事实为依据，遵循相关规律。

（三）差异性

不同的国家或地区之间投资环境的差别是显而易见的。对某个行业的跨国公司较为有利的投资环境，对另一个行业的跨国公司来说可能很不利。国际投资环境的差异性要求跨国公司必须正确认识不同国家和地区的环境及行业的差异，有针对性地进行投资。

（四）动态性

国际投资环境的动态性表现在以下两个方面：一是随着时间的推移，国际投资环境的各种构成因素会不断地变化，从而使整个投资环境发生变化；二是随着投资项目进入项目周期的不同阶段，同一项环境因素对投资项目的影响也会发生变化。这要求跨国公司必须以发展的眼光看待瞬息万变的国际投资环境，抓住机遇，规避风险。

（五）主观性

这里的主观性与上面所说的客观性并不矛盾。主观性意味着跨国公司具有按照己方需求评价和选择国际投资环境的权利。这要求跨国公司决策者充分发挥主观能动性，利用自身优势，主动出击，寻找适合自身的国际投资环境。

四、国际投资环境的构成及其影响

国际投资环境是外国投资者所面临的东道国环境的总称，其主要包括以下几个部分。

（一）自然环境

自然环境是指自然形成的与投资有关的自然条件，包括地理位置、自然资源、气候与人口等因素。自然环境因素具有不可控制性、相对稳定性、行业差异性和盈利相关性等特点。

1. 地理位置

地理位置是影响国际投资的十分重要的因素，具体指某一国家或地区与国际投资相关的事物在方位上和距离上的空间关系。具体来说，地理位置对国际投资的影响主要表现在以下几个方面。

（1）东道国与投资国的距离越近，越便于国际投资活动的开展。毗邻国家在语言、文化、历史、风俗等方面较为相似，跨国公司进入毗邻国家时较少遇到文化障碍。此外，与投资国及跨国公司的距离近，可以节省跨国公司的货物及设备等的运输时间，降低运输成本和风险，从而为国际投资活动提供便利。

（2）东道国与重要国际运输线的距离越近，同时其交通条件越好，越便于国际投资活动的开展。如果东道国接近重要国际运输线且交通方便，则可以有效地减少原材料和产品的运输成本，并提高运输效率；反之，如果东道国距离重要国际运输线较远且交通不便，则既会增加运输和存货成本，又会增加原材料和产品运输的不确定性，还有可能因为原材料不能及时运达而影响生产，或者因为产品难以运出而造成产品积压。在实际情况中，是否接近或地处国际运输线上，往往可成为一国或一地区能否吸引大量外资的关键因素。

（3）与产品销售市场距离较近的国家和地区，可能成为投资者重点考虑的投资地。生产地点与目标市场接近，便于投资者及时获取市场信息，还可以降低从生产地点到目标市场的运输成本。尤其对于那些生产所耗用原材料较多，产成品体积大、较重或者容易破损、易腐烂的跨国公司来说，选择与产品销售市场距离较近的国家和地区作为投资地就显得尤为重要。

2. 自然资源

自然资源是指天然存在的并有利用价值的自然物，包括土地、矿藏、水利、生物、海洋等资源。

拥有资源较多或距离资源产地较近的国家和地区，可能成为投资者重点考虑的投资地。很多投资者在海外进行投资的目的就是利用东道国的自然资源。如果东道国的原材料和燃料的价格比较低廉，供应也比较稳定，那么选择东道国的某地开展国际投资活动，既

可以减少原材料的长途运输成本，又有利于保证生产的正常进行和提高投资效益。

小案例

某跨国公司的主要业务是以桉树为原材料，生产纤维板。该公司在意大利的西西里岛购买了一片桉树林，计划在那里建造木浆加工厂。但在工厂即将建成时，公司发现桉树林中的很多桉树都偏矮，不符合采伐要求。为了弥补生产缺口，公司只能高价进口了几批纸浆，为此公司多支出了高达55亿美元的成本。

自然资源在世界各地的分布呈现高度的不均匀性，在进行相关投资时，投资者一定要实地调查，仔细考证，绝不能为了节约一点成本或费用而轻率决定，不然可能导致重大损失。

3. 气候

气候因素包括气温、降水和湿度等。气候的差异和变化会影响企业的生产和运输。一般情况下，气候宜人的地方温度与湿度适中，便于企业开展生产活动。而一些气候条件较为恶劣的地方，即使自然资源丰富，其开发和生产的难度也会较大，因此不利于企业开展生产活动。

小案例

美国某食品加工厂在墨西哥一条河流的中游地带投资建设了一个菠萝罐头厂，菠萝罐头厂的上游是菠萝种植园，下游是一处批发市场。该食品加工厂打算用驳船把种植园中的菠萝运到罐头厂进行加工，再将罐头运到批发市场。然而，令人失望的是，在菠萝收获的季节该地降水较少，河水很浅，无法行船。之后该食品加工厂想尽办法，也没找到可行的运输替代方案，最终被迫关闭。

气候因素是会发生一定变化且具有一定规律的，投资者在投资之前需要根据生产运输对气候条件的依赖程度，进行有针对性的调查研究，确保不因气候变化影响生产经营。

4. 人口

人口因素主要指东道国的人口数量、人口结构和人口分布等。

其中，人口数量直接决定了市场规模和市场发展空间。从世界范围看，欠发达地区人口数量增长较快，发达地区人口数量增长较慢。

人口结构包括人口的年龄结构、教育结构、家庭结构、收入结构、职业结构、性别结构、阶层结构和民族结构等多种因素。其中，人口的年龄结构是最关键的因素，直接影响劳动力的成本和目标市场的选择。

人口分布受地区经济水平、气候条件、政治环境、生育情况等因素的影响。一般发达地区人口分布相对密集。

一般情况下，人口数量大、劳动力资源丰富、人力资源成本低的国家和地区是投资者重点考虑的投资地。

（二）经济环境

经济环境是国际投资环境的重要组成部分，其主要包括东道国的经济体制、经济发展水平、经济技术开发能力、经济稳定性、市场与产业环境、经济政策、基础设施等因素。

1. 经济体制

经济体制是指某个国家或地区制定并执行经济决策的各种机制的总和，主要包括国民经济的组织管理形式、国家和企业的关系、生产要素的流动形式，以及由此而形成的特定经济机制（即国民经济赖以运行的方法、手段和环节等）。

经济体制对国际投资的影响主要表现在以下两个方面。

（1）投资国与东道国的经济体制越接近，越便于相互间的资本流动和国际投资活动的开展。

（2）东道国经济体制越完善，越便于资本流动和国际投资活动的开展。某些经济发展较为落后的国家往往因为经济体制存在严重缺陷而难以实现生产要素的流动。例如，有些国家存在政府过度干预经济、体制改革进展缓慢、私营经济发展受限、缺乏规范的市场体系、市场机制发挥不充分等体制缺陷，这些缺陷会给国际投资活动带来严重阻碍。

2. 经济发展水平

经济发展水平主要表现为一国一定时期内的经济发达程度及人民的收入水平、消费水平和生活质量等。经济发展水平既决定东道国对国际资本的吸纳能力，又影响投资者对投资地点和投资产业的选择。

一个国家的经济发展水平决定了其经济结构和比较优势。投资者一般会将资本密集型和技术密集型产品生产布局在发达国家和地区，因为发达国家和地区的资本和高技术人才资源更加丰富。很多投资者也会选择在发展中国家生产劳动密集型产品，这是因为发展中国家劳动力资源丰富，劳动力价格较为低廉。

3. 经济技术开发能力

经济技术开发能力是指在特定区域内人们有效利用各种人力资源、物资资源等，为社会生产和人民生活提供各种有用的商品和劳务的能力。它表明一个社会能够超越传统农业经济的程度，以及致力于工业化经济发展的水平。

国际上通常使用以下四个指标来衡量一国的经济技术开发能力：① 非农业部门雇用劳动力的比例；② 非农业部门的产值占国内生产总值的比例；③ 人均能源消费量；④ 人均收入水平。

通常一个国家或地区的经济技术开发能力越强，其工业化水平也就越高，经济技术开

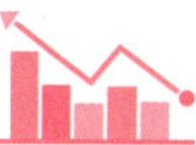

发与技术创新的机制也就越完备，越能充分有效地利用各种资源，从而提供更为广泛的投资与获利机会。

4. 经济稳定性

经济稳定性受经济发展水平、经济周期、社会总供给、社会总需求等各种因素的综合影响。经济稳定性指标包括物价、利率、汇率、经济发展的速度、国家债务的规模、通货膨胀率等。

经济稳定性是投资者重点考察的先决条件，其直接影响国际投资的风险和收益。对于经济稳定性较高的国家，投资者应综合考虑各种因素，从而对投资的成本、收益和风险做出客观的评价。而对于经济稳定性较低的国家，投资者应谨慎投资。

5. 市场与产业环境

良好的市场与产业环境具有以下特征：市场化程度高，生产要素的供应渠道顺畅；国内市场的规模较大或增长势头强劲，居民不歧视外国商品；商业组织的结构完备，商业企业的效率高；政府的行政干预少，规范化和法制化的程度高；东道国对国内市场的保护适度，有逐步扩大市场开放度的趋势；等等。

在做投资决策时，投资者倾向于选择产业结构合理、投资项目同当地产业奖励政策相符合、关联产业发展水平较高的国家或地区作为投资地。

6. 经济政策

经济政策是指国家或者政府为了达到宏观经济政策的目标（如实现充分就业、价格水平稳定、经济快速增长、国际收支平衡等）而制定的解决经济问题的指导原则和措施。其主要包括外资政策、产业和地区政策、税收政策、外汇政策、贸易政策等。

1）外资政策

外资政策直接影响投资者的投资决策。它主要反映东道国对外资的态度和吸收外资的手段，具体体现为东道国对投资方式、投资领域、经营管理、资本和利润汇回等做出的规定和限制。

一般来说，发达国家资金相对充足，而且多集中在高科技领域，所以发达国家对外资一般采取不鼓励、不拒绝的态度，通常会给予外国投资者国民待遇。而发展中国家为了改善资金不足和技术落后的局面，推动本国的工业化进程，以及解决经济发展中的难题，往往会积极吸收国际投资，并给予外国投资者超国民待遇。

2）产业和地区政策

产业和地区政策是指政府为了促进产业和地区发展而制定的限制某些产业发展，保护、扶持、调整和完善另一些产业发展的政策。

投资者在做投资决策时，应该充分利用对自己有利的产业和地区政策，避免政策的不利影响。产业和地区政策并不是一成不变的，其可能随着产业和地区的经济发展而有所改变。因此，投资者如果要进行一项较为长期的国际投资，就要对东道国产业政策的变化趋势做出一定的预测。

3）税收政策

税收政策是指政府根据经济和社会发展的要求而确定的指导制定税收法令制度和开展税收工作的基本方针和基本准则。税收政策直接影响投资者的收益率，其既可阻碍国际投资，也可刺激和鼓励国际投资。

在各国投资环境大体相同的情况下，外资通常会流入税率较低的国家。为了鼓励外资，许多发展中国家都把对外国投资者实行税收优惠作为一项重要的措施。东道国为了吸引更多的外资所采取的税收鼓励措施主要有企业所得税优惠（减税、免税、利润再投资鼓励、加速折旧）和进口关税及有关的国内流转税（如货物税、产品税、增值税等）的减免。

4）外汇政策

东道国的外汇政策对国际投资收益有决定性的影响。实行外汇自由流动的国家是投资者的首选投资地，而是否要到实施外汇管制的国家投资则要看这些国家外汇管制的严格程度。

按照外汇管制的严格程度，可以将实行外汇管制的国家和地区分为以下三类。

（1）实行严格外汇管制的国家和地区，主要包括大多数的发展中国家和实行中央计划经济的国家。这类国家具有外汇极端缺乏、经济实力较弱、对外贸易发展落后等特点。

（2）实施部分外汇管制的国家和地区，主要包括一些发达国家或开放度较高的发展中国家。这类国家通常对非居民办理经常项目外汇支付不加管制，而对资本项目加以限制。

（3）名义上已取消外汇管制，但是实际上仍然利用政策限制外汇流动的国家，主要包括一些工业发达国家和石油输出国。

对东道国来说，实行外汇管制有利于实现国际收支平衡、汇率稳定和稳定国内物价等政策目标。但是，它的弊端也很明显，那就是阻碍了市场机制充分发挥作用，造成了国内价格的扭曲和资源配置的低效率，给国际资本流动和国际贸易造成了障碍，阻碍了国际经济的正常发展。

5）贸易政策

为了实现社会经济发展战略的总目标，一国政府会根据自身国情制定贸易政策，运用经济、法律和行政手段对贸易活动进行有组织的管理和调节。不同的国家会采用不同的贸易政策，从而对国际投资产生不同的影响。

（1）采用自由贸易政策，指东道国对商品进出口不加干预，即对商品进口不加限制，对商品出口也不给予特殊照顾，使商品生产者在国内外市场上自由竞争。自由贸易政策对国际投资起到了一定的促进作用。

（2）采用保护贸易政策，指东道国对商品进出口进行干预，积极利用各种措施限制商品进口，从而保护国内市场和国内企业。保护贸易政策在一定程度上阻碍了国际投资的发展。

（3）采用管理贸易政策，指东道国一方面对内制定一系列的贸易政策、法规，加强

对外商投资和对外贸易的管理，促进外商投资和对外贸易健康有序地发展；另一方面，对外通过谈判签订双边、区域及多边贸易条约或协定，协调与其他贸易伙伴在经济贸易方面的权利与义务。

7. 基础设施

基础设施有狭义和广义之分。狭义的基础设施包括公路、铁路、码头、机场等交通设施及其他公共设施。广义的基础设施除了包括狭义的基础设施外，还包括金融保险机构、生活文化设施和其他服务设施。基础设施的完备性尤其是工业基础设施和生活服务设施的完备性，是投资者重点考察的方面，其能为国际投资活动提供便利条件。

其中，工业基础设施包括以下四类：① 能源供应设施，主要包括油气管道、供热和供电设施等动力燃料供应设施；② 供水和排水设施；③ 交通设施，主要包括铁路、公路、水路、航空、管道等公共交通设施；④ 邮电通信设施，包括电话、电报、电传等邮政设施和电信设施；各种救灾和防灾设施。

生活服务设施包括以下两类：① 环境设施，即环境美化和保护设施；② 服务设施，主要包括住宅、商店、旅馆、医院、学校、银行等服务性机构。

小案例

美国汉纳矿业公司在巴西成立了一家生产精矿原料的子公司。总公司的构想是逐年扩大生产，增加精矿原料的产量，然后利用规模效应，在出口量达到百万吨级别时转亏为盈，之后不断获利。

实际生产中，随着汉纳矿业公司的生产规模不断扩大，运输精矿原料的需求变大，然而当地的铁路运输条件有限，不能满足合同中约定的最大运输要求，导致精矿原料运输周期拉长，公司盈利减少。

（三）政治环境

政治环境是指一个国家或地区在一定时期内的政治状态。政治环境因素包括东道国（区域）的政治制度、政治稳定性、执政者能力和政府效率、国际关系等。

政治环境因素是影响国际投资的最敏感因素，由它导致的风险是投资者在投资活动中所面临的最难以预测和把握的风险。

1. 政治制度

政治制度主要表现为东道国的管理形式、结构形式、选举制度和公民行使政治权力的制度等。它与一个国家的根本性质和社会经济基础相适应，会影响东道国的法律制度和经济体制。

不同的政治制度会对国际间资本流动造成不同的影响，如果投资者不能适应东道国的政治制度，则其会面临一定的政治风险。

2．政治稳定性

政治稳定性主要表现为东道国的政治系统保持动态的有序性和连续性。一般而言，考察和判断一国的政治稳定性时，主要看以下几个方面：一是国家领导人常规性与非常规性的更换次数；二是反对派的情况；三是国内民族、宗教及其他社会文化团体的情况；四是工会的情况及作用；五是军队与警察的情况。政治稳定性给国际投资活动带来的影响是巨大的，甚至是“致命”的。

3．执政者能力和政府效率

执政者能力反映在国家政治经济生活中的各个方面。执政者治理国家的能力越强，国家越能够保持稳定的社会政治环境、完善的投资环境，也就越能吸引外资。

政府效率受执政者能力的影响，同时对国际投资的经营效率、成本等产生较大影响。对政府效率的考察可以从项目审批时间、行政程序复杂程度等指标入手，进行综合分析。

4．国际关系

良好的国际关系是提升一国投资环境的重要因素。东道国的国际关系主要包括以下两个方面。

首先是东道国与周边国家的关系。如果东道国与周边国家关系紧张，则会增加该国与周边国家发生冲突的风险。如果东道国对外关系良好，则投资者对该国的政治环境和发展前景的评价就会比较好。

其次是东道国在世界政治生活中的地位。东道国的政治地位越高，其影响力就越大，投资于这些国家所面临的政治风险也就越低。此外，投资者还可以利用东道国的政治经济地位来挤占更多的市场份额。

（四）法律环境

东道国的法律环境会对国际投资活动造成较大影响。法律环境的评价指标主要有法律制度和司法实践。其中，法律制度指标主要用来评价法律体系是否完善、各项法规是否具有完备性和稳定性。司法实践指标主要用来评价法律仲裁的公正性，即东道国在法律实施中是否公正地、无歧视性地以同一标准对待每一个诉讼主体。

1．法律的完备性

法律的完备性主要表现为东道国在维护国家主权和利益的前提下，不断健全保护双方权益的法律体系，对涉及国际投资活动的各个方面都进行明确、详细的规定。

1）完善的外资法律制度

东道国通常会从实际出发，制定和完善各项吸引外资、鼓励资本输出、保护国际直接投资的外资法律制度来调整投资关系，并对投资活动实施法律保护。

东道国外资法律制度的内容一般包括：外资的定义和评价，外资审查与批准，外资投向的原则和范围，股权比例及股权转让，资本、利润及其他合法收益自由汇出的保证和制度，税收及税收优惠措施，国有化、征收与外资保护，处理投资争议的原则和机制，等等。

2）不断健全关于外资的法律规定

东道国还会针对国际投资做出相关规定，主要包括以下三个方面的规定。

（1）关于外商投资准入的法律规定，包括外商投资的地区与行业、外商投资审批效率和程序繁简、外商投资审查与批准等。

（2）关于外商投资经营活动的法律规定，包括股权比例限制、劳动雇佣规定、经营管理方式规范、外资汇出限制等。

（3）对外商投资企业的优惠政策，包括税收优惠、各种生产要素的费用标准、优惠贷款、外汇管制、进口限制等。

2．法律的公正性

法律的公正性主要表现为东道国能公正地、无歧视性地以同一标准对待每一个诉讼主体。如果东道国的法律环境较为透明，则外国投资者不会遭遇歧视，且能被公正、平等地对待，自身的权益也能得到保障。

3．法律的稳定性

法律的稳定性主要表现为东道国的法律在某一个时段内不会经常变动。如果东道国给外国投资者提供了充分的法律保护，并能加强法律的稳定性，那么自然能强化外国投资者的投资意愿，使东道国和外国投资者间产生信任，进而促进国际间的资本流动和国际投资的发展。

4．公民的法律意识

公民的法律意识是人们对法律客观现象的主观映像。它来源于法律的客观现象，又对法律的客观现象产生反作用。东道国公民的法律意识越强，他们对投资行为的要求就越高，同时，也越能促进外国投资者遵守相关的法律法规。

（五）社会文化环境

社会文化环境是东道国经过长期的历史过程所形成的，其包括语言文字、价值观念、教育水平、宗教信仰及风俗习惯等因素。社会文化环境从不同方面影响和制约着人们的消费观念、消费需求、消费特点、购买行为和生活方式等。

社会文化环境是影响国际投资的诸多变量中最复杂、最深刻、最直接的变量之一。外国投资者必须全面了解、认真分析东道国的社会文化环境，才能准确把握消费者的需求和购买行为，进而做出正确的投资决策、制订切实可行的投资方案。

1．语言文字

语言文字是外国投资者在东道国投资和从事生产经营活动中进行信息交流的主要工具和基本手段。如果东道国与外国投资者母国在语言文字上的差异较小，或者语言文字相通，那么双方进行经济信息沟通的准确性和有效性就会大大提高，从而有利于国际投资活动的开展。如果东道国与外国投资者母国在语言文字上的差异较大，则外国投资者在投资时会遇到诸多不便，尤其是在理解东道国一些法规和制度方面可能会遇到一些困难。

2. 价值观念

价值观念是指东道国民众对社会生活中各种事物的态度和看法。在不同的文化背景下，人们的价值观念往往存在着很大的差异。价值观念因素主要包括开放观念、管理观念、时间观念、工作和成就观念、对变化的反应等。这些因素从不同方面影响着国际投资活动。

3. 教育水平

东道国民众的教育水平从不同方面影响着国际投资活动。如果外国投资者计划到东道国开展产品生产，则应考虑东道国民众教育水平的高低对劳动力素质的影响；如果外国投资者还计划在东道国销售产品，则应考虑东道国民众对商品功能、款式、包装和服务的要求，而这些要求跟东道国民众的教育水平有一定的关系。

4. 宗教信仰

宗教信仰对人们的价值观念、生活态度、消费需求和购买行为等都会产生较大影响。如果外国投资者尊重不同的宗教信仰并适度地加以利用，那么其在东道国开展国际投资活动时就更容易获得成功。

5. 风俗习惯

风俗习惯是特定社会文化区域内人们共同遵守的行为模式或规范，包括传统风尚、礼节、习性等。风俗习惯对社会成员有着较强的约束作用。如果外国投资者尊重东道国的风俗习惯，对东道国市场消费者的禁忌、习惯、避讳等有一定的了解，则便于国际投资活动的开展和推进。

登录中国投资指南官网 http://www.fdi.gov.cn/，查阅《对外投资合作国别（地区）指南》，了解世界上主要国家的投资环境。

第二节 国际投资环境的评估方法

评价国际投资环境的好坏时，不能依据国际投资者的主观判断，而应运用科学的方法进行评估。20 世纪 60 年代以来，各国学者对国际投资环境的评估进行了充分的理论与实践研究，并提出了具有参考意义的理论模型和评估方法。这些评估方法为国际投资者判断投资环境的好坏提供了依据。下面对常见的评估方法进行具体的介绍。

一、冷热比较法

1968年，美国学者伊尔·利特法克和彼得·班廷在论文《国际商业安排的概念构架》中提出了冷热比较法，即通过七种因素对各国投资环境进行统一尺度的比较分析。

冷热比较法的基本内容是从外国投资者的立场出发，选定政治稳定性、市场机会、经济发展与成就、文化一元性、法令障碍、实质障碍、东道国和投资国的地理差异与文化差异等7个因素，据此对目标国进行评估。某个因素越利于国际投资的开展，则该因素越"热"，反之则越"冷"，具体如表3-2所示。经过评估后，如果目标国的热因素较多，则说明其投资环境较好，可称之为热国；反之，则称之为冷国。

表3-2 冷热因素表

因素	冷 ⟵⟶ 热	
（1）政治稳定性	不稳定	稳定
（2）市场机会	机会小	机会大
（3）经济发展与成就	经济发展速度慢、水平低	经济发展速度快、水平高
（4）文化一元性	文化多元化	文化一元化
（5）法令障碍	法令复杂多变	法令稳定
（6）实质障碍	自然条件方面的障碍大	自然条件方面的障碍小
（7）东道国和投资国的地理差异与文化差异	地理差异与文化差异大	地理差异与文化差异小

冷热比较法是最早提出的一种投资环境评估方法，在因素（指标）的选择和评价上略显笼统和粗糙，但它为国际投资环境评估提供了可利用的框架，同时，为以后的国际投资环境评估方法的形成和完善奠定了基础。

二、罗氏等级评分法

1969年9月，美国经济学家罗伯特·斯托伯在《如何分析国外投资气候》一文中提出了罗氏等级评分法，又称等级尺度法。

罗氏等级评分法注重对国际投资软环境进行分析，其从东道国所制定的限制和鼓励外资的政策入手，详细分析了"对资金抽回的限制""对外商投资企业股权比例的限制""对外商投资企业管制和歧视的程度""币值稳定性""政治稳定性""对外商投资企业给予关税保护的意愿""当地的资本供应情况""近5年的通货膨胀率"等8类因素。

罗氏等级评分法的基本内容是依据因素所起作用及其影响程度为这8类因素设定等级

分数，然后将这 8 类因素进行细分，分出若干个子因素，并按有利或不利的程度评分，最终得出投资环境等级评分表（见表 3-3）。

表 3-3 投资环境等级评分表

项目	程度	评分
（1）对资金抽回的限制（0～12 分）	无限制	12 分
	有抽回时间上的限制	8 分
	对资金抽回有限制	6 分
	对资金抽回和红利抽回有限制	4 分
	限制繁多	2 分
	禁止资金抽回	0 分
（2）对外商投资企业股权比例的限制（0～12 分）	准许并欢迎外国投资者控制全部股权	12 分
	准许但不欢迎外国投资者控制全部股权	10 分
	准许外国投资者占大部分股权	8 分
	外国投资者所占股权最多不得超过半数	6 分
	外国投资者所占股权不得超过四成	4 分
	外国投资者所占股权不得超过三成	2 分
	不准外国投资者控制任何股权	0 分
（3）对外商投资企业管制和歧视的程度（0～12 分）	对外商投资企业与本国企业一视同仁	12 分
	对外商投资企业略有限制，但无管制	10 分
	对外商投资企业有少许限制	8 分
	对外商投资企业有限制，并进行管制	6 分
	对外商投资企业有限制，并严加管制	4 分
	对外商投资企业严加限制和管制	2 分
	禁止外商投资企业经营	0 分
（4）币值稳定性（4～20 分）	完全自由兑换	20 分
	黑市汇率与官方汇率差距小于 10%	18 分
	黑市汇率与官方汇率差距为 10%～40%	14 分
	黑市汇率与官方汇率差距为 41%～100%	8 分
	黑市汇率与官方汇率差距在 100%以上	4 分
（5）政治稳定性（0～12 分）	政治长期稳定	12 分
	政治稳定，但实行人治	10 分
	内部分裂，但政府掌权	8 分
	国内外有强大的反抗力量	4 分
	有政变和动荡的可能	2 分
	不稳定，极有可能出现政变和动荡	0 分

（续表）

项目	程度	评分
（6）对外商投资企业给予关税保护的意愿（2～8 分）	给予充分保护	8 分
	给予适当保护，但以保护新工业为主	6 分
	给予少许保护，但以保护新工业为主	4 分
	很少或不予保护	2 分
（7）当地的资本供应情况（0～10 分）	有成熟的资本市场，有公开的证券交易所	10 分
	有少许当地资本，有投机性的证券交易所	8 分
	当地资本有限，外来资本不多	6 分
	短期资本极其有限	4 分
	资本管制很严	2 分
	存在高度的资本外流	0 分
（8）近 5 年的通货膨胀率（2～14 分）	小于 1%	14 分
	1%～3%	12 分
	4%～7%	10 分
	8%～10%	8 分
	11%～15%	6 分
	16%～35%	4 分
	35%以上	2 分

具体评估时，只需将目标国的各项因素与投资环境等级评分表进行对照，评定出各因素的得分，然后将各因素的得分进行加总，即可得出目标国国际投资环境的总分。总分越高，则说明目标国的国际投资环境越好；反之，则说明目标国的国际投资环境越差。

罗氏等级评分法是应用较为广泛的一种投资环境评价方法，其最突出的特点是将定性分析和定量分析相结合，选取了对投资环境有直接影响且最为投资者所关心的因素；在确定各项因素的分值时，实行区别对待，考虑了不同因素对投资环境产生的不同作用。此外，这些因素的内容非常具体，而评价所需的资料也易于获得，便于比较。

但是，罗氏等级评分法的评分内容和标准仍有可斟酌之处。例如，一国的政治稳定性是许多投资者重点关注的因素，但该项总分仅有 12 分，而黑市汇率与官方汇率差距小于10%（有黑市说明存在外汇管制）这项却被赋予了 18 分，显然不太合理。再如，罗氏等级评分法对其他外部因素（如自然资源状况、基础设施和税收等）均未予以考虑。因此，在具体实际运用时，应对具体的评分内容和标准进行调整。

三、闵氏评估法

闵氏评估法是由我国香港经济学家闵建蜀在罗氏等级评分法的基础上提出的一种系

列方法。它包括两种有密切联系而又有一定区别的投资环境评估方法，即多因素评估法和关键因素评估法。

（一）多因素评估法

多因素评估法的主要内容是将影响国际投资环境的因素分为 11 类，再将每一类因素扩充为一组子因素，然后对子因素进行评价并评定等级（见表 3-4），最后用下列公式计算目标国投资环境的总分。

$$\text{国际投资环境总分}=\sum_{i=1}^{11}W_i(5a_i+4b_i+3c_i+2b_i+e_i)$$

式中：W_i——第 i 类因素的权数；

a_i，b_i，c_i，d_i，e_i——第 i 类因素被评为优、良、中、可、差的百分比。

分值越高，则说明目标国的国际投资环境越好；反之，则说明目标国的国际投资环境越差。

表 3-4　闵氏多因素评估法的主因素与子因素等级评价表

主因素	子因素	等级
（1）政治环境	政治稳定性	优□ 良□ 中□ 可□ 差□
	政府对外商投资企业实行国有化或征收的可能性	优□ 良□ 中□ 可□ 差□
	当地政府的外资政策	优□ 良□ 中□ 可□ 差□
（2）经济环境	经济增长	优□ 良□ 中□ 可□ 差□
	物价水平	优□ 良□ 中□ 可□ 差□
（3）财务环境	资本与利润抽回的灵活性	优□ 良□ 中□ 可□ 差□
	汇率行情	优□ 良□ 中□ 可□ 差□
	集资与借款的可能性	优□ 良□ 中□ 可□ 差□
（4）市场环境	市场规模	优□ 良□ 中□ 可□ 差□
	分销网点	优□ 良□ 中□ 可□ 差□
	营销机构	优□ 良□ 中□ 可□ 差□
	地理位置	优□ 良□ 中□ 可□ 差□
（5）基础设施	国际通信设备	优□ 良□ 中□ 可□ 差□
	交通与运输设施	优□ 良□ 中□ 可□ 差□
	生活服务设施	优□ 良□ 中□ 可□ 差□
（6）技术条件	科技水平	优□ 良□ 中□ 可□ 差□
	适合当地工资水平的劳动生产率	优□ 良□ 中□ 可□ 差□
	专业人才的供应	优□ 良□ 中□ 可□ 差□

（续表）

主因素	子因素	等级
（7）辅助工业	辅助工业的发展水平	优□ 良□ 中□ 可□ 差□
	辅助工业的配套情况	优□ 良□ 中□ 可□ 差□
（8）法律制度	商法、劳工法、专利法等各项法律制度	优□ 良□ 中□ 可□ 差□
	法律执行	优□ 良□ 中□ 可□ 差□
（9）行政机构效率	机构设置	优□ 良□ 中□ 可□ 差□
	办事程序	优□ 良□ 中□ 可□ 差□
	工作人员的素质	优□ 良□ 中□ 可□ 差□
（10）文化环境	接纳并信任外商投资企业的程度	优□ 良□ 中□ 可□ 差□
（11）竞争环境	当地竞争对手与外商投资企业的差距	优□ 良□ 中□ 可□ 差□
	同类产品与外商投资企业产品的差距	优□ 良□ 中□ 可□ 差□

总的来说，多因素评估法适用于对国际投资环境进行一般性的评估。当需要从具体的投资项目和投资动机出发去评估投资环境时，这种方法具有一定的局限性。

（二）关键因素评估法

关键因素评估法围绕具体的投资项目和投资动机，从影响国际投资的一般因素中筛选出关键因素，然后按照多因素评估法进行评估，可参照表 3-5。

表 3-5 关键因素评估法的关键因素等级评价表

投资动机	影响投资的关键因素	等级
（1）降低成本	适合当地工资水平的劳动生产率	优□ 良□ 中□ 可□ 差□
	土地费用	优□ 良□ 中□ 可□ 差□
	原材料与元件价格	优□ 良□ 中□ 可□ 差□
	运输成本	优□ 良□ 中□ 可□ 差□
（2）发展当地市场	市场规模	优□ 良□ 中□ 可□ 差□
	营销机构	优□ 良□ 中□ 可□ 差□
	文化环境	优□ 良□ 中□ 可□ 差□
	地理位置	优□ 良□ 中□ 可□ 差□
	运输条件	优□ 良□ 中□ 可□ 差□
	通信条件	优□ 良□ 中□ 可□ 差□
（3）保证材料和元件供应	资源供应	优□ 良□ 中□ 可□ 差□
	汇率行情	优□ 良□ 中□ 可□ 差□
	通货膨胀情况	优□ 良□ 中□ 可□ 差□
	运输条件	优□ 良□ 中□ 可□ 差□

（续表）

投资动机	影响投资的关键因素	等级
（4）风险分散	政治稳定性	优□ 良□ 中□ 可□ 差□
	政府对外商投资企业实行国有化或征收的可能性	优□ 良□ 中□ 可□ 差□
	汇率	优□ 良□ 中□ 可□ 差□
	通货膨胀率	优□ 良□ 中□ 可□ 差□
（5）追随竞争者	市场规模	优□ 良□ 中□ 可□ 差□
	地理位置	优□ 良□ 中□ 可□ 差□
	营销机构	优□ 良□ 中□ 可□ 差□
	法律制度	优□ 良□ 中□ 可□ 差□
（6）获得当地生产和管理技术	科技发展水平	优□ 良□ 中□ 可□ 差□
	劳动生产率	优□ 良□ 中□ 可□ 差□

多因素评估法与关键因素评估法互为补充。将两者结合起来，既可以对国际投资环境进行整体性评价，又可以针对具体投资项目和投资动机对国际投资环境进行专门评估，不失为一种综合的、行之有效的投资环境评价方法。

小案例

某跨国公司到国外投资的主要目的是降低成本，其计划在 A 地区、B 地区、C 地区中选择一个地区进行投资。对于上述情况，我们可以运用关键因素评估法，假设与投资目的密切相关的关键因素的权数分布如下：适合当地工资水平的劳动生产率权数为 0.5，土地费用权数为 0.2，原材料与元件价格权数为 0.2，运输成本权数为 0.1。经过评价，计算出 A 地区、B 地区、C 地区各自的综合得分，如表 3-6 所示。

表 3-6　A 地区、B 地区、C 地区的评分情况

地区	关键因素				
	适合当地工资水平的劳动生产率评分	土地费用评分	原材料与元件价格评分	运输成本评分	加权后的综合得分
A	9 分	6 分	4 分	5 分	7.0 分
B	8 分	6 分	6 分	3 分	6.7 分
C	7 分	5 分	6 分	5 分	6.1 分

从结果可以看出，如果从降低成本的目的出发，三个地区中 A 的投资环境最优。

四、道氏公司动态分析法

道氏公司动态分析法是美国经济学家施文蒂曼根据美国道氏公司的国际投资实践总结出的一套投资环境评价方法。

施文蒂曼认为，国际投资者在评价国际投资环境时，不仅要看东道国过去和现在的国际投资环境，还要看今后可能发生的变化，以便确定这些变化在一定时期内对国际投资活动的影响。对跨国公司来说，其进行国际投资时所面临的风险主要有两类：一类是正常企业风险，又称竞争风险，即跨国公司在投资和生产经营过程中所遇到的风险；另一类是环境风险，即使跨国公司的投资和生产经营环境发生变化的政治、经济和社会等因素所带来的风险。

基于此，道氏公司动态分析法把影响国际投资环境的因素分成两部分，一是目前影响跨国公司业务的因素，包括实际经济增长率、能否获得当地资产等；二是未来可能引起环境变化的因素，包括国际收支的结构及变化趋势、被外界冲击时易受损害的程度等，如表 3-7 所示。

表 3-7 道氏公司动态分析法的评价因素

目前影响跨国公司业务的因素	未来可能引起环境变化的因素
（1）实际经济增长率	（1）国际收支的结构及变化趋势
（2）能否获得当地资产	（2）被外界冲击时易受损害的程度
（3）价格控制	（3）经济增长预期
（4）基础设施	（4）舆论界领袖观点的变化
（5）利润汇出规定	（5）领导层的稳定性
（6）再投资自由	（6）与邻国的关系
（7）劳动力技术水平	（7）恐怖主义
（8）劳动力稳定性	（8）经济和社会进步的平衡
（9）投资刺激	（9）人口构成和人口变化趋势
（10）对外国人的态度	（10）对外国人和外资的态度
⋮	⋮
（40）	（40）

在进行评估时，道氏公司动态分析法通常以 7 年为期，先对目前影响跨国公司业务的因素和未来可能引起环境变化的因素进行总体评价，然后从中挑出 10 个左右关键因素，将这些关键因素作为进一步评价该国投资环境的指标，最终根据评价结果提出多套投资环境预测方案，包括概率最大的预测方案、对国际投资者最有利的预测方案、对国际投资者最不利的预测方案等，供决策者参考。

五、多因素加权分析法

多因素加权分析法是美国经济学家根据商业风险服务公司所编制的经营环境风险报告提出的一种评估方法。

多因素加权分析法选取了影响跨国公司经营环境的 15 项因素，并根据因素的重要性确定了各自的权数，总权数为 25，最高权数是 3，如表 3-8 所示。在进行评估时，先对目标国的每项因素进行评分（最高分为 4 分），然后将权数与分值相乘，得出每项因素的得分，再计算各项因素的总分。分值越高，则说明国际投资环境越好。

表 3-8　多因素加权分析法的评价表

序号	影响跨国公司经营环境的因素	权数 f	评分 x	总分 xf
1	政治稳定性	3.0	4.0 分	12.0 分
2	对外国投资者的态度	1.5	3.0 分	4.5 分
3	政府对外商投资企业实行国有化或征收的可能性	1.5	–	–
4	通货膨胀	1.5	–	–
5	国际收支	1.5	–	–
6	政府效率	1.0	–	–
7	经济增长	2.5	–	–
8	货币兑换	2.5	–	–
9	合同履行	1.5	–	–
10	劳动力成本或劳动生产率	2.0	–	–
11	承包商的配套服务	0.5	–	–
12	通信条件和交通条件	1.0	–	–
13	当地的合伙人	1.0	–	–
14	短期信贷	2.0	–	–
15	长期信贷和风险资本	2.0	–	–
合计		25.0	–	0～100 分

运用多因素加权分析法进行评估时，总分值对应的国际投资环境评价大致如下。

（1）0～39 分：国际投资环境较恶劣，为大多数国际投资者所不能接受。

（2）40～54 分：国际投资环境极不稳定。跨国公司在这类国家或地区进行投资时可能面临较多风险，除非必要，否则不建议到该类国家或地区进行投资。

（3）55～69 分：国际投资环境不太稳定。跨国公司在这类国家或地区进行投资时可

能面临一些政治风险，但一般情况下可以保证连续经营，不会遭到严重破坏。

（4）70～100 分：国际投资环境较为稳定，以发达的工业化国家为代表。

多因素加权分析法指标明确，计算相对简单，能够直观地通过分值来判断国际投资环境的好坏，但其受主观因素的影响较大。

六、成本分析法

成本分析法是西方跨国公司常用的一种评估方法。该方法的主要内容是假设某跨国公司有三种决策，即出口、直接投资、转让技术，然后考察国际投资环境对跨国公司经营成本的影响，计算不同决策下跨国公司的经营成本，并将三种成本进行比较，最终哪项成本较低，则该项决策为最优决策。

例如，假设 C 为在投资国生产的正常成本、C^*为在东道国生产的正常成本、M^*为出口销售成本（包括运输成本、保险成本和关税成本等）、D^*为技术专利成本、A^*为国外经营的附加成本。那么，$C+M^*$为出口成本，C^*+A^*为建立子公司的直接投资成本，C^*+D^*为以转让技术专利方式在国外进行生产的成本。

比较这三种成本时会出现以下三种结果。

（1）$C+M^*<C^*+A^*$，即出口成本低于国际直接投资成本，跨国公司应选择出口。

（2）$C+M^*<C^*+D^*$，即出口成本低于转让技术专利成本，跨国公司应选择出口。

（3）$C^*+A^*<C^*+D^*$，即直接投资成本低于转让技术专利成本，跨国公司应建立子公司。

与其他评估方法相比，成本分析法提供了一种崭新的思路，其将跨国公司参加国际市场的三种方式结合起来，通过成本比较进行分析，便于跨国公司选择更为合适的投资方式。但在计算三种成本时，应选择什么样的评估指标体系进行定量分析和计算，仍有待进一步研究。

上述几种国际投资环境评估方法的角度不同，侧重点各异。国际投资者在具体评价东道国的投资环境时，应在充分掌握信息资料的基础上，综合运用多种评估方法，也可根据实际情况灵活地对评估方法加以调整、增删，以便获取更科学、更公正、针对性更强的评估结果，以指导投资决策。

关键术语

国际投资环境　　东道国国内环境　　硬环境　　冷热比较法

闵氏评估法　　多因素加权分析法

课后练习

一、不定项选择题

1．按照影响因素的稳定性，国际投资环境可以分为（　　）。

A．硬环境和软环境

B．东道国国内环境与东道国国际环境

C．宏观投资环境和微观投资环境

D．自然因素环境、人为自然因素环境和人为因素环境

2．冷热比较法与罗氏等级评分法都有的分析因素是（　　）。

A．政治稳定性　　B．货币稳定性

C．国家发展阶段　　D．对外商投资企业股权比例的限制

3．影响国际投资活动的最敏感因素是（　　）。

A．自然环境　　B．经济环境

C．政治环境　　D．法律环境

4．经济环境的主要因素包括（　　）。

A．经济体制　　B．基础设施

C．社会环境　　D．市场与产业环境

E．经济稳定性

5．按照影响投资的外部条件的性质，国际投资环境可以分为（　　）。

A．狭义投资环境和广义投资环境

B．东道国国内环境与东道国国际环境

C．硬环境和软环境

D．自然环境和人为环境

6．在国际投资环境因素的稳定性分析中，人为因素是（　　）。

A．相对稳定的　　B．中期可变的

C．短期可变的　　D．根本不变的

二、判断题

1．冷热比较法是由美国学者伊尔·利特法克和彼得·班廷提出的。（　　）

2．运用罗氏等级评分法进行评估时，总分越高，说明目标国的投资环境越差。（　　）

3．自然环境因素具有不可控制性、相对稳定性、行业差异性和盈利相关性等特点。（　　）

4．闵氏评估法把影响国际投资环境的因素分为目前影响跨国公司业务的因素和未来可能引起环境变化的因素。　　（　　）

三、简答题

1．简述国际投资环境的分类。

2．简述闵氏评估法的主要内容。

3．简述多因素加权分析法的主要内容。

4．比较不同评估方法的适用情况有什么不同。

第四章　国际投资主体

学习目标

通过学习本章内容，学生应掌握跨国公司的类型、组织和管理；掌握跨国银行的组织机构、具体形式、职能及其与跨国公司的关系；熟悉跨国投资银行、共同基金管理公司、对冲基金管理公司等非银行跨国金融机构的概念。

章前导读

沃尔玛公司——跨国零售业的一大奇迹

1962 年，山姆・沃尔顿在美国一个偏僻小镇开办了第一家沃尔玛商场；1990 年，沃尔玛公司成长为美国第一大零售商；1991 年，沃尔玛公司在墨西哥开设商场，正式开启全球化的步伐；1996 年，沃尔玛公司通过成立合资公司进入中国……在短短的几十年时间里，沃尔玛公司不断扩张，其商场几乎遍布全世界。

沃尔玛公司是全球公认的零售业巨头，其凭借优质的服务、惊人的利润增长率、先进的管理信息系统而闻名全球，多次蝉联美国五百强企业冠军。在沃尔玛公司高速发展的过程中，其采取的跨国战略和经营模式起到了巨大的推动作用。

一、低成本竞争战略

沃尔玛公司一直以来坚持的最核心战略就是低成本竞争战略。沃尔玛公司通过控制各个基本业务流程（即选择供应商—采购—配送—销售—服务）的成本费用来实现成本最小化。

（1）进货成本控制。

进货成本控制是零售业企业成本控制的关键。在进货方面，沃尔玛公司采用中央采购制，实行统一进货，并同供应商保持长期合作的关系。此外，沃尔玛公司还通过互联网与供应商共享信息，使供应商可以第一时间了解公司的销售和存货情况，从而及时安排生产和运输。

这种采购模式提高了进货效率，降低了进货成本，使沃尔玛公司能从中获得优惠，并让利给顾客。在这种合作模式下，供应商、沃尔玛公司和顾客，三者都是赢家。

（2）物流成本和仓储成本控制。

物流成本和仓储成本的高低是衡量零售业企业经营管理水平的标准之一。沃尔玛公司建设了强大的配送中心系统、卫星通信系统和运输车队。在美国，沃尔玛公司所有分店的电脑都和总部的电脑相连，配送中心从收到店铺的订单到向供应商进货和送货，只需要 2～5 天的时间，大大降低了商品的物流成本和仓储成本。

（3）广告费用控制。

控制广告费用是沃尔玛公司低成本竞争战略的重要组成部分。沃尔玛公司的管理者认为，保持“天天平价”就是最好的广告。沃尔玛公司每年在媒体上做广告的频次大大低于同类公司，进而压缩了广告费用。

（4）其他费用控制。

沃尔玛公司的成本控制已成为企业文化，并体现在许多小细节上。例如，沃尔玛公司的各级管理人员办公室里，既没有昂贵的办公用品、家具和地毯，也没有豪华的装饰。此外，公司还经常鼓励员工为节省开支出谋划策，并不断奖励和提拔那些在损耗控制、货品陈列和商品促销方面富有创意的员工。

沃尔玛公司的管理者认为，从经理到雇员，每位员工都要关心公司的经营状况，都要勤俭节约、杜绝浪费，从细微处做起。这使得沃尔玛公司的商品损耗率只有 1%，而零售业平均损耗率为 2%。

二、低价战略

沃尔玛公司的口号是“天天平价，始终如一”，意思是常年都以最低价格对所有商品进行销售。沃尔玛公司规定，如果有顾客反映某一款商品在其他商场的标价低于沃尔玛商场，相关管理人员即可召开会议，研究商品定价，并有权降价，从而保证自身的价格优势。

三、企业定位——从标准化到本土化战略

相比沃尔玛公司在美国本土的快速扩张、节节胜利，其在国际化进程中并不顺利，甚至屡屡碰壁。最开始沃尔玛公司在海外实施标准化战略，然而却没能打开韩国、德国等地的市场，在国际化扩张的过程中显得“水土不服”。后来沃尔玛公司吸取教训，开始实施本土化战略，即考虑每个国家的特殊性，灵活调整标准化和本土化的程度。比如，

在中国，考虑到中国人群的消费水平差异、不同偏好，以及市场上纷乱的销售渠道，沃尔玛公司选择在适应中国消费者的购买模式和喜好上下功夫，同时积极树立良好的品牌形象，并与商场所在地政府保持良好的工作关系。

四、市场进入与开发——多种战略并存

沃尔玛公司在全世界数十个国家开展生产经营活动，在进入和开发各国市场时，沃尔玛公司因地制宜，灵活运用了多种战略。例如，进入墨西哥和中国市场时，考虑所在国的外资管制和投资风险，沃尔玛公司采用了合资方式；进入加拿大、德国、韩国、英国等市场时，由于当地零售市场大都比较成熟，法律对收购行为无特别限制，因此，沃尔玛公司采用了兼并收购方式；进入巴西、阿根廷、波多黎各等零售业基础较为薄弱的国家时，沃尔玛公司采用了独资经营方式。

资料来源：雪球网，https://xueqiu.com/2451660097/106807271

思考：

1．沃尔玛公司为何要进行全球化？

2．简述沃尔玛公司全球化战略的亮点。

国际投资主体包括跨国公司、跨国金融机构、官方与半官方机构、居民个人等。他们将货币资本或产业资本经跨国界流动与配置转化成实物资产、无形资产或金融资产，并通过跨国运营实现价值增值。

第一节 跨国公司

跨国公司是指通过国际直接投资，在两个或多个国家建立子公司或分公司，使子公司或分公司在母公司的有效控制和统筹决策下，从事跨越国界生产经营活动的经济实体。

一、跨国公司的形成与发展

跨国公司的形成最早可追溯到 19 世纪 60 年代。当时，发达资本主义国家的大企业开始在国外设立分支机构和子公司，以期通过直接投资扩大业务领域和市场范围，从而攫取高额利润。

最早进行跨国经营的企业主要是制造业企业。例如，1865 年，德国拜耳公司在美国纽约州开设了一家制造苯胺的工厂；1866 年，瑞典诺贝尔公司在德国汉堡开办了一家制造炸药的工厂；1877 年，美国的胜家公司在英国格拉斯哥建立了一家缝纫机装配厂。它们是早期以全球市场为目标的跨国公司的代表。

第一次世界大战后的一段时期内，跨国公司得到了一定的发展。但在此阶段，跨国公司只是在个别国家或地区进行投资。

第二次世界大战后，世界政治环境趋于稳定，跨国公司的实力不断增强，加上各国的经济环境日益开放、科学技术日益进步，使得全球跨国公司不断扩张。

需要指出的是，近几十年来，国有跨国公司借助直接投资的巨大影响力，不断加强自身在全球经济中的作用。全球大约有 1 500 家国有跨国公司，占全球跨国公司总数的 1.5%，它们拥有超过 86 000 家海外分公司，相当于全球海外分公司总数的 10%。2016 年，国有跨国公司公布的直接投资总额占全球跨国公司投资总额的 11%。国有跨国公司的总部分布广泛，半数以上位于发展中经济体，近三分之一位于欧盟。而拥有国有跨国公司数量最多的国家是中国，中国的国有跨国公司数量占全球总数的 18%。

网络资源

登录网站 http://tv.cctv.com/2016/09/11/VIDEr1UZVDQ5dBZwvTpeNEKq160911.shtml，观看“重振国际投资的中国动力”视频。

二、跨国公司的类型

按照所在行业及所实施的经营战略的不同，跨国公司大体可分为以下六种类型。

（一）实施全球资源开发战略的跨国公司

这类跨国公司主要从事石油及其他天然资源的开采及加工，其在东道国进行投资，通过控制资源开采权和上下游生产，最终达到垄断全球供应、控制销售价格和实现超额垄断利润的目的。

实施全球资源开发战略的跨国公司规模巨大。2020 年《财富》杂志评出的世界五百强企业排名榜的前十名中有五家属于这类企业，分别是中国石油化工公司、中国石油天然气公司、英荷壳牌石油公司（由荷兰皇家石油公司和英国壳牌运输与贸易公司合并而成）、沙特阿拉伯国家石油公司、英国石油公司，紧随其后的还有法国道达尔石油集团、美国康菲石油公司等。

（二）实施国际营销战略的跨国公司

这类跨国公司主要从事特定专业领域的差异化产品的生产和销售，公司种类繁多，包括可口可乐公司、百事可乐公司等生产清凉饮料的公司，麦当劳公司、肯德基公司等快餐连锁公司，雅诗兰黛公司、娇兰公司等化妆品公司，等等。

它们为了降低营销成本，需要在全世界范围内严控生产和销售渠道，并采用统一的、标准化的营销方式。

案例

星巴克公司频频创新，深耕中国市场

星巴克公司深耕中国市场

星巴克公司在中国大陆深耕近20年，对中国市场非常重视。

2017年7月，星巴克公司以约13亿美元的价格收购华东市场合资企业剩余50%股份，实现在中国大陆市场的全面直营。

2017年11月，星巴克臻选™上海烘焙工坊开业，是星巴克公司在海外开设的首家烘焙工坊，旨在通过沉浸式体验，提升顾客的咖啡参与度。

2018年5月16日，星巴克公司在中国召开全球投资者交流会，宣布未来继续扩大在中国市场的覆盖率，并推出如下重要举措：计划至2022年末覆盖230个城市，将大陆市场门店数量增至6 000家，同时将每年新增门店数提至600家。此外，星巴克中国公司和星巴克基金会重申5年内在中国投入2 000万美元（约1.32亿人民币）用于发展具有社会影响力的项目。

建立数字化情感连接

星巴克公司打造了一系列品牌路径，旨在分享咖啡文化，深化人与人之间的情感连接，持续提升自身的咖啡领导力和顾客的全方位体验。除此之外，星巴克公司还致力于在数字化领域与顾客建立更深厚的情感连接。

星巴克公司推出了“星巴克中国”App，上线了定制化服务、移动点单支付、外送服务等诸多功能，吸引了近700万活跃会员。星巴克公司还在微信平台率先推出了“用星说”社交礼品平台，并将社交礼品服务拓展至支付宝平台，再次巩固了数字化体验品牌的领导地位。

星巴克公司中国首席执行官王静瑛表示：“我们为能够融入本地区的发展而深感骄傲。我们拥有坚实、健康的业务和明确的价值观，我们的员工与顾客之间建立了深厚的信任和情感连接，这让我对实现长期增长充满信心。未来我们将持续推进‘在中国，为中国’的各项投资。”

资料来源：上官网，https://www.jfdaily.com/news/detail?id=89656

（三）实施国际研发战略的跨国公司

这类跨国公司主要从事技术及产品的研究与开发，如美国电子计算机制造和数据处理企业IBM公司、美国电子计算机软件制造和销售企业微软公司等。

它们为了尽早收回高昂的研发成本和维持自身的技术垄断优势，需要在一定时期进行国际直接投资在国外设立独资子公司，并把开发的技术及产品部分转让给国外子公司，从

而在跨国经营中实现垄断利润最大化。

（四）实施国际分工战略的跨国公司

这类跨国公司主要分布在汽车、电子行业，如大众汽车公司、丰田汽车公司、LG 电子公司、三星电子公司等。

它们为了最大限度地扩大生产规模和降低生产成本，积极推进国际分工，并将生产过程细分、配置在世界上多个国家，形成全球价值链生产。对这类跨国公司来说，其跨国经营中的重要一环是如何确保中间产品的稳定供应及降低国际物流成本。

（五）实施国际供应链管理战略的跨国公司

这类跨国公司主要集中在零售业，具有代表性的有沃尔玛公司、家乐福公司等。

为了向消费者提供超一流服务，实现价格最低的承诺，它们综合采用“一站式”购物、细分市场、全面覆盖等经营方式，尤其重视对国际物流与供应链的管理；它们往往通过高效的物流配送系统实现与供应商“零售对接”，从而最大限度地降低销售价格中物流成本的占比。

（六）实施全球服务战略的跨国公司

这类跨国公司主要分布在服务业，具有代表性的有跨国银行、咨询公司、会计师及律师事务所等。

三、跨国公司的组织和管理

（一）跨国公司的组织形式

就组织形式而言，跨国公司由母公司、分公司、子公司等组成。

母公司是指拥有直接投资权、对子公司和分公司拥有控制权的法人组织。

分公司是指受母公司支配的不具有独立法人地位的经济实体。

子公司是指全部股份或达到控股程度的股份被母公司控制，或者依照协议被母公司实际控制的公司。子公司还有一种特殊的形式，即避税港公司。避税港公司一般不进行实质性的生产经营活动，主要利用避税港的便利开展跨国公司的各类资金调拨活动。

（二）跨国公司的管理模式

跨国公司的母公司会通过特定的管理模式来管理子公司或分公司。具体来说，跨国公司的管理模式可分为两大类：一类是按职能、地区、产品等单项指标划分的管理模式，一类是由上述单项指标组合而成的混合管理模式。

1. 职能管理模式

职能管理模式是指按照管理职能分设生产、市场和财务三大部门（见图 4-1），各职能部门负责人分别主持和协调与自身职能相关的经营活动。

这种管理模式的优点是有利于提高各职能部门的专业化水平，减少管理层次，强化跨国公司的统一核算；缺点是权力太过集中，不便于各职能部门之间进行协调配合。目前只有一小部分中小型跨国公司采用这种模式。

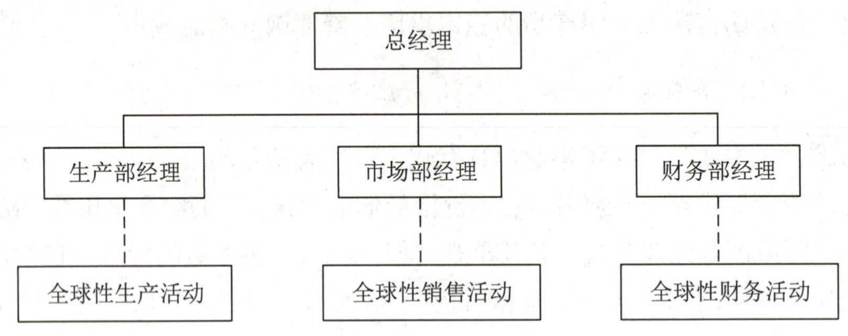

图 4-1　职能管理模式

2. 地区管理模式

地区管理模式是指按照地区或国家分设部门，由各分管地区部门的总经理主持和协调本地区的生产经营活动、各相关职能部门的工作（见图 4-2），并直接向总公司总裁汇报。

这种管理模式的优点是能够加强地区内各分支机构的联系与配合，缺点是不利于公司整体利益的协调。这种管理模式适合那些在各地区经营同类产品或差别不大的产品，且具有良好通信条件的跨国公司。目前大多数跨国公司都采用这种管理模式。

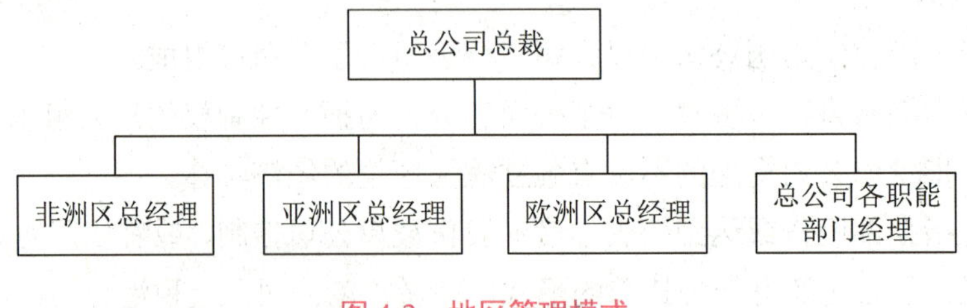

图 4-2　地区管理模式

3. 产品管理模式

产品管理模式是指按照产品的类别或不同工序等级分设部门，由分管各产品部门的负责人主持和协调与该产品相关的经营活动（见图 4-3），并直接向总公司总裁汇报。

这种管理模式的优点是能够促进新产品的研发，缺点是不利于公司进行整体协调。这种管理模式适合那些产品多样化、分销市场不同、对产品技术要求高的跨国公司。

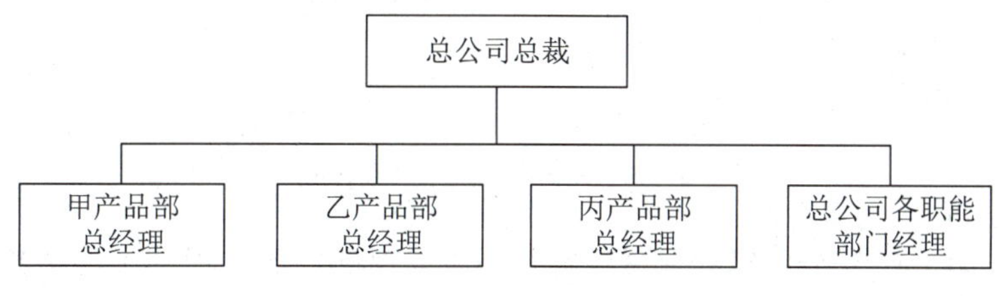

图 4-3　产品管理模式

4. 混合管理模式

混合管理模式是指按照几个单项（如产品、地区）分设部门，由各分管部门的负责人主持和协调该部门在世界范围内的经营活动（见图 4-4）。这种管理模式弥补了单项管理模式的缺陷，是产品管理模式、地区管理模式和职能管理模式的融合。

这种管理模式具有较大的灵活性，可以根据跨国公司内外部环境的变化及时做出调整。随着跨国公司多样化经营的发展，这种管理模式越来越受到跨国公司的青睐。

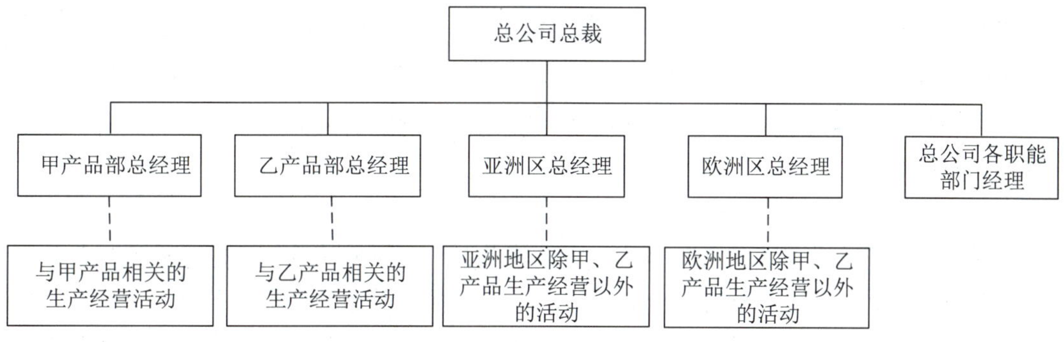

图 4-4　混合型管理模式

（三）跨国公司的金融管理

跨国公司进行金融管理的模式有两种，分别为集权管理模式和分权管理模式。

集权管理模式是指各子公司的现金管理、应收账款管理、存货管理、融资决策及资本性支出都由母公司控制。这种管理模式的缺点是由于信息不对称，可能导致母公司决策失误。

分权管理模式是指各子公司在现金管理、应收账款管理、存货管理、融资决策及投资决策等方面保持独立。这种管理模式的缺点是可能引发较高的代理成本。

在实际经营中，跨国公司可以综合采用两种管理模式。例如，子公司的现金管理由设置在母公司的现金管理中心集中管理，而其他流动资产项目的管理由子公司负责人自行管理。又如，子公司的财务经理可以自行做出相关决策，但必须接受母公司财务经理的监督。

案例

华为公司如何管理海外员工？

华为公司在 50 多个国家和地区设有许多分支机构，除中国员工外，其还招纳了大量当地员工，包括技术、销售、财务等各个方面的人才。华为公司对海外员工的管理具有以下特点。

对外派员工，津贴、培训双管齐下

小张是华为公司的一名技术研发人员，在华为公司任职已有数年，他自愿外派到印度工作。小张透露："华为公司有规定，在基本待遇一样的情况下，公司会付给外派员工特殊津贴。派到不同国家的补贴标准不一样，通常为每天 10～70 美元。"

对外派员工提供特殊津贴，是跨国公司经常采取的方法之一。然而，对于华为公司的外派员工来说，真正吸引他们的不只是公司提供的丰厚待遇，还有通过在海外的历练积累经验，可以使个人业务能力得到提升。"华为人"称之为"以项目带动技术骨干轮流赴海外工作"制度。通过这种制度，华为公司培训了一批又一批的软件开发和管理队伍，促进员工的素质不断提升，使团队从一群饥饿的"土狼"蜕变为骁勇善战的"狮群"。

对当地员工，重在引导

华为公司在海外主要实行本土化战略，这是其入乡随俗的必然选择。不过，在本土化过程中，华为公司并非一味迎合，而是更注重对当地员工的包容和引导。

例如，华为公司鼓励员工在评审中尽可能地表达自己的意见，但是许多当地员工很少提出自己的意见。为此，华为印度研究所设立了"公开日"。在每个月的"公开日"，所有员工都可以直接对领导和各级项目主管人员提意见。最初，印度员工很少主动表态，后来受到中国员工的感染，才开始大胆地表达自己的意见。

在华为公司本土化战略中，中国传统文化中所特有的理解和包容起了很大作用。在华为公司的海外机构中，大家都努力营造一种氛围：在公司内部不论国籍、不分种族，每个人都是华为公司的员工。

统一的管理制度

小张说："除了工作地点不同以外，在国内和在国外的工作流程、工作制度等基本上都是一样的。"即使在海外，来自华为公司总部的军事化管理风格也丝毫没有消减。例如，无论是在印度，还是在墨西哥，华为公司员工绝对不能在公司电脑上收发私人邮件。据墨西哥员工透露："公司网络由公司的信息安全部监控，如果员工在公司电脑上收发私人邮件，肯定会被发现，还会被认定为信息安全违规。平时每个人也只能接触到与自己工作相关的那部分技术资料。"

除此之外，华为公司对员工的有效管理还体现在双方所订的契约上。华为公司与每一位员工都签订了一份内容详尽的工作合同，对每位员工的责任、义务和权益都有明确的规定，并将这份合同作为华为公司处理各项事务的制度依据。

资料来源：人才热线网，https://www.cjol.com/article/hrassistant/counsel/85755.htm

第二节 跨国银行

一、跨国银行的形成与发展

跨国银行是指以国内银行为基础，在海外拥有或控制分支机构，并通过这些分支机构从事多种多样的国际业务，从而实现其全球性经营战略目标的国际性银行。

跨国银行的产生与发展过程大致可分为以下五个阶段。

（一）萌芽产生阶段（15 世纪至 20 世纪）

15 世纪至 20 世纪是跨国银行的萌芽阶段，当时已经出现了主要为国际贸易主体服务的国际银行业。当时，意大利、德国、荷兰、英国、法国等国的国际银行业发展迅速，不少大银行开始设立海外分支机构，跨国银行的雏形已经形成。不过，这些银行的海外分支机构的业务范围十分有限，国际业务占业务总量的比重也较小。

（二）逐步形成阶段（20 世纪 20—60 年代）

从 20 世纪 20 年代开始，随着国际贸易的进一步发展和西方国家跨国公司的对外扩张，跨国银行的国际业务量明显上升，业务范围也不断扩大，而且突破了以往的商业融资、外汇交易等传统业务，开始开展批发业务、投资银行业务等，如向跨国公司提供融资服务。至此，真正意义上的现代跨国银行才算形成。这一时期具有代表性的跨国银行有英国渣打银行、法国巴黎银行等。

（三）迅速发展阶段（20 世纪 60—80 年代）

第二次世界大战之后，跨国银行的发展处于长期停滞状态。20 世纪 60 年代，随着西方国家经济实力的逐渐恢复，西方跨国公司开始向海外扩张，加之欧洲货币市场的形成，为跨国银行的迅速发展创造了条件。在之后的 20 多年时间里，各国跨国银行建设了密布全球的海外分支机构网络。这些分支机构不断发展，业务量不断增加，业务范围迅速扩大。由此，跨国银行的业务开始发展为以批发业务、欧洲货币业务及投资银行业务为主。

（四）调整重组阶段（20 世纪 90 年代初至 90 年代中期）

20 世纪 90 年代初，随着欧美各国相继进入经济衰退期、日本泡沫经济破裂，西方银行业逐渐陷入经济效益滑坡的困境。同时，金融自由化的发展及非银行金融机构的竞争，使银行业面临的风险与日俱增。在这样的背景下，主要资本主义国家的跨国银行进入大规模的调整和重组阶段。这次重组呈现出两大趋势特征：一是跨国银行通过银行间兼并风潮向巨型化发展，二是跨国银行着力于银行内部机制调整及业务创新。

（五）创新发展阶段（20 世纪 90 年代中期至今）

金融自由化浪潮和信息技术的迅猛发展，使国际银行业的竞争日趋激烈。为了应对日益加剧的竞争压力，跨国银行一方面延续了 20 世纪 90 年代初以来的并购风，通过规模效应、资源整合和优势互补来巩固和增强竞争优势；另一方面则加强了业务创新和技术创新，以创新来谋求新的竞争优势。总的来说，跨国银行的创新发展趋势主要表现为全能化和电子化。

1. 全能化发展趋势

随着金融创新的不断发展，传统的银行业务受到了来自证券公司、保险公司、基金公司等非银行金融机构的强烈冲击，尤其是融资证券化趋势（即金融脱媒现象）使银行传统的信贷业务受到了极大的挤压。

为了应对新的挑战，跨国银行纷纷拓展业务范围，向“金融百货公司”发展，促进了金融自由化。同时，各国纷纷放松金融管制，消除金融壁垒，这种金融自由化浪潮反过来又助推了银行的全能化发展。跨国银行的全能化发展模式主要有三种，分别为德国的全能银行模式、英国的金融集团模式和美国的金融控股公司模式。

目前，跨国银行的主要业务有信托业务、投资银行业务、现金管理业务、保险业务、房地产业务、共同基金的经营与管理业务、金融咨询业务、信用担保业务等。此外，跨国银行越来越多地参与金融衍生产品市场的交易，通过金融期货、期权、利率互换、外汇买卖等交易对银行资产负债的风险进行管理。

2. 电子化发展趋势

计算机及电子信息技术在银行业的应用大大推动了跨国银行业务的发展，引发了银行的业务创新和技术创新。

在批发银行业务方面，银行借助电子技术向公司客户提供现金管理方面的服务，如账户设置、账户调整、资金转账、支票存款、信用证签发等；在零售银行业务方面，银行借助电子技术更新了服务方式，如推出网上银行、手机银行等。

二、跨国银行的组织结构和具体形式

（一）跨国银行的组织结构

在不同的组织结构下，跨国银行母行与海外分支机构的关系有所不同。总的来说，跨国银行的组织结构可以分为以下三种。

（1）分支行制是指跨国银行母行在海外设立各种类型的分支机构，然后通过控制这些分支机构来开展跨国经营活动。这些分支机构有不同的级别，它们和跨国银行母行共同构成了一个金字塔形的网络结构，如图 4-5 所示。

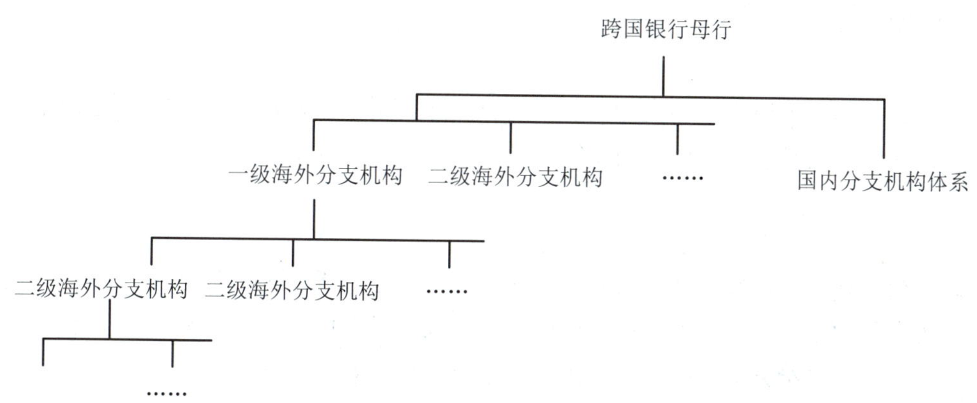

图 4-5 分支行制跨国银行的组织结构

（2）控股公司制，又称集团银行制，是指跨国银行母行以持股方式建立海外分支机构网络，然后通过控制这些分支机构来开展跨国经营活动。

（3）国际财团银行制是指由来自不同国家或地区的银行以参股合资或合作的方式组成一个机构或团体，然后通过从事特定国际银行业务来开展跨国经营活动。

（二）跨国银行海外分支机构的具体形式

跨国银行海外分支机构的具体形式主要有以下几种。

（1）代表处。这是跨国银行最低层级的海外分支机构，主要业务是代表母行与东道国政府进行接触，为母行招揽业务。代表处并不直接参与经营银行业务，因此称不上是真正意义上的银行。

（2）办事处。这是介于代表处和分行之间的组织形式。同代表处相比，办事处的业务范围相对广泛，其主要从事国际市场上的工商业贷款和贸易融资业务，但不从事东道国的居民存款业务和信托业务。它的资金来源主要是东道国货币市场和欧洲货币市场上的银行同业拆借。

（3）分行。这是跨国银行根据东道国法律规定设立并经营的境外银行机构。分行不具备独立的法人地位，主要业务是面向境外发放贷款，同时面向公司提供并购或投资方面的咨询。

（4）附属行。附属行是指跨国银行以控股的形式控制的东道国银行。由于附属行所受限制较少，母行在其配合下可以更方便地进入当地金融市场，从而有利于在当地建立稳固的客户网络。

（5）财团银行。财团银行是指由两家或两家以上银行共同出资组成，在东道国注册和纳税的独立法人实体。财团银行主要面向境外发放大额贷款，兼营证券发行、欧洲货币市场业务及企业兼并收购等。

三、跨国银行的职能

跨国银行本质上属于金融类跨国公司，在国际投资中主要发挥服务中介枢纽的职能。这也是跨国银行最基本、最重要的职能，具体表现在以下几个方面。

（一）跨国融资的中介

跨国公司在进行国际直接投资时会产生巨大的资金需求；国际上同时又存在着众多的间接投资者和短期信贷提供者，他们可以产生巨大的资金供应量。而跨国银行可以作为撮合资金需求方和供给方的中介，促进国际资金流向更需要它的地方。

（二）跨国支付的中介

跨国银行往往拥有分布广泛的海外支付机构和代理行网络，因而能够为国际投资者在全世界范围内办理转账结算和现金收付业务，即充当跨国支付的中介。

（三）提供信息咨询服务的中介

跨国银行通常拥有覆盖全球的机构网络和广泛的客户及同业关系，掌握着大量的投资信息、行业信息、交易信息等。因此，其能够为国际投资者提供信息咨询服务，即充当提供信息咨询服务的中介。

四、跨国银行与跨国公司的关系

跨国银行与跨国公司有着千丝万缕的关系。在跨国公司刚开始形成时，跨国银行依靠国外代理行从事国际业务，为跨国公司提供国际生产和国际投资方面的服务；随着跨国公司数量的增多和经营活动规模的不断扩大，跨国银行为了迎合跨国公司的海外需求，开始在各国开设分行和附属机构。可以说，两者在国际经营实践中相互促进，共同成长。

（一）跨国公司对跨国银行的需求

跨国公司对跨国银行的需求主要体现在对全球性金融网络的需求、对跨国银行专业服务的需求，以及对跨国银行资信、国际组织方式和分布等的要求。

1. 对全球性金融网络的需求

跨国公司需要建立全球性的资金联系，但其作为实业性公司难以在各国设置金融网点，因此便产生了对跨国银行全球性金融网络的需求。

2. 对跨国银行专业服务的需求

跨国公司从事的是复杂的国际投资和国际贸易活动，这对规避风险和伺机牟利的要求极高。因此，其需要向跨国银行寻求专业的国际金融服务，既包括广泛多样的融资服务，也包括品类齐全的投资服务。

3. 对跨国银行资信、国际组织方式等的要求

跨国公司在全世界范围内开展生产经营活动，周转的资金数额巨大，这对为其服务的跨国银行的资信、国际组织方式、分布等提出了较高的要求。

（二）跨国银行对跨国公司的支持

跨国公司无论是开展国际生产，还是开展国际贸易和投资，都离不开跨国银行的支持。跨国银行对跨国公司的支持具体表现在以下几个方面。

1. 资金支持

跨国公司为了经营和扩张，通常需要筹措大笔资金，而且近年来跨国公司借入资金的比重有逐渐扩大的趋势。而跨国银行作为当今世界上主要的国际借贷主体，具有在世界范围内调动资金的能力，也就能够给跨国公司提供资金支持。

2. 分散投资风险

跨国银行参与跨国公司的投资活动，不仅可以帮助跨国公司分担资金压力和投资风险，还可以利用自身具有的资金、信息等专业优势，帮助跨国公司提升资产的安全水平和效益水平。

3. 提供信用中介服务

跨国银行提供的信用中介服务包括为各跨国公司及其分公司提供往来账户的结算、货币收支、国际汇兑、闲置流动资金的存放等。

第三节 非银行跨国金融机构

非银行跨国金融机构是指除商业银行和专业银行以外的所有跨国金融机构，包括跨国投资银行、共同基金管理公司、对冲基金管理公司、养老基金管理公司和保险公司及主权

财富基金管理公司等。

非银行跨国金融机构的主要业务包括发行股票和债券、接受信用委托、提供保险等，其通过这些业务筹集资金，然后将所筹资金用于国际间接投资，并以此来获利。

一、跨国投资银行

跨国投资银行是指在世界各地设立分支机构，进行跨国经营的大型投资银行。作为国际证券市场的经营主体，跨国投资银行与跨国商业银行并列成为当代国际金融资本市场的重要组成部分，其活动范围与影响已大大超出证券业的范围。

（一）跨国投资银行发展的原因

跨国投资银行发展的原因既包括自身的主观原因，也包括国际经济发展的推动。

其中，主观原因不外乎是为了突破国内市场的限制，在全球范围内追逐利润最大化，尤其是在迅速发展的新兴市场国家获取超额利润，以及通过在世界不同地区进行投资，借助多元化、合理化的投资组合，达到分散风险的目的。

国际经济发展的推动大致如下：首先，从20世纪70年代末起，各国纷纷开放金融市场，破除金融壁垒，为跨国投资银行全面开拓国际市场提供了可能。其次，世界经济的一体化进程促进了跨国投资银行的发展。例如，跨国公司在进行跨国经营时，必然需要跨国投资银行为其提供国际融资、财务分析、信息咨询等服务。最后，国际证券业的发展也为跨国投资银行的扩张创造了契机。

（二）跨国投资银行的发展过程

跨国投资银行的发展大致可分为以下几个阶段。

1. 萌芽阶段

1960年之前，西方国家就出现了投资银行开展跨国业务的萌芽，具有代表性意义的是英国巴林银行推动美国铁路债券在伦敦上市。但其并不算现代意义上的跨国投资银行，因为当时投资银行的国际业务较为单一，主要是进行外国债券的推销，而且都是通过国外的代理行进行，很少有投资银行直接在海外设立分支机构。

2. 起步发展阶段

20世纪六七十年代是跨国投资银行的起步发展阶段。在这一阶段，世界大型投资银行纷纷设立海外分支机构，大部分集中在纽约、伦敦、巴黎、东京、日内瓦等世界金融中心；跨国投资银行的国际业务呈现出综合化、一体化的发展趋势，许多跨国投资银行开始致力于开发欧洲债券业务和欧洲股票业务。

3. 迅猛发展阶段

20世纪80年代至21世纪初，跨国投资银行进入前所未有的迅猛发展阶段。

在组织方式方面，跨国投资银行在国际或区域金融中心设立了分支机构，完善了全球业务网络。

在国际业务方面，跨国投资银行的国际业务体系日益完善。除了开展国际证券的承销、分销等传统业务外，其还开展兼并收购、资产管理、财务咨询、风险控制等业务。跨国投资银行的国际业务规模也急剧扩张。在各个主要的国际金融市场上，许多跨国投资银行的证券交易量已超过当地金融机构。此外，跨国投资银行的国际业务管理机制不断完善。许多大型跨国投资银行建立了负责协调管理全球业务的专门机构，如美国摩根士丹利银行的“财务管理和运行部”、高盛集团的“全球协调与管理委员会”等。

4. 创新发展阶段

近年来，跨国投资银行业的竞争日趋激烈，跨国投资银行的创新力度显著增强。跨国投资银行的创新主要体现在以下几个方面。

第一，融资方式多样化。跨国投资银行除发行不同期限的浮动利率债券、各种抵押债券外，还采用资产证券化、金融证券化等形式进行融资。

第二，并购业务推陈出新。跨国投资银行在企业并购浪潮中日趋活跃，不但担任财务顾问，为企业制订收购和反收购措施，提供票据交换服务，还为并购企业提供资金支持。

第三，创造新的金融产品。各大跨国投资银行挖空心思，迎合市场需要，推出各种基金管理投资工具。

二、共同基金管理公司

共同基金管理公司是指采用信托、契约或公司的形式，通过公开发行基金证券将零散的社会闲置资金募集起来，形成一定规模的信托资产，由专业人员进行投资操作，并按出资比例分担损益的投资机构。

（一）共同基金管理公司的分类

按照投资战略的不同，共同基金管理公司可分为两类：一类是主要投资于股票、债券、实业资产等长期资产的基金管理公司，一类是主要投资于可转让大额存单、商业票据、短期国库券等短期金融资产的基金管理公司。

（二）共同基金管理公司发展的原因

美国是共同基金管理公司发展最快的国家，美国有近一半的家庭投资于共同基金。下面以美国共同基金管理公司为例，简要阐述共同基金管理公司发展的原因。

首先，家庭对共同基金的投资需求不断增长。美国人更愿意“把钱交给别人，让别人替自己炒股”，而不愿“自己替自己炒股”，这与现代信托观念在美国的普及有关。此外，个人直接购买不在美国证券交易所上市的股票，比较困难且费用较高，因此，对投资者来说，投资共同基金不失为一种较为理想的购买国外股票的方式。

其次，机构投资者对共同基金的需求增长也很快。这种增长归因于企业、银行等机构投资者在现金管理上更依赖于利用共同基金，而不是直接拥有流动资产。通过利用共同基金，这些机构投资者可以享受规模经济带来的好处，而这种好处是其依靠自身对流动资产的管理所不能实现的。

再次，随着市场对共同基金的需求日益增长，基金公司和分销公司在扩大传统销售渠道的同时，致力于开发新的渠道。许多原先直接销向投资者的共同基金渐渐转变策略，向第三方或中间商寻求分销渠道。在美国，常见的第三方销售渠道包括雇主赞助的退休计划、共同基金超市、有偿顾问、共同基金一揽子账户计划和银行信托部门。

最后，美国共同基金管理公司的基金数量和品种非常丰富，推动了其业务进一步发展。例如，按投资目标划分，美国共同基金多达 33 种。基金品种的不同除了体现在投资对象上，还体现在投资地域、风险控制手段、封闭期限、资金来源、发行网络等要素的区分和组合上。

在如今信息技术高速发展、管理水平不断提高的情况下，随着共同基金规模的扩大，共同基金管理公司能够有效降低交易成本、信息成本、风险管理成本等各种费用，从而实现投资管理的规模效应。

三、对冲基金管理公司

对冲基金，又称套头基金、套利基金或避险基金，是指已对风险进行对冲处理的基金。对冲基金的操作方法是利用期货、期权等金融衍生产品及对相关联的不同股票进行实买空卖、风险对冲，从而在一定程度上规避和化解投资风险。

对冲基金管理公司的经营策略依赖于最新的投资理论和复杂的金融市场操作技巧，主要利用各种金融衍生产品的杠杆效用去获利。对冲基金管理公司的特点包括以下几个方面。

第一，对冲基金管理公司比其他机构投资者受到的管制少。在美国，对冲基金管理公司都是不到 100 人组成的私人公司。按美国法律规定，不足 100 人的私人公司不必遵守美国证券交易委员会关于信息披露的要求，不必向股东报告财务状况和交易行为。这使得对冲基金管理公司在报告运作上拥有很高的自由度，可以灵活地安排投资品种组合、期限组合、地区结构组合及资金结构组合等。在这种情况下，对冲基金运作中的主要约束因素在于自身的风险管理。

第二，对冲基金的投资者多为高收入者，具有较高的风险承受力。绝大多数对冲基金都有最低入股额要求，一般为 35 万美元到 1 000 万美元不等。在这种情况下，对冲基金管理公司可以大胆地承担较高的市场风险，以博取更高的回报。

第三，对冲基金管理公司可以大规模使用财务杠杆，大大增强了市场影响力。据统计，对冲基金资本的杠杆率在 5 倍至 20 倍之间。正是因为对冲基金的高杠杆运作，使得它能

够在短时间内聚集巨额资金操纵市场，甚至能够与某些国家的官方机构相对抗。从这种意义上说，对冲基金的投资行为具有一定的投机性，因而常常造成国际金融市场的动荡。有人认为，1992—1993 年欧洲货币风暴、1995 年墨西哥金融危机、1997 年亚洲金融危机都与对冲基金管理公司的操纵有关。

第四，对冲基金管理公司的收益分配机制极具激励性，因此汇集了许多投资界的顶级人才。在一般的共同基金中，经理人的收入主要来自根据交易规模固定比例而收取的管理费用；而对冲基金的经理人可以在收取固定比例管理费的基础上，将基金净投资收益的一定比例作为自己的激励费。

四、养老基金公司和保险公司

养老基金公司和保险公司一直是工业化国家金融市场的重要投资者，控制着相当规模的证券投资。例如，日本生命保险公司在全球拥有许多子公司和分支机构，其利用养老基金和保险参与国际投资，已成为重要的国际投资参与者。但从总体上看，养老基金公司和保险公司投资产品的多样化程度远远低于共同基金管理公司。

五、主权财富基金管理公司

主权财富基金，又称主权基金，是指由一些主权国家政府所建立并拥有的用于长期投资的金融资产。主权财富基金的资金主要来源于国家财政盈余、外汇储备、自然资源出口盈余等。

主权财富基金设立的历史可以追溯到 20 世纪 50 年代，1953 年科威特设立科威特投资局，利用其石油出口收入投资于国际金融市场。20 世纪 90 年代以后，由于国际油价上涨及新兴市场经济体外汇储备的增加，主权财富基金的规模迅速膨胀。根据伦敦国际金融服务局的统计数据，2016 年全球主权财富基金管理的资产达 7.2 万亿美元，其中，中东产油国拥有的主权财富基金约占全球主权财富基金总额的 45%，亚洲地区国家拥有的主权财富基金约占全球主权财富基金总额的 33%。

主权财富基金管理公司是指政府为管理和运作主权财富基金而成立的基金管理公司。它既不同于传统的政府养老基金管理公司，也不同于那些简单持有储备资产以维护本币稳定的政府机构，而是一种全新的专业化、市场化的积极投资机构。主权财富基金管理公司的目标是获取较高的投资回报，以保证国家盈余财富购买力的稳定。

关键术语

跨国公司　跨国银行　跨国投资银行　共同基金管理公司　对冲基金管理公司

课后练习

一、不定项选择题

1．将生产过程细分、配置在世界上多个国家，形成全球价值链生产的经营战略是（　　）。

A．国际分工战略　　B．国际物流与供应链管理战略

C．国际营销战略　　D．全球服务战略

2．下列属于职能管理模式特点的是（　　）。

A．分设生产、市场和财务三大部门

B．由分管地区部门的总经理主持和协调工作

C．按照产品的类别或不同工序等级分设部门

D．属于产品管理模式和地区管理模式的综合

3．跨国银行的全能化发展模式主要有三种，分别为（　　）。

A．德国的全能银行模式　　B．英国的金融集团模式

C．美国的金融控股公司模式　　D．日本的金融集团模式

4.（　　）是指对风险进行对冲处理的基金。

A．保险金　　B．共同基金　　C．对冲基金　　D．养老金

5．下列不属于跨国投资银行功能的是（　　）。

A．证券承销　　B．证券经纪

C．跨国并购策划与融资　　D．为跨国公司提供授信服务

二、判断题

1. 实施国际研发战略的跨国公司大多从事石油及其他天然资源的开采及加工。（　　）

2．分行是跨国银行根据东道国法律规定设立并经营的境外机构，不具备独立的法人地位。（　　）

3．资产管理是跨国投资银行最重要也是最主要的业务。（　　）

4．全股子公司是指母公司拥有子公司的80%以上的股权。（　　）

三、简述题

1．简述跨国公司的组织形式。

2．简述跨国银行在国际投资中的职能。

3．简述跨国投资银行的发展过程。

4．简述非银行跨国金融机构的主要业务。

第五章　国际直接投资

学习目标

通过学习本章内容，学生应掌握国际合资经营企业、国际合作经营企业和国际独资经营企业的概念、分类、优劣势及区别；熟悉绿地投资和跨国并购的概念、分类及区别。

章前导读

麦当劳公司本土化：加速开店，更名金拱门

巨无霸还是那个巨无霸，但麦当劳已经不叫麦当劳了。2017 年 10 月，麦当劳（中国）有限公司正式变更为金拱门（中国）有限公司。“只是改个名字而已，对消费者来说完全没有变化，而且并不涉及中国市场战略的转变，我们目前的重点还是开店。”麦当劳公司中国公共关系副总裁许颖婷说。

加速开店

2016 年，麦当劳公司与肯德基公司这两家外资快餐巨头纷纷对其中国业务做出调整：肯德基公司的母公司百胜集团以同比例增股的方式拆分中国业务，并引入大名鼎鼎的春华资本和蚂蚁金服；而麦当劳公司则将中国内地及香港业务的 20 年特许经营权出售给了中信股份和凯雷资本。

从调整方式和对“中国合伙人”的选择上，不难看出这两家外资巨头在中国市场发展的主要目标还是开店。至少，麦当劳公司将想要快速开店、进行规模扩张的心情表现得淋漓尽致。2016 年底，麦当劳公司宣布五年内在中国内地及香港开设 1 500 多家新餐

厅，而在其发布的“愿景2022”计划中，五年规划的目标已变成开设2 000家新餐厅，这意味着几乎每天都会有一家新的“金拱门餐厅”开业。

门店加速下沉

2017年8月14日，麦当劳公司同恒大地产签订了长期战略协议。根据协议，麦当劳公司将在恒大地产全国范围内的地产项目开设麦当劳餐厅。恒大地产为麦当劳公司提供经营场所，而麦当劳公司也将发挥其品牌效应，帮助恒大地产加强地产项目的商业配套。2017年9月22日，麦当劳公司又同碧桂园集团签订了类似的协议。麦当劳公司与恒大及碧桂园的合作主要是为了更好地拓展四线市场。麦当劳公司提出，未来将有约45%的麦当劳餐厅位于三、四线城市。

几天后，麦当劳公司又同中海地产签订了战略协议，该合作被视为麦当劳公司巩固一线市场之举。资料显示，中海地产将在已布局的60多个核心主流城市的商业综合体、社区商业、写字楼等板块与麦当劳公司展开合作。许颖婷表示，中海地产旗下有众多位于一线城市优质地段的项目，这些项目赋予了这次合作广阔的想象空间和巨大的成长潜力。许颖婷还说：“现在麦当劳公司开店的资金和地址都不是问题，我们要更加注重门店的质量，而不仅仅是门店的数量。此外，麦当劳公司在门店方面的扩张是逐渐加速的，我们也会不断做出修正。”

麦当劳公司在中国市场已经深耕了三四十年，在一、二线城市增长的空间有限，未来若想进一步发展，就要在门店下沉上下功夫。与此同时，我国城镇化建设提速，这也意味着“洋快餐”在三、四线城市将大有可为。

资料来源：《时代周报》，2017-10-31

思考：

麦当劳公司在全球100多个国家或地区开设超过38 000家餐厅。请问它采用的投资方式属于哪一类？

国际直接投资，又称为对外直接投资或外国直接投资，是指投资者为了从国外获得长期的投资效益，并得到对企业的控制权，通过在另一国建立新的企业或并购原有企业等方式开展的国际投资活动。

第一节 国际直接投资企业

按照投资者对被投资企业产权的掌控程度，国际直接投资企业可以分为国际合资经营企业、国际合作经营企业和国际独资企业。

一、国际合资经营企业

国际合资经营企业是最常见的国际直接投资企业类型，是指两个或两个以上国家或地区的企业和其他经济组织或个人，在选定的国家或地区共同投资举办的企业。国际合资经营企业的特点是合营各方共同投资、共同经营，按各自的出资比例共担风险、共负盈亏。

（一）国际合资经营企业的分类

按照不同的分类标准，国际合资经营企业可以分为不同的种类。

按照产品销往市场的不同，国际合资经营企业可分为内向型合资企业、外向型合资企业和开发型合资企业。其中，内向型合资企业的产品主要在生产地国内销售，产品多属于生产地国内急需或需要进口的类型；外向型合资企业的产品大多销往生产地之外的区域；开发型合资企业多属于生产地国家鼓励的企业，设立的目的多是支援边远地区资源的开发。

按照合资企业经营范围的不同，国际合资经营企业可分为工业生产型合资企业、农业生产型合资企业、工程承包型企业和服务型企业。

按照合资企业组织形式的不同，国际合资经营企业可分为有限责任公司、股份有限公司、两合公司和无限责任公司。其中，有限责任公司是指由两个以上的股东组成的仅以投入企业的资本额承担债务的公司，其普遍为中小规模公司制企业；股份有限公司是指由有限责任股东出资成立的公司，绝大多数跨国公司和合资经营企业普遍采用这种形式；两合公司是由无限责任股东和有限责任股东共同组成的公司，主要存在于一些资本主义国家；无限责任公司是指由两个以上的股东组成的对公司债务承担无限责任的公司。

（二）国际合资经营企业的优劣势

国际合资经营企业的优势主要包括以下四个方面：第一，投资国企业可以利用东道国企业或其他合营对象的销售网络和销售手段，进入特定地区的市场或国际市场，从而开发或扩大国外市场；第二，合营各方可以在资本、技术、经营能力等方面相互补充，增强合营企业自身竞争能力；第三，投资国企业通过和东道国企业或其他合营对象合作，可以更好地了解东道国的经济、政治、社会、文化等情况，进而适应当地的客观环境条件；第四，合营方式可以降低投资国企业被征收或被排挤的风险，有助于克服差别待遇和法律障碍，甚至可能获得税收减免利益或其他优惠利益。

国际合资经营企业的劣势主要包括以下三个方面：第一，投资国企业与东道国企业或其他国企业合作时，合营各方可能受到跨文化冲突的影响，进而增加国际合资经营企业进行组织管理、人员管理的难度；第二，国际合资经营企业股权分散，导致管理权分散，合营各方在投资决策、经营活动决策、财务控制等方面容易产生分歧；第三，合营方式增加了合营各方保守商业和技术秘密的难度，可能导致无形资产流失，或者将对方培养成竞争对手。

案例

国内知名商标在合资经营中流失

中国粮油食品（集团）有限公司（以下简称“中粮”）总法律顾问刘先生表示，我国企业在合资经营过程中品牌商标流失的现象触目惊心。他说，昔日许多耳熟能详的本土名牌，如“扬子”“香雪海”“红梅”“熊猫”“天府可乐”等，一个个都淡出了人们的视线。中方企业本想利用外国企业的技术优势、管理方式等壮大自己，不料却被对方乘虚而入，借机铲除了中方知名商标，垄断了中国市场。

中粮知识产权部总经理杨先生表示，中国企业与其他国企业组建合资经营企业时，中方的商标权或作价入股，或许可合资经营企业使用，或不进入合资经营企业。乍一看，中方的商标权并没有受到伤害，但在实际经营过程中，其价值可能会暗暗流失。对此，杨先生列举了以下几种现象。

第一种现象是中国企业将本土商标有偿许可给合资经营企业使用，虽然中方得到了一定利益，但因为外方的策略常常是逐步减少中方商标的使用率，或者将中方商标定位为低档品牌。久而久之，中方商标就成了“鸡肋”。例如，广州肥皂厂的“洁花”、广州洁银牙膏厂的“洁银”等逐渐被消费者淡忘，取而代之的则是“飘柔”“潘婷”“高露洁”等。

第二种现象是合资经营企业直接使用外方商标，中方商标就没有了用武之地，甚至在外方商标所标示的产品范围内，中方商标被禁止进入市场。例如，在郑州乳制品厂与美国美赞臣公司合资成立美赞臣（郑州）有限公司时，合资经营企业未吸收中方的“金鼎”商标，只使用了外方的“美赞臣”商标。

第三种现象是合资企业注册新商标，中方可按投资比例享有权益。这种现象看似不存在中方商标流失，但是有时后果也很严重。例如，一些中方企业拥有控股权，本可以将商标注册在自己名下，但其没有这样做，而是将商标注册在合资经营企业名下，结果将一部分商标权益拱手让给了外方。

资料来源：《法制日报》，2007-04-19

二、国际合作经营企业

国际合作经营企业是指两国或两国以上的合作者，为了确立或完成某个项目而签订契约，进行合作生产经营的企业。合作方的权利和义务包括投资或者合作条件、收益或者产品分配、风险和亏损的分担、经营管理的方式、合作企业终止时财产的归属等事项。这些事项均由合作者共同协商，并在合作协议、合同中加以约定。

（一）国际合作经营企业的类型

国际合作经营企业可以是法人式企业，也可以是非法人式企业。

1. 法人式合作经营企业

法人式合作经营企业拥有独立的财产权，也有法律上的起诉权和被诉权。法人式合作经营企业通常实行董事会管理制，董事会为该类企业的最高权力机构，有权任命总经理对企业进行经营管理。一般情况下，法人式合作经营企业以自身全部财产为限对外承担债务责任，实行有限责任制。

2. 非法人式合作经营企业

非法人式合作经营企业没有独立的财产权，只有财产管理权和使用权。非法人式合作经营企业既可以实行联合管理制，也可以实行委托管理制。其中，联合管理制是指由各方派出代表组成联合管理机构进行管理；委托管理制是指委托合作经营中的一方或聘请无关的第三方进行管理。

非法人式合作经营企业的合营各方仍以各自的身份在法律上承担责任，合作经营企业的债权债务由合作经营各方按照合同规定的比例承担责任。一般情况下，非法人式合作经营企业的合营各方以其全部出资为限对外承担债务责任，实行有限责任制。

（二）国际合作经营企业与国际合资经营企业的区别

国际合作经营企业与国际合资经营企业的区别主要表现在组织形式、利润分配、投资回收方式等方面，具体如表 5-1 所示。

表 5-1 国际合作经营企业与国际合资经营企业的区别

项目	国际合作经营企业	国际合资经营企业
组织形式	可以是法人式企业，也可以是非法人式企业	法人式企业
利润分配	（1）根据合同规定承担各自的权利和义务； （2）可以采用利润分成、产品分成或其他方式来分配利润； （3）有时合作各方会在合同中明确规定，保证外国投资者的收益达到一定的金额，从而加强外国投资者的合作意愿	各方不论以什么方式出资，都必须以货币计算股权比例，且按股权比例分享收益、分担风险
投资回收方式	（1）通过固定资产折旧、产品分成等方式收回投资； （2）合营期满后，剩余财产全部归东道国合作者所有，不再进行清算； （3）外国投资者收回的投资只限于投入的本金，不包括利息，而且分得利润的多少取决于企业经营利润的多少（这种方式有利于调动外国投资者的积极性）	（1）主要通过利润分成来收回投资； （2）合营期满后，按出资比例分配剩余财产

三、国际独资企业

国际独资企业是指由外国投资者在东道国出资和经营，归外国投资者所有和控制，由外国投资者承担经营风险和享有全部经营收益的企业。

（一）国际独资企业的类型

国际独资企业的类型主要包括分公司和子公司。其中，分公司是受母公司支配的不具有独立法人地位的经济实体，设立手续较为简单，但在经营范围上会受到一些限制；子公司是母公司控股的具有独立法人地位的经济实体，设立手续相对复杂。

（二）国际独资企业的优劣势

国际独资企业的优势主要包括以下两个方面：第一，国际独资企业的设立和经营均由母公司依东道国法律自行决定，其既可以根据全球经营战略调整国际独资企业的经营活动，也可以自主做出增加股本、再投资、汇出盈余、分配股息、进行公司内部融资等决策。总的来说，国际独资企业具有较高的灵活性。第二，国际独资企业享有专利、商标、技术、先进的管理经验、企业机密等方面的内部垄断优势，不仅可以利用这种垄断优势获得内部效益，也可以利用自身优势去谋求外部市场的利润最大化。

国际独资企业的劣势主要包括以下两个方面：第一，国际独资企业的设立条件较多，且审批标准严格，如很多发展中国家都要求外国投资者投入高新技术，或承担带动出口义务，或要求逐渐转让股权；第二，国际独资企业并没有东道国资本参与，东道国为了保护本国企业的利益，可能会对国际独资企业的经营范围、投资方向及其他方面做出一定的限制。

案例

百事可乐公司在中国谋求独资化

2011 年 9 月，百事可乐公司以“唯一合格求购方”的身份，花费 1.44 亿元从深宝公司手中获得了深圳百事可乐公司 15%的股权。2011 年 10 月，百事可乐公司又以 1 370.85 万元的价格从合资方手中获得了福州百事可乐公司 11.1%的股权，这意味着福州百事可乐公司最终由百事可乐公司独资。

谁也不会想到，百事可乐公司与福州百事可乐公司、深宝公司等合资经营各方的身份会错位成接盘者和抛售者。近年来，已经发生多次百事可乐公司接手合资方股东转让股权的事情。因合资方均处于亏损状态，百事可乐公司一度陷入以亏损方式逼退中方合作企业的丑闻漩涡。

业界人士认为，百事可乐公司在合资经营中一直扮演着品牌拥有者、外国投资者、浓缩液供应商三位一体的角色，这也是其能够控制中资企业的三大法宝；中资企业

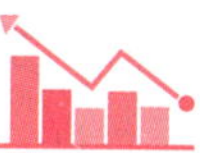

则一直缺少对产品的定价权和话语权。事实上，中资企业的利润主要来自灌装业务，而百事可乐公司的利润则主要来自浓缩液供应业务。对中资企业而言，浓缩液的成本占总成本的1/3以上，再加上浓缩液频频提价，加剧了成本压力，压缩了灌装业务的利润空间，最终导致企业利润减少。

百事可乐公司、可口可乐公司等跨国公司在进入中国市场的初期，由于对市场不熟悉，不可能在市场和销售领域投入太多资源。但随着业务的发展，这些跨国公司会逐步加强对销售和营销渠道的控制力度。逐利的本性使跨国公司利用其独有的技术优势一步步扩大在华控制权，从而获得最大利益。

诚然，跨国公司能为我国增加税收，但同时也拿走了大量的利润；外来投资繁荣了市场，但也挤占了本土企业的生存发展空间。

资料来源：《中华工商时报》，2011-10-31

第二节 国际直接投资方式

跨国公司一般采用绿地投资或跨国并购的方式进行国际直接投资。对于不具备工业条件和生产技术的国家，跨国公司只能采用绿地投资的方式；而对于具备并购条件、投资环境和政策便利的国家，跨国公司倾向于通过并购达到优势互补，从而增强自身和并购企业的竞争力。

一、绿地投资

绿地投资，又称新建投资，是指国际投资者直接到东道国境内按照东道国法律建立新企业，从事生产经营活动的投资方式。绿地投资能够同时给东道国带来资本存量的增加和就业的扩张，具体方式包括股权参与方式和非股权参与方式。

（一）股权参与方式

股权参与方式是典型的国际直接投资方式，具体分为独资经营和合资经营两种。

1. 独资经营

独资经营是指国际投资者在东道国建立国际独资企业，包括建立国外分公司、国外子公司、国外避税地公司等。这种投资方式适合生产规模大、拥有垄断技术优势的大型跨国公司。目前，很多跨国公司在制造业、高技术行业、国际服务行业的国际投资中普遍采用这种方式。

2. 合资经营

合资经营是指国际投资者以部分股权参与的方式，与东道国企业共同出资，建立有限责任公司、股份有限公司等。合资各方的出资比例直接反映各自在合资经营企业中拥有股权的大小，并决定各自对合资经营企业的控制权大小。

各东道国对外国投资者在合资经营企业中的出资比例限额都有明文规定，多数国家规定外国投资者出资比例为50%左右，这样一来可以体现平等互利原则，维护东道国的合法权益，二来有利于调动外国投资者的积极性。

（二）非股权参与方式

非股权参与方式是指以契约为基础，而不是以股权为基础的直接投资方式。非股权参与方式的特点主要表现为以下几个方面：一是不以股权多少分享权益，二是运营期限一般较短，三是国际投资者承担的风险相对较小。非股权参与方式具体分为以下几种。

1. 合作经营

合作经营是指外国投资者与东道国企业在东道国境内签订契约，共同经营企业，双方依据契约规定的比例分配盈亏和分担风险的投资方式。

采用合作经营方式时，外国投资者可以以现金、实物、土地使用权、工业产权、非专利技术等资本参与投资。通常情况下，外国投资者以外汇资金作为主要投资资本，以设备、工业产权、原材料等作为次要投资资本。

以中外合作经营企业为例，其一般由外国投资者提供全部或大部分资金，由中方提供土地、厂房、设备及一定量的资金。如果中外双方在合同中约定，合同期满后企业的全部资产归中方所有，则外国投资者可以选择在合同期内先行收回投资，从而达到双方共赢的目的。

2. 合作开发

合作开发是指资源国企业通过国际招标的方式，与中标的外国合作者签订合同，在资源国指定区域内合作开发自然资源，依约承担风险、共享利润的国际经济技术合作经营方式。例如，海洋石油资源的开发具有风险大、投资多、技术高、建设投产周期长等特点，单靠资源国一国的技术、资金常常难以完成，因此许多资源国都选择采用国际合作开发的方式开采海洋石油资源。

目前，在自然资源开采领域中，这种以高风险、高投入、高收益为特点的合作开发方式已成为一种重要的国际直接投资方式。一般情况下，国际合作开发作业可分为勘探、开发、生产三个阶段。

（1）勘探阶段由外国合作者提供所需资金、设备、技术等进行地球物理勘探，并承担全部风险。在勘探期内，如果在合同指定区域未发现具有商业开采价值的资源，合同即告终止，发生的耗费均由外国合作者承担，资源国企业不承担任何补偿责任；如果发现具有商业开采价值的资源，则合作各方按合同进入开发阶段。

（2）开发阶段由合作各方共同投资、共同开发资源。勘探阶段所耗费用及本阶段投资回收与收益分配，可用所开发的资源进行补偿。

（3）生产阶段应按法律规定缴纳有关税收和资源使用费，合作各方按合同确定的分配比例，以实物形式收回投资、分配利润，如遇亏损则由各方分别承担。

3．国际工程承包

国际工程承包是指承包商以提供技术、资本、劳务、管理、设备材料、许可权等方式，按东道国建设单位的要求，承担某项工程项目建设，并按事先商定的合同条件收取费用的国际劳务合作方式。

常见的承包项目包括水坝、运输管道、高速公路、地铁、港口、机场和通信系统。国际工程承包项目的建设过程中通常包含大量的技术转让内容，特别是在项目建设前期，承包商要为员工和技术人员提供培训，使其掌握必需的技术知识，以保证项目的正常运行。

国际工程承包的特点主要表现在：① 项目内容复杂、广泛；② 工程周期长、风险大；③ 对项目的建设水平要求比较高，国际工程承包均为大型的长期投资项目，利润比较丰厚，同时要求承包商具备技术、财务、人员、管理等方面的整体优势。

由于国际工程承包既可解决就业问题，又可为投资国赚取外汇，因此许多国家给予承包商多种优惠措施，鼓励其争取国际工程承包项目。但是，国际工程承包投资规模大、期限长、风险大，因此，国际投资者以国际工程承包方式进行投资时仍需谨慎。

4．国际租赁

国际租赁，又称国际金融租赁或跨国租赁，是指位于不同国家的出租人和承租人之间通过签订租赁合同，将设备、物品等较长期地租给承租人，承租人将其用于生产经营活动，并向出租人支付租金的一种国际投资方式。

出租人拥有租赁物所有权，通过收取租金收回全部或部分投资；承租人以缴纳租金的方式取得租赁物使用权。双方的租赁关系终止后，承租人将租赁物返还给出租人，或根据双方约定，将租赁物转归承租人所有，或由承租人以低价收购。

国际租赁是集国际贸易、国际信贷于一体，将融资、融物相结合的一种新型投资方式。自 20 世纪 50 年代在美国出现以来，国际租赁受到越来越多国家的欢迎，已成为许多国家参与国际投资的重要形式。国际租赁关系的主体可以是自然人、法人、国家或国际经济组织，客体一般为价值较高的动产或不动产，如工厂的成套设备、大型机械等。

5．补偿贸易

补偿贸易是指投资者向东道国企业出口机器设备或转让技术时，不以收取现汇为条件，而是在向东道国企业提供信用的基础上，以东道国使用该机器设备和技术所生产的产品，分期抵偿其进口机器设备和技术的价款及利息的投资方式。与一般贸易方式不同的是，补偿贸易是一种易货贸易，不仅要求投资者提供机器设备和技术，还要求投资者承诺回购对方的产品，以使对方能用产品抵偿贷款。

当东道国缺乏资金和技术时，东道国企业可以采用补偿贸易方式引进机器设备和技术，解决机器设备更新和技术改造的难题。在制成并返销产品以抵偿贷款的同时，东道国企业也可以利用机器设备出口方在国外的销售渠道，使产品进入国外市场，带动产品出口。

知识窗

早期的补偿贸易主要用于兴建大型工业企业。例如，苏联从日本引进价值 8.6 亿美元的采矿设备，以 1 亿吨煤偿还；波兰从美国进口价值 4 亿美元的化工设备和技术，以相关工业产品返销抵偿。我国采用补偿贸易方式引进国外先进技术和机器设备开始于 20 世纪 80 年代，但早期的规模有限。随着我国市场经济的发展，补偿贸易在利用外资、促进销售方面的优越性逐渐显现。需要注意的是，采用补偿贸易方式引进的机器设备和技术可能并不十分先进，甚至可能是二手设备和旧技术。对于东道国企业来说，如何提高设备技术的先进性，是采用补偿贸易方式时应考虑的首要问题。

6. BOT 投资

BOT 是“Build-Operate-Transfer”的缩写，意为“建设-经营-转让”，是指投资者与东道国政府签订项目合同，承担某项基础设施或公共项目的筹资、建造、营运、维修、转让等一系列经营活动。

通常情况下，在双方商议的期限内（一般为 10～15 年），BOT 投资由投资者自行筹集资金进行设施建设。待设施完工后，投资者对所建设施行使运营权和维护权，以向设施使用者收取适当的费用或出售产品的方式，获取合理回报，用以清偿贷款、回收投资和赚取利润；东道国政府则拥有基础设施的所有权，合同期满后，投资方将该基础设施无偿移交给东道国政府。

BOT 投资的最大特点是投资主体的一方为私营机构，另一方为东道国政府；投资的客体大多是建设时间长、耗资巨大、关乎国计民生的大型基础设施项目，如机场、海底隧道、铁路、高速公路等。

BOT 投资可以减少政府公共借款和直接投资，缓解政府的财政负担，使一些本来亟须建设而政府目前又无力投资建设的基础设施项目，在政府有力量建设前提前建成并发挥作用，从而满足社会公众的需求。但是，BOT 投资中的私营机构为了尽早收回投资和赚取更多利润，在设施建成运营过程中可能进行掠夺式经营，损害社会公众的整体利益。

7. 特许经营

特许经营是指跨国公司将其企业名称、商标、专有技术、运作管理经验等无形资产使用权，以特许经营合同约定的形式，允许受许经营者使用并收取使用费的投资方式。

特许经营的前提是跨国公司拥有较知名的商标、专有技术、管理经验，而受许经营者有资金优势。特许经营不仅可以使跨国公司以较少的投入完成国际投资，并迅速开展跨国经营，还可以使受许经营者在较短时间内引入商标、专有技术、管理经验，迅速增强自身

的竞争力。

特许经营具有如下几个特点：第一，跨国公司和受许经营者是两个独立的法律实体，跨国公司通过授权受许经营者使用无形资产来换取一定的收入；第二，双方签订的授权合同中通常包含一些调整和控制条款，以指导受许经营者在跨国公司统一的业务模式下，从事经营活动；第三，受许经营者除了要受跨国公司的监督、指导和控制外，还要根据自身营业额支付无形资产的使用费和其他费用。

小案例

1937 年，麦当劳公司的创始人创办汽车餐厅，并通过改进厨房设备与生产程序，使汉堡包生产制作速度大大提高，吸引了大量顾客。之后，麦当劳公司不断发展壮大。20 世纪 20 年代初，麦当劳公司开始利用特许经营方式建立自己的经营体系。刚开始，麦当劳公司采用的是商品商标型特许经营，即麦当劳公司仅向受许经营者提供商品商标的使用权，受许经营者定期向麦当劳公司支付费用。

然而，麦当劳公司除了在受许经营者开业之初就餐厅外观和餐品服务对其进行指导外，之后不再干预。这种“大撒把”式的特许经营方式造成了麦当劳品牌的危机，因为许多受许经营者按照自己的理解改变了汉堡包口味，或是增加和改变了商品品种，这对麦当劳品牌造成了一定的“腐蚀”。

为了改变这种情况，1955 年，麦当劳公司在芝加哥东北部开设了第一家“样板店”，推出了“QSCV”经营理念，即“优质服务、质佳味美、清洁卫生、提供价值”，并建立了严格的经营制度。麦当劳公司借助这样的经营模式推行了“第二代特许经营”，要求全世界所有的麦当劳餐厅都必须按照公司的统一标准进行经营，包括使用由公司统一提供的、标准质量的调味品、肉、蔬菜等，采用公司统一规定的食品制作工艺，遵守公司统一制订的改变商品品种和推出新品的规范程序，等等。

麦当劳公司依靠这样的特许经营模式迅速实现了扩张。目前，这种标准化的特许经营方式已经广泛应用于餐饮业、零售业、服务业等诸多行业。

资料来源：法帮网，http://www.fabang.com/a/20100505/103363.html

二、跨国并购

（一）跨国并购的概念

并购包括兼并和收购。兼并是指一个企业获得其他企业的控制权，从而使若干个企业结合成一个整体，并对整体实行统一经营。它是企业变更或终止的方式之一，也是企业竞争优胜劣汰的正常现象。收购是指一家企业用现金或者有价证券购买另一家企业的股票或者资产，以获得对该企业的全部资产或者某项资产的所有权，或对该企业的控制权。收购又可分为资产收购和股份收购。

跨国并购是指一国投资者通过购买国外企业的股份或者资产来控制国外企业的生产经营活动，并从中获利的投资方式。在并购企业控制权变换的过程中，各权利主体须依据企业产权制度安排来进行权利让渡。

跨国并购发生在两国或多个国家或地区之间，发生在跨国公司之间，并购双方要遵循不同国家的法律规范。

（二）跨国并购的分类

按照不同的分类标准，跨国并购可以分为不同的种类。

1. 横向跨国并购、纵向跨国并购和混合跨国并购

按照跨国并购对象所属行业关系的不同，跨国并购可以分为横向跨国并购、纵向跨国并购和混合跨国并购。

横向跨国并购是指两个以上国家生产或销售相同或相似产品的企业之间发生的并购。例如，美国某飞机制造公司并购英国某飞机制造公司，目的是扩大市场占有率，增加企业的国际竞争力，提高规模效益。在横向跨国并购中，由于并购双方有相同的行业背景和经历，所以比较容易实现并购整合。

纵向跨国并购是指两个以上国家生产相同或相似产品但又处于不同生产阶段的企业之间发生的并购，或者说是生产经营活动相互衔接、密切联系的企业之间发生的并购。例如，中国首钢集团收购澳大利亚吉布森山铁矿公司，目的是扩展业务线，扩大销售渠道，获得稳定的原材料供应来源，同时减少竞争对手的原材料供应渠道。

混合跨国并购是指两个以上国家处于不同行业的企业之间发生的并购。并购双方既非竞争对手，又非潜在客户或供应商。混合跨国并购的常见动机是实现多元化经营战略，增加市场份额，减少在单一行业开展经营活动的风险，增强企业整体竞争力，等等。

2. 直接并购和间接并购

按照是否通过中介机构完成并购，跨国并购可分为直接并购和间接并购。

直接并购是指并购企业根据自己的战略规划直接向目标企业提出并购请求，或者目标企业因经营不善或遇到难以克服的困难而向并购企业主动提出转让所有权，然后双方经过磋商达成协议，最终完成并购。

间接并购是指并购企业没有向目标企业提出并购请求，而是通过在证券市场收购目标企业的股票，达到控制目标企业的目的，即完成并购。与直接并购相比，间接并购很容易引起目标企业股价的剧烈上涨，同时可能会引起目标企业的激烈反应。此外，间接并购受法律规定的制约较大，因此，间接并购的成本较高，难度较大，并购成功的概率也相对较低。

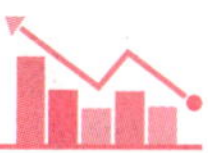

3. 善意并购和恶意并购

按照并购动机的不同，跨国并购可分为善意并购和恶意并购。

善意并购是指并购企业提出并购要求和条件以后，目标企业接受并购条件，然后双方就并购的价格、方式等进行磋商，最终完成并购。由于在善意并购中双方都有合并的意愿，因此并购成功的概率较高。

恶意并购是指并购企业提出并购要求和条件后，目标企业不接受并购条件，之后并购企业在证券市场上强行收购，最终完成并购。恶意并购通常会激起目标企业的对抗和抵制，因此并购成功的概率较低。

三、绿地投资与跨国并购的区别

对跨国公司来说，绿地投资与跨国并购这两种投资方式各有优缺点，具体如表 5-2 所示。

表 5-2　绿地投资与跨国并购的区别

项目	绿地投资	跨国并购
优点	（1）投资企业能够保持较强的自主性； （2）投资所建新企业较少受到东道国产业保护政策的限制； （3）投资企业能更大程度地维持公司在技术和管理方面的垄断优势； （4）投资企业可以根据其全球战略目标选择适合的生产规模和投资区位	（1）投资企业可以灵活选择进入市场的方式； （2）投资企业可以利用已收购企业的市场份额获得竞争优势和规模效益； （3）投资企业获得融资的途径更多
缺点	（1）绿地投资需要大量的筹建工作，其配套设施的建设周期长，不确定性较大，缺乏灵活性，对跨国公司的财力、人力、经营能力等都要求较高； （2）投资所建新企业在东道国拓展市场的难度较大	（1）受各国会计准则差异、信息不对称等因素的影响，投资企业价值评估的难度通常较大，导致跨国并购的复杂程度较高； （2）投资企业易受东道国的政策限制和地方保护主义的影响，在企业规模、选址方面等会受到一定的限制

国际直接投资　国际合资经营企业　国际合作经营企业　国际独资经营企业　绿地投资　跨国并购

课后练习

一、不定项选择题

1. 国际投资与世界经济发展的关系是（　　）。

   A. 国际投资是被动的，取决于世界经济的发展

   B. 国际投资与世界经济的发展无内在联系

   C. 相辅相成，相互促进

   D. 国际投资决定世界经济的发展

2. 固定资产投资属于（　　）。

   A. 直接投资　　B. 间接投资　　C. 直接融资　　D. 间接融资

3. 下列不属于非股权式参与方式的是（　　）。

   A. 合作开发　　B. 合作经营　　C. 独资经营　　D. 特许经营

4. 兼并企业与被兼并企业处于同一行业，产品系列及市场相同或相近，这属于（　　）。

   A. 纵向兼并　　B. 横向兼并　　C. 混合兼并　　D. 资产兼并

5. 下列属于绿地投资特点的是（　　）。

   A. 投资企业能够保持较强的自主性

   B. 投资企业可以灵活选择进入市场的方式

   C. 绿地投资需要大量的筹建工作

   D. 投资企业获得融资的途径更多

二、判断题

1. 国际合资经营企业的特点是合营各方共同投资、共同经营、共担风险、共负盈亏。（　　）
2. 国际合作经营企业具有较高的灵活性。（　　）
3. 跨国并购是目前跨国公司进行国际直接投资的主要方式。（　　）
4. 跨国并购比绿地投资的风险要大。（　　）

三、简述题

1. 简述国际直接投资的概念。
2. 列举国际直接投资企业的类型。
3. 简述国际直接投资的主要方式。
4. 列举绿地投资与跨国并购的优缺点。

第六章 国际间接投资

学习目标

通过学习本章内容，学生应了解国际信贷投资的概念、关系人和分类；掌握政府贷款、国际银行贷款、国际金融组织贷款的程序和特点；了解国际证券投资的概念和影响因素；掌握国际股票投资、国际债券投资、国际基金投资、金融衍生产品投资的方式和特点。

章前导读

境外上市——民营资本的朝圣之路

1992 年 10 月 9 日，华晨汽车公司在美国纽约证券交易所上市，开启了中国企业在境外上市的先河。之后一批传统工业领域、制造业领域的国有企业陆续在境外上市，包括马鞍山钢铁公司、广深铁路公司、大唐国际发电公司等。

如果说 1999 年以前境外上市领域完全是国企的天下，那么，自 1999 年侨兴集团登陆美国纳斯达克证券交易所开始，民营企业逐渐成为境外上市的绝对主力。从那之后，越来越多的民营企业选择境外上市。先是新浪公司、搜狐公司、网易公司等互联网企业一马当先，相继在境外上市。之后一些成熟的传统民营企业也陆续在境外上市，具有代表性的企业有创维公司、比亚迪公司、国美公司、金蝶公司、物美公司等。2004 年开始，民营企业迎来了大规模的成熟期，随之而来的是境外上市的第一波高潮。该时期上市的企业很多，具有代表性的企业有盛大公司、蒙牛公司、腾讯公司、分众公司、百度公司、尚德公司、玖龙纸业公司等。

之后受 2008 年金融危机的影响，民营企业境外上市经历高峰之后有所回落。这时期部分海外投资人对中国概念股（对海外上市的中国股票的统称）产生了信任危机，导致市场涌现出了小规模的退市潮，一些因财务问题而失去估值优势的中国概念股默默退出了市场。但也有一些企业脱颖而出，成功上市，具有代表性的企业有汇源公司、碧桂园公司、百丽公司、复星集团等。

2014 年 9 月 19 日，阿里巴巴公司登陆纽约证券交易所，并凭借每股 68 美元的发行价成为美国融资额最大的 IPO（首次公开发行，是指公司通过中介机构首次向不特定的社会公众广泛地发售股票的行为）。之后，中国企业赴美上市又进入了一个小高潮，京东公司、迅雷公司等 10 余家中国互联网公司相继登陆纽约证券交易所和纳斯达克证券交易所。

从某种意义上说，境外资本市场哺育了中国的“民企军团”。截至目前，已有逾千家民营企业通过 IPO 或借壳（通过收购一家已上市公司的控股权达到控股目的，进而将自己的优质资产和业务注入，最终实现自身资产与业务的间接上市）的方式在境外各交易所上市，其中大多数企业选择在香港和美国的交易所上市。

由于境外上市具有上市门槛低、筹资速度快、机制相对成熟、容易获得较高声誉等特点，因此，民营企业选择境外上市可以说是一个大趋势。有人说，中国民营企业境外上市犹如资本朝圣，经历起起落落，依然坚定而执着。

资料来源：贸易金融网，http://m.sinotf.com/News/index/id/178220

思考：

境外上市对民营企业有哪些好处？

国际间接投资是一种仅以获取资本增值或实施对外援助与开发为目的，而不以控制经营权为目的，以提供国际信贷、购买外国公司的股票和其他证券为手段，以取得利息、股息等的国际投资活动。随着国际信用制度和国际金融市场的发展和完善，国际间接投资已成为国际投资的重要方式。

第一节 国际信贷投资

一、国际信贷投资概述

国际信贷投资是指由一国政府、银行及其他金融机构、企业及国际金融机构，向另一国政府、银行及其他金融机构、企业等进行投资、贷款的信用活动的总称。国际信贷投资

作为国际间接投资的一个组成部分，已成为推动世界经济发展的重要动力，也是促进各国经济发展的行之有效的方法。

（一）国际信贷活动的关系人

国际信贷活动涉及的关系人主要有借款人、贷款人、金融中介人、代理人、担保人等。

1. 借款人

借款人即资金借入者。国际信贷活动的借款人一般为法人，具体包括政府、社会团体、工商企业、商业银行等。它们借款的目的往往是发展经济、建设项目、购买设备或出于其他方面的需要。

2. 贷款人

贷款人即贷出资金者，其通过提供借贷资金，并在约定时间内收回借贷本息来获利。国际信贷活动的贷款人一般为法人，主要包括商业银行、政策性银行、政府、国际金融机构等。它们贷款的目的主要是转移过剩资本、扩大市场范围、进行经济援助等。

3. 金融中介人

金融中介人是指在国际信贷活动中充当中介来连接借款人与贷款人，同时努力促成借贷活动并从中获利的金融机构，具体包括国际商业银行、进出口银行、国际信托租赁公司、投资银行等。

4. 代理人

代理人是指受借款人或贷款人委托，在国际信贷活动中全权代理当事人开展借贷活动，完成资金交易，履行贷款协议的公司、银行或个人。

5. 担保人

担保人是指在国际信贷活动中担保履行贷款协议者。担保人一般是向贷款人担保，如借款人违约，由担保人负责偿还贷款。国际信贷活动的担保人主要包括国际性银行、政府、信用较好的大公司等。

（二）国际信贷投资的分类

按照资金来源与性质的不同，国际信贷投资可以分为以下几类。

（1）政府贷款，又称国家贷款、外国政府贷款或双边官方援助性贷款，是指一国政府利用财政资金以优惠的方式向另一国政府提供的贷款。按照国际惯例，其贷款的赠予成分一般在25%以上。政府贷款多数为建设项目贷款，在国际资金市场上所占比例较小，多由发达国家向发展中国家提供。

（2）国际银行贷款，又称商业银行贷款，是指一国商业银行或国际贷款银行向另一国借款人提供的贷款。国际银行贷款不限用途，使用灵活，筹措简便，但利率较高，易受市场波动影响，因而风险较大。国际银行贷款通常由本国银行来完成。例如，我国投资者向国外的银行进行贷款时一般通过中国银行来完成。

（3）国际金融组织贷款，又称国际金融机构贷款，是指从事国际金融业务的机构向借款国（一般是成员国）提供的贷款。

除此之外，国际信贷投资还有私人银行贷款、联合（混合）贷款等形式。

二、政府贷款

政府贷款体现的是政府之间的信贷关系，是国家资本输出的一种重要形式，通常由两国政府机构或政府代理机构出面谈判，签署贷款协议，确定具有契约性偿还义务的外币债务。例如，法国政府贷款的主管部门是法国财政部国库司；日本的政府贷款事项由外务省、财务省等部门进行协商，最后由内阁会议决定。

（一）政府贷款的特点

1. 贷款期限较长

政府贷款的期限较长，一般为 10 年、20 年、30 年，有的甚至长达 50 年。政府贷款的期限均会在贷款协议中加以规定，一般分为贷款使用期、偿还期和宽限期。

（1）贷款使用期，又称支款期，一般为贷款协议签订的当年或 5 年内。在贷款使用期内，借款人按建设进度的实际需要提取贷款。

（2）偿还期即还款期限，是指从开始偿还的时间至最后还清的时间。贷款协议会规定有偿还期内的偿还次数和日期。

（3）宽限期，通常包含在偿还期内。在宽限期内借款人只付利息，不付本金。

2. 贷款利率较低

政府贷款的利率较低，一般为 1%～3%，有时甚至无息，只收一定数额的手续费。

3. 贷款可能附带约束条件

政府贷款具有优惠援助的性质。政局的稳定和两国良好的政治外交关系是享有政府贷款的前提条件和基础。贷款国对借款国往往附带一些约束条件，主要包括以下几个方面。

（1）借款国取得的贷款只限于采购贷款国的商品、技术、劳务等。

（2）限制借款国以公开国际招标的方式，或者从经济合作与发展组织成员国及发展援助委员会所规定的“合格货源国”采购物资。

（3）借款国使用政府贷款时连带使用一定比例贷款国的出口信贷。这样一方面可以带动贷款国民间金融资本的输出和商品输出，另一方面可以使贷款国获得一部分现汇收入。

（二）政府贷款的程序

虽然各国政府贷款的程序不尽相同，但一般都有以下几个步骤。

（1）借款国选定贷款项目，并进行贷前准备。借款国根据本国经济发展的需要，选定优先考虑的建设项目，并对其进行可行性研究，以决定该项目是否值得投资和向外国政

府借款。可行性研究必须包括项目的经济、技术、组织、财务、社会等各个方面。若需要贷款，借款国应编制详细的可行性研究报告和项目实施计划书，作为申请贷款的主要文件。

（2）借款国向贷款国申请政府贷款。申请一般通过贷款国驻本国大使馆或本国驻贷款国大使馆转达贷款国。

（3）贷款国对项目进行审定与评估。贷款国接到贷款申请后，交由有关部门对贷款文件进行研究审查。贷款国若认为借款国提供的资料不够完备充分，可要求其提供必要的补充资料，或派专家考察团进行实地考察，以取得必不可少的资料，然后对申请贷款项目进行评估，以确定该项目及其实施计划的可行性。

（4）承诺通知。经审查评估，若贷款国认为申请贷款项目切实可行，则应将同意贷款和贷款的条件正式通知借款国。承诺通知通常由贷款国驻借款国大使馆以书面文件递交借款国。

（5）换文谈判。如借款国接受贷款国提出的条件，双方政府接下来可进行换文谈判。这里的换文是指以书面形式说明贷款的基本条款和基本条件，这是双方政府对贷款各自承担应负责任的一种保证。

（6）签订贷款协议。政府换文的内容只是一种纲领性的规定，只涉及贷款的主要条款和主要条件，而贷款的详细条款和条件，由贷款国承办政府贷款的机构与借款人，以政府换文为依据具体商谈。贷款协议达成后，由贷款机构和实际借款人而不是借款国政府签署。

（7）借款国按贷款协议中的采购条件在贷款国、合格货源国采购物资或自行采购物资。

（8）政府指定银行实施贷款协议，即借款人（或借款方的代理银行）在贷款机构的代理银行开立专门账户。

（9）支付贷款。贷款的支付按贷款协议规定办理，通常是在规定的期限内分期支付。每次提款时，借款人均须向贷款机构提交申请书、采购合同和其他有关单据，如供应商发票、汇票、货运单据等。如果贷款机构审查相关文件后认为符合规定，则借款人可从上述专门账户提款，用于支付采购货款和劳务费用。否则，贷款机构应通知借款人不能提款，并说明理由。

（10）监督管理。为确保贷款项目的实施和取得预期效果，贷款机构要对项目执行和经营过程进行监督管理。政府贷款的监督管理主要包括检查贷款资金的使用情况、项目执行进度，实地考察，审查竣工报告等。

三、国际银行贷款

（一）国际银行贷款的分类

按照不同的标准，国际银行贷款可以分为不同的种类。

1. 短期贷款和中长期贷款

按照贷款期限的不同，国际银行贷款可分为短期贷款和中长期贷款。

短期贷款是指期限不超过 1 年的贷款，既包括银行与银行之间的信贷，即银行同业拆放贷款，又包括银行对非银行客户的信贷。短期贷款具有无须抵押、不限用途等特点。

中长期贷款是指期限在 1 年以上的贷款，其期限一般为 2 年、3 年、5 年、7 年、10 年或者更长。一般情况下，贷款期限越长，利率越高。中长期贷款的借款人通常包括银行、企业、政府机构及国际机构等。中长期信贷具有期限长、金额大、信贷风险高、费用高等特点。

2. 对企业放款、银行间放款、对外国政府机构及国际经济组织放款

按照贷款对象的不同，国际银行贷款可分为对企业放款、银行间放款、对外国政府机构及国际经济组织放款。

国际银行贷款的对象及其需求不同，贷款产生的效用也不同。以银行间放款为例，银行间放款不仅可以满足各国商业银行在支持本国经济发展的同时对外汇头寸（即外汇持有额）进行调剂的需要，还可以通过国际银行间借贷这一形式，使银行资金运行更加合理、安全。

3. 单一贷款和银团贷款

按照借款人组织形式的不同，国际银行贷款可分为单一贷款和银团贷款。

单一贷款，又称独家银行贷款或双边贷款，即一国的商业银行向另一国借款人提供的贷款。这种贷款手续较为简单。

银团贷款，又称集团贷款或辛迪加贷款，是指多家商业银行组成一个集团，由一家或几家银行牵头共同向借款人提供的巨额贷款。银团贷款的规模较大，贷款金额可达几十亿美元；贷款期限较长，一般为 7～10 年，甚至 10 年以上。

（二）国际银行贷款的特点

国际银行贷款的特点主要包括以下几个方面。

第一，贷款用途不受限制，借款人可以任意处置所借款项。

第二，贷款金额较大，手续简单，可以迅速满足符合条件的借款人的需要。

第三，贷款条件严格，贷款成本较高，其利率和费用通常高于政府贷款和国际金融组织贷款。

第四，贷款风险较高，借贷双方都面临较大的利率风险和汇率风险。

第五，国际银行贷款的规模通常受国际商业银行吸收存款规模的限制。

四、国际金融组织贷款

国际上有众多的国际金融组织，大致可分为以下三类：第一类是全球性国际金融组织，

如国际货币基金组织、世界银行、国际农业发展基金组织等；第二类是洲际性或“半区域性”国际金融组织（即有区域外的国家参加），如联合国附属的从事区域性货币信贷安排的国际金融组织——亚洲开发银行等；第三类是某一地区的一些国家组成的真正区域性国际金融组织，如欧洲投资银行、阿拉伯货币基金组织、加勒比开发银行等。

各类国际金融组织的宗旨、功能等都有相似之处。它们的宗旨是保证国际货币制度的正常运行，积极协调国家之间的经济关系，促进国际经济合作；它们的功能是通过提供短期和长期贷款帮助成员国解决国际收支流动性困难，促进长期经济增长。

这里以国际货币基金组织贷款和世界银行贷款为例，介绍国际金融组织贷款的特点及运作形式。

（一）国际货币基金组织贷款

国际货币基金组织（IMF）是根据参加筹建联合国的 44 国代表于 1944 年 7 月在美国新罕布什尔州布雷顿森林举行的联合国货币金融会议及其所 通过的《国际货币基金组织协定》成立的，于 1947 年 3 月开始运作。

1．资金来源

国际货币基金组织的资金来源主要包括份额、借款、信托基金等。

份额是指成员国参加 IMF 时所要认缴的一定数额的款项。IMF 以份额作为其资金的基本来源，并用于对成员国的资金融通。份额是根据成员国的国民收入、黄金和外汇储备、进出口贸易及其他经济指标来确定的。对于成员国来讲，份额不仅决定其加入 IMF 时应认缴的款项数额，还决定其在 IMF 的投票权、借款权和特别提款权分配权。

特别提款权

特别提款权（SDR）是指 IMF 为补充国际储备资产而创设并分配给成员国的一种在 IMF 的账面资产。成员国可以用特别提款权向 IMF 换取可兑换货币进行国际支付，或是直接用特别提款权偿还对 IMF 和其他成员国政府的官方债务。

借款是指 IMF 与成员国签订的借款协议中所约定的款项。借款的形式主要有以下几种：① 借款总安排，由 IMF 于 1962 年与“七国集团”签订，总额为 60 亿美元，用于应对成员国的临时性困难；② 补充资金贷款借款安排，由 IMF 于 1979 年与 13 个成员国签订；③ 扩大资金贷款借款安排，由 IMF 于 1981 年 5 月与一些官方机构签订。此外，IMF 还与成员国签订了双边借款协议，以扩大资金来源。

信托基金是 IMF 的临时性资金来源。1976 年 1 月，IMF 决定将其所持有黄金的 1/6（即 2 500 万盎司）分 4 年按市场价格出售，并用所得的利润（共 46.4 亿美元）建立了信托基金，用于向较为贫困的发展中国家提供优惠贷款。

中国正式成为 IMF 的第三大股东

2016 年 1 月 27 日，IMF 宣布 IMF《董事会改革修正案》已于 1 月 26 日开始生效，这意味着中国正式成为 IMF 的第三大股东。该修正案的发布是 IMF 推进份额治理和改革的一部分。

作为全球第二大经济体，中国此前在 IMF 的份额位于美国、日本、德国、法国、英国之后，居第 6 位。IMF 改革方案生效后，新兴市场国家将比过去增加超过 6%的 IMF 份额，中国、巴西、印度、俄罗斯等新兴市场国家将与美国、日本、法国、德国、意大利、英国一起跻身 IMF 前十大成员国。中国的份额占比从 3.996%上升至 6.394%，排名从第 6 位跃居第 3 位，仅次于美国和日本。

此外，IMF 的份额资源将增加一倍，从约 2 385 亿特别提款权（约合 3 298 亿美元）扩大至约 4 770 亿特别提款权（约合 6 597 亿美元）。IMF 的执行董事会成员将首次全部由选举产生。

该方案的生效标志着 IMF 向更好地体现新兴市场国家和发展中国家话语权的方向迈出了重要的一步，并将加强 IMF 的信誉度，以及 IMF 政策的有效性和合理性。

资料来源：凤凰财经，http://finance.ifeng.com/a/20160129/14196831_0.shtml

2. 贷款类型

向成员国提供信用贷款是 IMF 最主要的业务活动。具体而言，IMF 主要向成员国提供以下类型的贷款。

1）一般提款权下的贷款

IMF 各成员国缴纳份额之后便被赋予了一种权利，即在出现国际收支失衡时可以向 IMF 提款。这部分提款主要是具有支付功能的特别提款权和可自由兑换货币，通常是美元、欧元等世界通货。

一般提款权下的贷款包括普通贷款和特殊贷款两大类。其中，普通贷款是借用 IMF 资金的一般形式，是指成员国为了应对一般情况下产生的国际收支失衡而向 IMF 申请的贷款；特殊贷款是指成员国为了应对某种特殊原因导致的严重的国际收支逆差而向 IMF 申请的贷款。

2）备用安排下的贷款

IMF 于 1952 年创造了备用安排，它能保证成员国在遵守相关执行标准和其他条件的情况下，在既定的期间内从 IMF 提取特定额度的款项。成员国既可以采用全部提款的方式，也可以采用分阶段提款的方式。

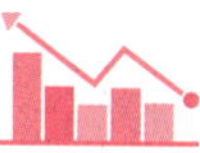

3）延期安排下的贷款

延期安排与备用安排在本质上是一致的。只不过在还款期限上，延期安排的还款期限更长。一般而言，备用安排下的还款期限为提款后的 5 年内，而延期安排下的还款期限为提款后的 10 年内。

IMF 为抗“疫”提供资金

2020 年 3 月 4 日，IMF 宣布一项援助计划：向低收入成员国和新兴市场成员国提供 500 亿美元的紧急资金，用于帮助这些国家应对新型冠状病毒肺炎疫情。

具体来说，低收入成员国可以通过快速信贷基金以零利率获得最高 100 亿美元的贷款，而其他新兴市场成员国则可以通过快速融资工具获得最高 400 亿美元的紧急融资。IMF 总裁克里斯塔利娜•格奥尔基耶娃表示，上述资金可以立即到位，且大部分资金都是无息贷款。

资料来源：腾讯网，https://new.qq.com/rain/a/20200305A080YC00

（二）世界银行贷款

世界银行的全称为国际复兴开发银行。根据布雷顿森林会议通过的《国际复兴开发银行协定》，世界银行于 1945 年 12 月宣告成立，总部设在华盛顿。1947 年起，世界银行成为联合国专门金融组织。按该行协定，凡加入世界银行的国家，必须是 IMF 的成员国，但 IMF 的成员国不一定都要加入世界银行。

1．资金来源

世界银行的资金来源主要有以下三个。

1）会员国缴纳的股金

同 IMF 一样，世界银行成员国要认缴一定数额的银行股份，该数额取决于该国的经济实力、财政实力及该国在国际货币基金的份额。成员国缴纳的份额分为两个部分：成员国加入世界银行时必须缴纳其认缴额的 20%，其中 2%以黄金或主要国际货币支付，18%用本币支付，这部分为实缴资本；其余 80%为待缴资本，由成员国保存，世界银行需要时即可要求成员国支付。在世界银行资本中，实缴资本实际上只是很小的一部分，而且其中一部分是银行不能自由运用的不可兑换货币。

2）借款

借款是世界银行的主要资金来源，主要有以下两个渠道：一是直接向成员国政府、政府机构或中央银行发行中短期债券；二是在国际资本市场上直接发行中长期债券。其中，第二个渠道所占的比重逐年提高。

世界银行借款的宗旨是保证自身资金来源的可靠性，并使自身及借款国家的资金成本最小化。为此，世界银行除了借入美元资金外，还广泛借入日元、欧元等货币。目前世界银行已成为各主要资本市场上最大的非居民借款人。

3）出让债权所得

出让债权所得是指世界银行将贷出款项的债权出让给商业银行、其他金融机构等私人投资者，收回一部分资金，以提高自身的资金周转能力。

2．贷款条件

向成员国尤其发展中国家提供贷款是世界银行最主要的业务。世界银行贷款从项目的确定到贷款的归还，都有一套严格的条件和程序。

第一，世界银行只向成员国政府，或经成员国政府、中央银行担保的公私机构提供贷款。

第二，贷款一般用于世界银行已审定、批准的特定项目，重点是交通、公用工程、农业建设、教育建设等基础设施项目，且必须是采用国际招标方式开展的项目。只有在特殊情况下，世界银行才考虑发放非项目贷款。

第三，成员国确实不能按合理的条件从其他方面取得资金时，世界银行才考虑提供贷款。

第四，贷款只发放给有偿还能力且能有效运用资金的成员国。

第五，贷款必须专款专用，贷款方必须接受世界银行的监督。世界银行会从款项使用、工程进度、物资保管、工程管理等方面进行监督。一旦发现问题，贷款随时可能被中止。

3．贷款特点

（1）贷款手续严格，取得贷款的时间长，一般需要 1.5～2 年。

（2）贷款期限较长，短则数年，最长可达 30 年，平均约为 17 年。

（3）贷款利率参照资本市场利率而定，一般低于市场利率，贷款费用也较低。

（4）世界银行一般只提供项目所需的外汇资金，贷款通常以美元计值。借款国借什么货币就还什么货币，需要自行承担该货币与美元的汇率变动风险。

巴基斯坦与世界银行签署 7.87 亿美元贷款协议

2019 年 11 月 27 日，巴基斯坦政府与世界银行签署了总额为 7.87 亿美元的发展项目贷款协议。根据贷款协议，世界银行将为卡拉奇（巴基斯坦最大的城市）的三个项目提供 6.52 亿美元贷款，用于完善城市交通基础设施，提升城市管理和服务水平，改善城市供水和排污系统。

第一个项目是卡拉奇黄线项目，贷款总额为 3.82 亿美元。该项目旨在扩建原有的快速公交系统，打造一条贯穿市区的“黄线走廊”。

第二个项目是城市宜居项目，贷款总额为 2.3 亿美元。该项目旨在提升卡拉奇的地方议会和政府部门的管理水平，帮助私营企业改善商业环境，激励私营企业参与城市公共管理。

第三个项目是供水排污项目，贷款总额为 4 000 万美元。该项目旨在升级卡拉奇的供水排污系统，解决卡拉奇居民在生活用水、卫生设施、卫生服务等方面存在的问题。

此外，世界银行向开普省（巴基斯坦最小的省份）提供了 7 000 万美元的综合旅游开发项目贷款，以改善当地旅游基础设施，开发旅游资源，促进当地旅游业的发展；还向巴基斯坦的其他省份提供了数千万的项目贷款，旨在提高当地的基础设施水平，改善当地的经济环境。

资料来源：中国经济网，http://intl.ce.cn/specials/zxgjzh/201912/02/t20191202_33751974.shtml

（三）国际金融组织贷款的作用

国际金融组织贷款在促进世界经济与金融发展、区域经济与金融发展方面起着重大的作用，主要表现在以下几个方面。

（1）借助国际金融组织贷款，各国能够协调行动，加强国际合作，有助于促进世界或地区经济与金融发展局势的稳定。

（2）国际金融组织贷款中的短期融资贷款能够缓解成员国的国际收支困难，稳定汇率。

（3）国际金融组织贷款中的中长期贷款能够促进成员国的经济复兴和发展，特别是为发展中国家的资源开发、经济发展提供资金援助。

（4）国际金融组织贷款能够调节成员国的国际清偿能力，特别是国际货币基金组织提供的普通提款权和特别提款权，不仅可以增强成员国的清偿能力，还能满足成员国和世界经济发展的需要。

（5）国际金融组织贷款能够促进汇率的稳定，有助于维持国际货币体系的正常运转，进而促进国际贸易的发展和国际投资的增长。

第二节　国际证券投资

一、国际证券投资的概念及影响因素

国际证券投资是指为了获取收益、分散风险，国际投资者利用各国经济周期波动的不同步性和其他投资条件的差异，在国际债券市场上购买中长期债券，或在外国股票市场上购买企业股票的投资活动。它包括国际股票投资、国际债券投资、国际基金投资和金融衍生产品投资等四种形式。

影响国际证券投资的因素主要包括以下几个方面。

（1）利率。利率是影响国际证券投资的重要因素。正常情况下，资本从利率低的国家流向利率高的国家；非正常情况下，短期资本也可能从利率较高而政局动荡的国家流向利率较低而政局稳定的国家。在国际投资中，各国政府都把利率作为宏观调控的手段，使资本流动能够促进本国经济的发展。

（2）汇率。汇率反映一国的国际收支状况。汇率的高低和稳定性主要取决于外汇的供求，进而影响国际证券投资的流向。正常情况下，资本从汇率较低且波动明显的国家流向货币汇率较高且较为稳定的国家。

（3）风险。国际证券投资的风险包括利率风险、汇率风险、政策风险、信用风险、决策风险、道德风险等。一般来说，对政府投资的风险较小，对私人投资的风险较大。如果风险较小的投资和风险较大的投资都能提供同样的收益率，投资者当然愿意进行风险较小的投资。

（4）国家偿债能力。一般来说，国家偿债能力与吸收国际证券投资的数额成正比。发达国家通常经济实力雄厚，有较多的外汇储备，偿债能力强，因而能吸引大量的国际资本；而一些经济落后的国家发展较为缓慢，偿债能力弱，很难吸引较多的国际资本。

二、国际股票投资

国际股票投资是指在国际股票市场上购买股票的投资方式。在进行国际股票投资之前，先要了解国际股票价格指数。

（一）国际股票价格指数

股票价格是反映股价变动相对水平和股价变动趋势的一种动态统计指标。股票价格指数是一种平均数或加权平均数，一般由证券交易所或其他金融服务机构编制。不同的股票市场有不同的股票价格指数，同一股票市场也可以有多个股票价格指数。

借助股票价格指数，投资者可以观察和分析股市的发展动态，研究有关国家和地区的政治经济形势，拟定投资策略。

国际股票价格指数有很多种，其中较有影响的有以下几种。

1. 道琼斯股票价格平均指数

道琼斯股票价格平均指数由美国道琼斯公司于 1884 年开始编制。它是国际股票市场上历史最悠久、影响范围最广的股票指数，从开始编制至今从无间断。

道琼斯股票价格平均指数共分四类，分别为 30 种工业股票价格指数、20 种运输业股票价格指数、15 种公用事业股票价格指数和以上 65 种股票的综合平均指数。其中，工业

股票价格指数的应用范围最广，被视为美国经济的晴雨表。

2. 标准普尔指数

标准普尔指数是美国最大的证券研究机构——标准普尔公司于 1923 年开始编制和发表的股票价格指数。

标准普尔指数是 500 种公司普通股股票价格的平均指数，包括 400 种工业股票、20 种运输业股票、40 种公用事业股票和 40 种金融业股票。这 500 种股票称为成分股，其中绝大多数都在纽约证券交易所上市。因此，标准普尔指数更能真实地反映美国股票市价变动的实际情况。

3. 纳斯达克指数

纳斯达克指数是反映美国纳斯达克证券市场行情变化的股票价格平均指数。纳斯达克的全称是美国全国证券交易商协会自动报价系统，于 1971 年 2 月 8 日正式开始用于交易。纳斯达克指数主要有以下两类。

（1）纳斯达克综合指数，是反映在纳斯达克上市的所有美国公司和非美国公司普通股市值的指数，按上市公司总股本加权计算，以 1971 年 2 月 8 日为基期。

（2）纳斯达克全国市场指数，包括纳斯达克 100 指数、纳斯达克全国市场综合指数、纳斯达克全国市场金融 100 指数等。其中，纳斯达克 100 指数的样本股包括在纳斯达克上市的规模最大的 100 家非金融性公司，是最具代表性的指数。

4. 恒生指数

恒生指数是由香港恒生银行于 1969 年 11 月 24 日开始编制的用以反映香港股市行情的一种股票价格指数。

恒生指数的成分股由在香港上市的较有代表性的 33 家公司的股票构成，包括 4 家金融业公司、6 家公用事业公司、9 家地产业公司、14 家其他行业公司。

5. 日经指数

日经指数是由日本经济新闻社编制的用以反映日本股票市场价格变动的股价指数。

按采样数目和计算方式的不同，日经指数可分为日经 225 股指指数、日经 500 股指指数、日经 300 股指指数、日经综合股指指数等。其中，日经 225 股指指数延续时间较长，应用范围最广，是考察日本股票市场股价长期演变及变动的最常用和最可靠的指标。

日经 225 股指指数的成分股由在东京证券交易所第一市场上市的 225 家公司的股票构成，包括 150 家制造业公司、10 家建筑业公司、3 家水产业公司、3 家矿业公司、12 家商业公司、14 家陆运及海运公司、15 家金融保险业公司、3 家不动产业公司、4 家电力和煤气公司、5 家服务业公司。

6. 伦敦金融时报指数

伦敦金融时报指数是由英国《金融时报》于 1935 年 7 月 1 日开始编制的用以反映伦敦证券交易所行情变动的一种股票价格指数。

伦敦金融时报指数包括三种：第一种是由 30 种股票组成的价格指数；第二种是由 100 种股票组成的价格指数；第三种是由 500 种股票组成的价格指数。通常所讲的伦敦金融时报指数指的是第一种。

全球市值前十的证券交易所

纽约证券交易所

纽约证券交易所是全球范围内上市公司总市值第一、IPO 数量及市值第一、交易量第二的交易所，位于美国纽约州纽约市百老汇大街。2006 年 6 月 1 日，纽约证券交易所与泛欧证券交易所合并，组成纽约泛欧证交所集团。

在纽约证券交易所交易的证券多为大公司的股票和债券。我国也有很多企业在纽约证券交易所成功上市，如阿里巴巴公司、21 世纪不动产网、搜房网、当当网等。

纳斯达克证券交易所

纳斯达克证券交易所是全球第一个电子交易市场，由全美证券交易商协会创立并负责管理，位于美国华盛顿。纳斯达克证券交易所有数千只股票挂牌，是全球交易量最大的股票市场。

纳斯达克证券交易所的上市条件比较严格，要求上市公司必须满足严格的财务指标、资本额指标、共同管理指标等。很多世界知名的大公司都选择在纳斯达克证券交易所上市。我国也有很多企业在纳斯达克证券交易所成功上市，如百度公司、新浪公司、搜狐公司、网易公司、盛大公司、前程无忧网、金融界网、携程旅行网等。

东京证券交易所

东京证券交易所与大阪证券交易所、名古屋证券交易所并列为日本三大证券交易所。东京证券交易所的发展历史虽然不长，但其市场规模位居世界前三。

伦敦证券交易所

伦敦证券交易所成立于 1773 年，是英国最大的证券交易所。它作为欧洲债券及外汇交易领域的全球领先者，受理许多国际股票的承销业务。该交易所上市的证券数额与种类均名列前茅。

欧洲证券交易所

欧洲证券交易所，又称泛欧证券交易所，是欧洲首家跨国交易所、欧洲第一大证券交易所、世界第二大衍生产品交易所。

香港证券交易所

香港证券交易所的全称为香港交易及结算所有限公司，是全球最大的交易所集团之一，也是一家在香港上市的控股公司。它在香港和伦敦均有营运交易所，旗下成员包括香港联合交易所有限公司、香港期货交易所有限公司、香港中央结算有限公司、香港

联合交易所期权结算所有限公司及香港期货结算有限公司，还包括世界首屈一指的基本金属市场——伦敦金属交易所。

在香港证券交易所上市的大陆企业有很多，包括青岛啤酒公司、上海石油化工公司、北京首都机场、中国电信公司、中国银行公司、中国建设银行公司、中国工商银行公司、交通银行公司、中国平安公司、中国人寿公司等。

上海证券交易所

上海证券交易所是中华人民共和国成立后的第一家买卖有价证券的市场，于 1990 年 11 月 26 日在上海成立，12 月 19 日开张营业。它的主要经营业务包括管理上市证券的买卖、办理上市证券交易的清算交割、提供上市证券的过户和集中保管服务、提供证券市场的信息服务、中国人民银行许可或委托的其他业务。

上海证券交易所上市的证券数额与种类均为世界前列。一大批国民经济支柱企业、重点企业、基础行业企业和高新科技企业通过在上海证券交易所上市，既筹集了发展资金，又转换了经营机制。

多伦多证券交易所

多伦多证券交易所是加拿大最大的证券交易所。有上千家上市公司在本交易所的主板及创业板市场上挂牌上市。

德国证券交易所

德国证券交易所的前身是法兰克福证券交易所，是欧洲最活跃的证券交易市场之一。德国证券交易所拥有多层次的上市标准，会指导企业根据自身的生命周期选择初级、一般、高级等三种不同透明度的标准上市，能够满足各类企业的需求。

澳大利亚证券交易所

澳大利亚证券交易所的全称是澳大利亚证券交易有限公司。它在悉尼设立了一个全国性的秘书处，在澳大利亚的 6 个州都设有全资子公司。

资料来源：360 图书馆，http://www.360doc.com/content/16/0814/22/32626470_583252131.shtml

（二）国际股票交易方式

国际股票交易方式是指转移国际股票所有权的方式，主要有以下几种。

1. 现货交易

现货交易是指股票买卖双方成交后，按当时的成交价格清算和交割的交易方式。

现货交易的交割方式有两种。一种是当日交割，即股票买卖双方在成交的当天将交割手续办完；另一种是例行交割，即股票买卖双方在成交后，按交易所例行的规定日期办理交割手续。

现货交易的一个显著特点是实物交易，即卖方必须向买方转移证券。实行无纸化交易后，现货交易无须实物证券，仅通过证券账户划转即可。在国际股票市场上，投资金额较小的机构和个人投资者通常采用现货交易的方式来买卖股票。

2．期货交易

期货交易是指股票买卖双方成交后，按成交合同规定的数量和价格在远期进行清算和交割的交易方式。期货交易一般有两种。一种是买方预计股价在交割前上涨，于是买入期货合同，称为多头；另一种是买方预计股价在交割前下跌，于是卖出期货合同，称为空头。

采用这种交易方式时，买卖双方是按成交合同规定的价格进行清算和交割，而不是按股票行市进行交割。因此，期货交易能避免股票行市波动带来的影响，也给股票买卖双方进行套期保值或者投机带来了便利。

3．保证金交易

保证金交易，又称信用交易或垫头交易，是指投资者购买一定数额的股票，但仅支付部分价款，其余部分价款暂时由交易所的经纪人垫付；或者投资者支付一定保证金，向经纪人借入股票来卖出的交易方式。前者称为保证金买进交易，后者称为保证金卖出交易。

投资者如果对未来股票行情看涨，可以办理保证金买进交易，在向经纪人缴纳部分保证金后，委托经纪人垫付余额并代理买进股票。经纪人接受投资者委托办理交易后，将代投资者买入的股票存入银行作为借款的抵押。在该股票卖出后，经纪人归还银行借款本息，扣除自己应收取的佣金和垫款利息，然后将余额还给投资者。反之，投资者如果对未来股票行情看跌，可以办理保证金卖出交易。

由此可见，保证金交易是一种借助杠杆进行交易的方式。投资者不用缴纳全部价款就可以进行大额股票买卖，有可能获得更大收益。

4．期权交易

期权交易是一种股票权利买卖，即某种股票期权的购买者或出售者可以在规定期限内的任何时候，不管股票市价的升降程度，分别向其股票的出售者或购买者以期权合同规定好的价格购买或出售一定数量某种股票的交易方式。

股票期权包括以下三种。

（1）看涨期权是指在契约规定的时间内，期权所有者拥有按契约规定的价格和数量购买某种股票的权利。

（2）看跌期权是指在契约规定的时间内，期权所有者拥有按契约规定的价格和数量卖出某种股票的权利。

（3）双向期权是看涨期权和看跌期权的融合。这种期权交易增加了投资者获利的机会，同时使期权出售者承担更多的风险。因此，期权出售者需要索取更多的期权费作为补偿。

期权购买者认为行使期权对自己不利时，可以放弃期权，但期权的购买费不予退还。期权合同一般随着有效期的结束而失效。期权交易一般对买卖双方均有好处，买方可以利用期权保值或赚取股票买卖差价，而卖方可以赚取期权出售费。

5．股票价格指数期货交易

股票价格指数期货交易是投资者以股票价格指数为依据进行的期货交易，买进和卖出的标的都是股票期货合同。

在股票交易中，各种股票的价格经常有升有降，变幻莫测。投资于不同种类的股票，投资者面临的风险也不同。股票价格指数代表若干种股票价格的平均数，它的变动趋势比单只股票价格的变动趋势更平缓，更容易预测。投资者在了解一国的经济发展状况、金融市场利率和某些主要行业的发展前景后，就可以预测股票价格指数的变动趋势，然后根据自己的预测买进或卖出期货合同，以抵御风险和获得收益。

三、国际债券投资

国际债券投资是指投资者在国际债券市场上购买外国企业或政府发行的债券，并按期获取债息收入和到期收回本金的投资活动。

（一）国际债券市场的分类

国际债券市场是专门从事国际债券发行和买卖的场所。

按照不同的标准，国际债券市场可以分为不同的种类。按照债券期限的不同，国际债券市场可以分为 1～5 年的中期债券市场和 5 年以上的长期债券市场。按照债券流通环节的不同，国际债券市场可以分为发行市场（一级市场）和流通市场（二级市场）。按照债券面值货币的不同，国际债券市场可以分为外国债券市场和欧洲债券市场，前者以发行地货币标价，后者以发行地以外的货币标价。

近年来，国际债券投资领域频频创新，出现了一些新型交易工具，如可转换债券、选择债券、浮动利率票据、零息债券、附有金融资产认购权的债券等。由于债券交易是在跨国投资者之间进行，所以债券发行者的资信和债券的风险程度对投资者来说特别重要，有必要对上市债券的风险等级进行评估。

主要国家的外国债券市场

美国的外国债券市场

美国的外国债券市场相当大，被称为扬基债券市场，具有债券发行额大、流动性强的特点。每笔扬基债券的平均发行额都在 7 500 万美元至 15 000 万美元之间。扬基债券的发行地虽在纽约证券交易所，但实际发行区域遍及美国各地，能够吸引美国各地的资金。同时，又因欧洲货币市场是扬基债券的转手市场，因此，实际上扬基债券的交易遍及世界各地。

日本的外国债券市场

日本的外国债券市场被称为武士债券市场。1984 年以后，日本政府放宽了武士债券的发行条件，具体表现为放宽了许可标准、扩大了每一次的发行数量、简化了发行手续等，从而大大加强了日本的外国债券市场的国际化、自由化程度。

瑞士的外国债券市场

瑞士的外国债券市场是世界上最大的外国债券市场，主要原因如下：① 瑞士经济一直保持稳定发展，国民收入持续不断提高，储蓄不断增加，有较多的资金盈余。② 苏黎世（瑞士最大城市）是世界金融中心之一、世界上最大的黄金市场之一，这个城市的金融机构发展良好且有丰富的组织巨额借款的经验。③ 瑞士外汇完全自由兑换，资本可以自由流进和流出。④ 瑞士法郎一直比较坚挺，投资者购买以瑞士法郎计价的债券，往往可以得到较高的回报。⑤ 瑞士法郎债券利率低，发行人可以通过互换得到所需的货币。

欧洲债券市场

欧洲债券市场包括欧洲美元债券市场和欧洲日元债券市场。欧洲美元债券是指在美国境外发行的以美元为面额的债券；欧洲日元债券是指在日本境外发行的以日元为面额的债券。欧洲美元债券在欧洲债券中所占的比例最大，其具有发行手续简便、发行数额较大的特点。

资料来源：债券百科网，

http://baike.esnai.com/view.aspx?w=%E5%85%A8%E7%90%83%E5%80%BA%E5%88%B8

（二）国际债券的评级

向社会公开发行的债券通常需要经由专门的债券评信机构进行等级评定。国际债券评级是指由债券市场上专门从事债券研究、统计和咨询的机构，对债券发行企业支付的可能性和信用度进行等级评定，即以不同的等级级别表示债券质量的好坏、还本付息能力的强弱和债券投资风险的高低。

按照国际惯例，债券的等级一般分为三级九等，分别是 AAA，AA，A；BBB，BB，B；CCC，CC，C。其中，AAA 级是最高级，意味着发行企业偿还本金、支付利息能力极强，投资风险最低；C 级是最低级，一般为不能支付利息的债券。

通常来说，只有前三个等级的债券才具有实际投资价值。债券的信用等级与利率成反比，信用等级越高的债券通常利率较低。

债券评级的目的是将发行者的信誉和偿债的可靠度传达给投资者，使投资者做出理性的投资选择。美国的标准普尔公司和穆迪公司、加拿大的债券级别服务公司等都是国际上公认的信用评定机构，它们的评定结果对债券发行企业和投资者都有极大的影响。

四、国际基金投资

国际基金投资是通过汇集众多分散投资者的资金，委托投资专家（基金管理人）按投资策略和一定的投资组合进行投资管理，并投资于全球金融市场的投资方式。

世界各国对国际基金的称谓有所不同，美国称之为共同基金，英国与中国香港称之为单位信托基金，欧洲国家称之为集合投资基金，日本称之为证券投资信托基金。

（一）国际基金投资的特点

国际基金投资的特点如下：国际基金投资以套利为目的，主要投资于国际证券市场和国际货币市场，部分私募基金、产业基金会投资于企业；国际基金投资由投资专家管理，投资范围广泛，能有效地分散投资风险。

（二）国际基金的分类

1. 公司型基金和契约型基金

按照设立依据和组织形式的不同，国际基金可分为公司型基金和契约型基金。

公司型基金是指以盈利为目的，依据公司法的规定设立基金公司，通过发行本公司的股票募集资金，并转而投资于其他证券，再将投资收益分配给本公司股东的投资基金。

契约型基金是基于一定的信托契约而组织起来的投资基金，一般由基金管理公司（即委托人）、基金保管机构（即受托人）和投资者（即受益人）三方通过订立信托投资契约建立起来。目前中国内地设立的基金均为契约型基金。

公司型基金和契约型基金的区别如表 6-1 所示。

表 6-1　公司型基金和契约型基金的区别

项目	公司型基金	契约型基金
设立依据	依公司法组建，制订公司章程	依信托法设立，签订基金契约
组织形式	有独立法人资格的股份有限公司	无法人资格
资金性质	通过发行股票筹集的资本金	通过发行受益凭证筹集的信托财产
运营依据	可申购或赎回，不可上市交易	可上市交易，不可赎回，只能转让
投资者	股东	受益人
分红方式	现金分红、再投资分红	现金分红

2. 开放型基金和封闭型基金

按照运作方式的不同，国际基金可以分为开放型基金和封闭型基金。

开放型基金是指股份可随时增减的投资基金。开放型基金募集的基金份额不固定，基金总额可以追加。该基金持有人可以根据市场变化和自己的投资决策，决定继续持有还是退出。基金持有人如选择退出，可以将所持有的基金份额按现期净资产价值扣除手续费后的价格再卖给该基金。

封闭型基金是指股份不可随时增减的投资基金。封闭型基金募集的基金总额为既定的，发行额满以后即行封闭，不再增加。该基金份额可在证券交易所上市，投资者可通过公开市场交易方式，按市场价格购买或转让该基金份额。

开放型基金和封闭型基金的区别如表 6-2 所示。

表 6-2 开放型基金和封闭型基金的区别

项目	开放型基金	封闭型基金
基金规模	规模可变，随时接受申购或赎回	额度固定，不可增加发行
基金存续期限	无固定存续期限，理论上可永续存在	有固定存续期（封闭期）。我国封闭型基金固定存续期不得少于 5 年，期满后一般予以清盘
交易场所	基金管理公司的直销网点或代销机构的营业网点	证券交易所
交易方式	可申购或赎回，不可上市交易	可上市交易，不可赎回，只能转让
发行价格	发行价格=面值+申购费	
交易价格	交易价格按基金单位净值确定 申购价=基金单位净值+申购费 赎回价=基金单位净值−赎回费	交易价格按市场竞价确定
分红方式	现金分红、再投资分红	现金分红
信息披露方式、周期	每个交易日连续公告单位资产净值	每周至少公告一次
交易费用	交易费用包含在交易价格中	在交易价格以外，须另行支付证券交易费用和手续费
基金投资策略	为满足投资者随时赎回和申购的要求，必须保持基金资产的流动性。投资组合中需保留较多的现金及高流动性金融产品	封闭期内基金规模不变，可制订长期投资策略

3．股票基金、债券基金、货币市场基金等

按照投资对象的不同，国际基金可分为股票基金、债券基金、货币市场基金、混合基金、衍生证券基金、黄金基金等。

（1）股票基金是指以股票为主要投资对象的基金。

（2）债券基金是指以债券为主要投资对象的基金。

（3）货币市场基金是指以银行承兑汇票、可转让定期存单、商业本票、商业承兑汇票等货币市场工具为主要投资对象的基金。

（4）混合基金是同时以股票、债券、货币市场工具等为投资对象的基金。

（5）衍生证券基金是以衍生金融资产为主要投资对象的基金，包括期货基金、期权基金、认股权证基金等。

（6）黄金基金是以黄金或者其他贵金属及其相关产业的证券为主要投资对象的基金。

4. 增长型基金、收入型基金和平衡型基金

按照投资目标的不同，国际基金可分为增长型基金、收入型基金和平衡型基金。

（1）增长型基金追求长期资本增值，主要投资于潜力股，具有高风险、高收益的特点。

（2）收入型基金追求稳定的经常性收入，主要投资于政府债券、大盘蓝筹股（指经营业绩良好、具有较强经济实力，并在某一行业中占支配地位的大公司所发行的普通股票）等稳定收益证券，具有低风险、低收益的特点。

（3）平衡型基金既注重资本增值，又注重当期收入，具有风险、收益适中的特点。

5. 公募基金和私募基金

按照募集方式的不同，国际基金可分为公募基金和私募基金。

（1）公募基金是指可以面向社会公众公开发售的基金。

（2）私募基金是指只能面向特定投资者非公开发行，对投资金额要求高，对投资者资格和人数有严格限制的基金。私募基金又可分为私募股权投资基金、私募证券基金等。

6. 其他特殊类型基金

（1）系列基金是指多个基金共用一个基金合同，各子基金独立运作并可相互转换的一种基金结构形式。

（2）保本基金是指通过采用投资组合保险技术，在锁定下跌风险的同时力争有机会获得潜在的高回报的基金。

（3）交易型开放式指数基金，又称交易所交易基金，是一种在交易所上市交易的、基金份额可变的开放式基金。

（4）QDII 基金是指在一国境内设立，经批准可以从事境外证券投资的基金。

（5）对冲基金，又称避险基金或套利基金，是指以金融期货和期权等金融衍生产品为主要投资对象，以进行高风险投机为主要手段，以盈利为目的的投资基金。

五、金融衍生产品投资

金融衍生工具，又称金融衍生产品，是与基础金融产品相对应的一个概念，指建立在基础产品或基础变量之上，价格随基础金融产品的价格（或数值）变动的派生金融产品。金融衍生产品投资的主要原理是通过对金融衍生产品进行组合，从而对风险进行分割、打包、转移，进而规避风险，同时提高收益。

金融衍生产品按照交易方式及其特点可以分为期货合约、期权合约、远期合约和互换

合约。

（1）期货合约是指由期货交易所统一制订的，规定在将来某一特定时间和地点交割一定数量和质量实物商品或金融商品的标准化合约。

（2）期权合约是指合同的买方支付一定金额的款项后即可获得的一种选择权合约。期权合约有不同的分类，按权利内容可分为看涨期权合约和看跌期权合约，按标的资产种类可分为股权类期权合约、债权类期权合约及其他期权合约。

（3）远期合约是指交易双方约定在未来的某一确定时间，以确定的价格买卖一定数量的某种资产的合约，包括远期利率协议、远期外汇合约、远期股票合约等。

（4）互换合约是指交易双方按共同商定的条件，在约定的时间内相互交换债权或债务，以分享对方在另一个市场中的好处的金融交易，包括利率互换、货币互换、商品互换、权益互换等。

金融衍生产品投资属于投机和套利活动，投资者只需动用少量资金就可进行巨额交易。这种投资风险较大，可能带来高额收益，也可能导致巨额亏损。同时，投资者可以利用两个或多个市场的价格差异来赚取差价。

关键术语

国际间接投资　国际信贷投资　国际货币基金组织　世界银行
国际证券投资　QDII 基金　对冲基金

课后练习

一、不定项选择题

1．下列属于区域性国际金融组织是（　　）。

A．经济合作发展组织　B．欧洲投资银行

C．国际货币基金组织　D．世界银行

2．在日本东京发行的武士债券属于（　　）。

A．国内债券　B．全球债券

C．欧洲债券　D．外国债券

3．区分国际直接投资和国际间接投资的根本原则是（　　）。

A．股权比例　B．有效控制

C．持久利益　D．战略关系

4．影响国际证券投资的因素主要包括（　　）。

A．利率　　B．汇率　　C．风险　　D．国家偿债能力

5．国际证券投资的形式主要包括（　　）。

A．国际股票投资　　B．国际债券投资

C．国际基金投资　　D．金融衍生产品投资

二、判断题

1．国际直接投资和国际间接投资的区别在于他们的投资对象不同。（　　）

2．国际直接投资的风险要小于国际间接投资的风险。（　　）

3．国际债券的等级分为三级六等。（　　）

4．政府贷款一般都带有鲜明的经济援助色彩。（　　）

三、简答题

1．简述国际信贷的关系人。

2．简述国际银行贷款的特点。

3．简述国际金融组织贷款的作用。

4．列举常见的国际股票价格指数及全球主要的证券交易所。

5．试分析国际股票投资、国际债券投资、国际基金投资等国际证券投资方式的优缺点。

第七章　国际投资风险管理

学习目标

通过学习本章内容，学生应了解国际投资风险的概念、特征和影响因素；掌握经营风险的种类、识别和防范；熟悉国家风险的种类、评估和管理。

章前导读

墨西哥风险

墨西哥在能源、基础设施、汽车、消费等方面具有巨大潜力，越来越多的中国企业开始赴墨西哥投资。同时，墨西哥也重视发展与中国的关系，在政治、经贸、司法、旅游、运输、科学技术、文化教育等领域均与中国签订有许多合作协定。由于双方的政治制度和社会文化差异巨大，因此中国企业在墨西哥进行投资时，需要密切关注墨西哥的社会治安、经济稳定性、企业运营等各方面可能带来的风险。

1. 政局稳定，但社会治安形势十分严峻

墨西哥的议会民主制使其发展成为拉丁美洲政局稳定性较高的国家之一。但长期以来，墨西哥各种犯罪活动频繁，毒品走私和非法移民活动相当猖獗。据相关调查显示，墨西哥有三分之一的组织机构发生过物资被盗、人员信息被盗、现金被盗、腐败或贿赂等犯罪活动。

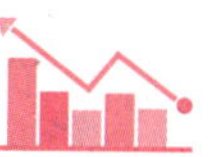

2．经济稳定性较差，易受国际市场影响

作为出口导向型经济体，墨西哥对国际资本和美国市场的依赖度较高，经济稳定性较差。同时，作为墨西哥外部收入的主要来源，石油出口的财政收入受国际市场油价波动的影响也较大。

3．贪腐问题严重，运营风险较高

墨西哥是拉美地区腐败现象最为突出的国家之一。中国企业在墨西哥进行投资时，应守法经营，避免卷入当地政府的贪腐案件中，增加企业的运营风险。

4．法令繁多，运营成本较高

墨西哥司法机构实行“双轨制”，联邦和各州均有独立的司法系统，法令繁多且司法系统执法效率低下。在经营过程中，中国企业要格外留意墨西哥的相关法律法规，遵守当地法律。

此外，墨西哥实行两级课税制度，即联邦政府、州（市）政府均有权征税，并对一些矿产资源和特殊商品及服务征收税赋，如对酒精饮料、烟草、汽油、电信服务和汽车等征收消费税，这就使得企业的运营成本较高。

资料来源：海外利益研究，http://www.globalview.cn/html/global/info_14195.html

思考：

1．国际投资的风险有哪些？

2．请结合本案例，分析跨国公司应如何规避国际投资中的各种风险？

第一节　国际投资风险概述

一、国际投资风险的概念

当今世界是一个不断发展和变化的世界。国际政治、经济和技术环境复杂多变，加之国际市场竞争日益激烈，使得国际投资活动始终处于一个充满风险的环境中。

国际投资风险是指由于国际投资活动中存在不确定因素，致使投资报酬率达不到国际投资者的预期目标，或导致国际投资发生损失的可能性。国际投资风险是相对于国际投资收益来说的，任何一项国际投资活动，其收益都与风险并存，从而形成投资的不确定性。

从某种程度上来说，国际投资是一个风险识别、风险预测和风险管理的过程。识别国际投资风险是国际投资风险管理的前提。只有充分了解国际投资风险可能在哪里出现，有哪些表现形式及会造成什么样的后果，才能找出行之有效的管理方法。

随着人们对国际投资风险的认识逐步加深，国际投资风险的分类也在不断细化和完善。国际投资学界公认的国际投资风险主要有外汇风险①、经营风险和国家风险三种。此外，还有一些其他风险处于从属地位，如利率风险、信用风险、自然风险等。

二、国际投资风险的特征

（一）客观性

国际投资风险的客观性主要表现在它的存在不以人的意志为转移。无论国际投资者是否愿意接受，风险都无法消除，只能通过一定的技术或经济手段进行控制。例如，自然界的地震、台风、洪水等，社会领域中的战争、冲突、意外事故等，都不以人的意志为转移，而是独立于人的意志之外的客观存在。人们只能在一定的时间和空间范围内改变国际投资风险存在或发生的条件，降低国际投资风险发生的频率和损失程度，而不能彻底消除国际投资风险。

（二）偶然性

国际投资风险的偶然性是指对风险主体来说，虽然风险是客观存在的，但就某一具体风险而言，它的发生却是偶然的，是一种随机现象。风险的偶然性主要表现在风险是否发生不确定，何时发生不确定，以怎样的形式发生不确定，发生的后果也不确定。

（三）相对性

在一定的时间、地点、条件下，承担风险的主体不同，风险的意义就不相同。例如，汇率风险对于国际投资者来说可能是较大的风险，但对于国内投资者来说则算不上风险。随着时间、地点、条件的变化，风险的形式和内容也会发生变化。例如，拉丁美洲国家的外国投资者，过去主要面临的是商业风险，而现在主要面临的是债务拒付、债务重议等经营风险。

（四）可测性和可控性

虽然国际投资风险具有偶然性的特征，但并不意味着风险完全不可预测。风险的可测性是指国际投资者可以根据过去的统计资料，运用各种测算方法来判断某种风险发生的频率与风险造成的经济损失程度。风险的可测性为风险的可控性提供了依据。风险的可控性是指国际投资者可以通过风险识别、风险估计、风险处理等方法和手段对风险进行预测、防范和化解。

① 外汇风险的相关知识主要由“国际金融”课程讲述，故本教材重点阐述国际投资的经营风险与国家风险。

（五）风险与收益共生性

一般情况下，风险越大，收益就可能越高。国际投资者可以根据对风险的认识和把握，选择适当的手段，争取在风险最小的情况下实现收益最大化。对高收益的追求是现代风险投资迅速发展的内在动力，其利用各种技术手段测控和利用风险，从而使得高收益由可能转化为现实。

三、国际投资风险的影响因素

国际投资风险是各种主客观因素综合作用的结果。由于国际投资的影响因素众多，因而其面临的风险更大。一般来说，国际投资风险的影响因素主要有以下几个方面。

（一）国际政治经济格局

作为跨国经济活动，国际投资无疑会受到国际政治经济格局的影响。20 世纪 80 年代以来，世界范围内贸易保护主义盛行，国际直接投资成为各国绕开贸易壁垒、扩大出口创汇的重要工具，因而得到了极大的发展。一般来说，在国际政治经济格局相对稳定的条件下，国际投资风险较小。

（二）东道国的投资环境

东道国的投资环境是国际投资风险的主要影响因素。世界各国的具体条件差异巨大，无论是自然地理条件、政治经济体制、宗教文化、社会传统、风俗习惯和法律制度，还是交通、通信、能源、教育、科技发展水平等，都会成为影响国际投资风险的重要因素。因此，研究东道国的投资环境是国际投资者进行可行性研究的重要组成部分。同时，在同一东道国内，各个地区的投资环境也会存在一定的差异，需要国际投资者进行具体的分析和研究。

（三）国际投资项目

国际投资项目的选择，涉及国际投资者对东道国一系列政策的研究，这是进行国际直接投资的重要一步。面对国际投资市场上的不确定因素，在进行国际直接投资前，国际投资者需要进行可行性分析和论证，进一步确定国际投资项目及国际投资项目的寿命周期、技术构成等。如果论证结果表明国际投资项目能够获得较高收益，则国际投资项目的合理性较高，国际投资风险较小。

（四）国际投资者的目标

国际投资者在东道国进行投资的最终目标是实现利润最大化，而具体目标则具有多样性，如资源利用、市场占有、降低成本、扩大优势等。如果国际投资者的目标定得过高，且具体目标构成过于复杂，则投资结果与预定目标之间发生差异的可能性就越大，所面临的国际投资风险也就越大。因此，国际投资者需要科学地确定投资目标，以提高国际投资风险防范能力。

（五）国际投资者的经营管理水平

国际投资者的对外投资活动是一种自主经济活动。在既定的投资环境下，投资目标的实现很大程度上取决于国际投资者的经营管理水平。与其他影响因素相比，这种因素的可控性较大。

（六）投资期限

投资期限也是影响国际投资风险的重要因素。在国际投资运行期间，影响国际投资活动的各种因素是不断变化的，这些变化加大了国际投资风险。一般来说，投资期限越长，风险就越大；投资期限越短，风险则越小。

第二节 国际投资经营风险管理

一、经营风险的种类

经营风险是指在国际投资中，由于市场条件和生产技术的变化给国际投资者带来经济损失的可能性。经营风险可分为价格风险、销售风险、财务风险、人事风险和技术风险五种。

（一）价格风险

价格风险是指由于国际市场行情变动引起价格波动，从而使国际投资者蒙受经济损失的可能性。引起价格变动的因素有很多，因此价格风险存在经常性和普遍性的特征。

（二）销售风险

销售风险是指由于产品销售发生困难而使国际投资者蒙受经济损失的可能性。销售风险产生的原因主要包括：市场预测失误，预测量与实际需求量误差过大；产品品种、质量、样式等不符合消费者需求；产品价格不合理或竞争对手低价倾销；宣传效果不好，影响购销双方的信息沟通；销售渠道不通畅，影响产品销售。

（三）财务风险

财务风险是指整个经营过程中公司遇到入不敷出、现金周转不灵、债台高筑等情况，从而使国际投资者蒙受经济损失的可能性。

（四）人事风险

人事风险是指国际投资者在员工招聘与任用过程中存在的风险。人事风险产生的原因主要包括：任人唯亲，排挤贤良；用人不当，难以胜任；人员配置赶不上环境变化。此外，在东道国进行招聘时，国际投资者还需要考虑当地的劳动力成本、文化沟通等问题。

（五）技术风险

技术风险是指开发新技术的高昂费用、新技术与原有技术的相容性、新技术的实用性等可能带来的风险。通常情况下，国际投资者都会将开发新技术或收购新技术作为自身发展战略，因此更不能忽视经营过程的技术风险。

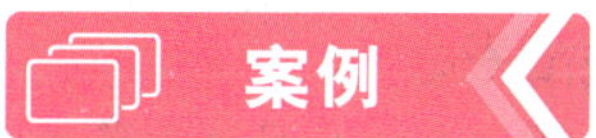

中国家电企业折戟巴西之痛

福朋集团（化名）——一家在国内及东南亚市场做得风生水起的家电企业，却在投资巴西的过程中损失惨重，并拖累了其国内业务的发展。

从天堂到地狱的剧变

2011 年，经过研究和市场调查，福朋集团决定在巴西建立合资公司，将产品零部件出口到巴西，并在当地完成组装。期间，福朋集团无意中结识了一个巴西合作伙伴 Eduardo 先生。在 Eduardo 的帮助下，巴西合资公司发展顺利，不到两年就取得了巴西 10%的市场份额，并成为福朋集团旗下 2013 年销售额最高的海外公司。

2014 年，该合资公司却陷入了意料之外的败局：工厂所在的土地被政府收回；所有的生产线被拆卸；仓库和办公楼被查封；公司仅存的几名管理人员被迫租了一个小房间临时办公；多家债权人向法院提交该合资公司的破产保护。此外，该合资公司还面临着 100 多个与经销商或消费者之间的诉讼。

经核算，福朋集团的损失超过 5 亿美元，而该合资公司在经营期间给集团带来的利润不到 6 000 万美元。福朋集团不仅投资血本无归，还要花费重金聘请律师和会计师处理可能耗时 10 年之久的合资公司破产清算程序，且国内业务的发展也被该合资公司所拖累。

被虚假审计掩盖的风险

巴西合资公司的经营危机早已存在，只是由于 Eduardo 与外部审计机构相勾结，故意掩盖了很多严重问题。

依据巴西的商业法律，合资公司每年必须进行一次内部审计和第三方外部审计。在合资公司成立之初，Eduardo 便向福朋集团推荐了一家当地收费较低的小公司作为外部审计机构。福朋集团认为，审计无非是“公司年检”，既然能节约成本，何乐而不为。然而，正是福朋集团忽略了外部独立审计在控制境外投资风险方面的重要性，才造成了 Eduardo 与外部审计机构的“有机可乘”。

不遵守当地法律的后果

在投资巴西的整个过程中，福朋集团不遵守当地法律，也是导致其破产的重要原因。

福朋集团和 Eduardo 签订的合资协议中约定，合资公司的法定代表人为福朋集团董事长。但在巴西的《公司法》中，并没有“法定代表人”这个概念，因此以法定代表人控制合资公司无异于一纸空文。

在规划合资公司的管理机构组成时，Eduardo 提议设立一个“管理委员会”作为合资公司的日常管理机构。福朋集团认为，管理委员会类似于中国的“董办”或“董秘”，负责执行董事会决议，不会影响中方在董事会的投票权，因此同意了 Eduardo 的提议。但是，在公司章程对应的葡萄牙文版本中，此“董事会”非彼“董事会”。

依据巴西的商业法律，董事会仅负责重要事务的表决，以及通过查询公司账簿等方式监督公司的运营，类似于中国公司中的“监事会”；而管理委员会有权决定公司日常经营中的一切事项，并可对外签署一切不需要通过“董事会”决议的文件，类似于中国公司中的“董事会+法人代表”，掌控 100%的投票权。

正是利用这一便利，Eduardo 签署了大量对福朋集团股东不利的文件，包括明显违背公司风控制度、提高账面业绩的销售合同。

像福朋集团这样，既不懂巴西法律和葡萄牙文，也不聘请专业人士进行指导，仅凭在国内的经验处理合资公司的相关事宜，且未做细致调查就对合作伙伴过分信赖，再好的投资项目也难免失败。

资料来源：新浪财经，http://finance.sina.com.cn/money/bank/bank_hydt/20140918/155320342474.shtml

二、经营风险的识别

经营风险识别的方法主要有德尔菲法、头脑风暴法和幕景分析法三种。

（一）德尔菲法

德尔菲法，又称专家调查法，是美国兰德公司开发的专家预测方法。德尔菲法是将需要解决的问题分别发送给各个专家征询意见，专家在提出意见后以不记名的方式反馈回来；组织者针对得到的初步结果整理出综合意见，然后反馈给各位专家，请他们依据综合意见修改自己原有的意见。经过几轮的匿名反馈过程，专家们的意见基本趋向一致，组织

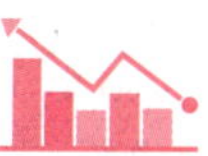

者据此得出预测结果。

德尔菲法强调集中众人智慧，具有广泛的代表性，预测结果较为可靠且准确。一般来说，专家越多，预测所需的时间越长，风险识别的可信度就越高。

（二）头脑风暴法

头脑风暴法，又称集体思考法，是由美国创造学家 A·F·奥斯本于 1939 年首次提出，并于 1953 年正式发表的一种激发大脑的创造性，进而使人产生新思想的方法。该方法经各国创造学研究者的实践和发展，现已成为无限制的自由联想和讨论的代名词，在各个领域中得以广泛运用。

头脑风暴法可分为直接头脑风暴法和质疑头脑风暴法两种。直接头脑风暴法，简称“头脑风暴法”，是直接鼓励专家对所要预测的问题进行创造性的思维活动，从而得出预测结果的一种方法；质疑头脑风暴法，又称反头脑风暴法，是对直接头脑风暴法提出的预测方案进行质疑分析的预测方法。

应用头脑风暴法识别经营风险时，专家小组一般由风险预测专家、国际投资领域中的技术或财务专家、从事国际投资活动的公司决策人员等组成。在开展群体决策时，组织者一般要提出一些关键性问题，如“进行国际投资会遇到哪些风险？”“这些风险的危害程度如何？”等。

为了避免重复，提高效率，组织者首先应当将已取得的分析结果做简要说明，使与会专家不必在重复性问题上花时间，从而促使他们打开思路去寻找新的风险形态及其危害。

（三）幕景分析法

由于国际投资风险的影响因素众多，实践中需要有一种能够识别关键因素及其影响的方法。幕景分析法就是为了适应这种需求而产生的一种用幕景描绘引起风险的关键因素及其影响程度的方法。

幕景是对风险状态的一种描绘，一个幕景相当于一项国际投资活动未来某种状态的描绘。这种描绘既可以文字的形式表示，也可以图形、图表或曲线的形式表示。当某种因素变化时，整体情况会发生什么样的变化，会遇到什么样的风险，会给国际投资者带来何种程度的损失等，像电影一样，一幕一幕地以通俗、形象的方式进行演示，描绘出未来的风险状态，供国际投资者参考。

在具体应用中，幕景分析法要经过筛选、监测和诊断三个过程。也就是说，先用某种程序对具有潜在风险的对象进行分类，再对某种风险的发展及其后果进行观测、记录和分析，最后进行评价和判断，找出可疑的风险因素进行仔细检查，并做出避免风险带来损失的方案。

幕景分析法可以拓宽国际投资者的视野，增强其识别风险的能力。但由于幕景分析法是围绕目前的状况和信息水平进行分析，与国际投资活动的实际进程存在一定的偏差，因此这种方法具有一定的局限性。在实际进行风险识别时，为避免这种局限性带来的弊端，幕景分析法应结合其他识别方法一同使用。

三、经营风险的防范

（一）风险规避

风险规避是指国际投资者事先预料风险产生的可能性程度，判断导致风险产生的条件和因素，进而对风险进行控制。在国际投资活动中，国际投资者应尽可能地规避风险或设法以其他因素抵消风险造成的损失，必要时应改变投资方向。常见的风险规避措施包括以下几种。

（1）改变生产流程或产品。例如，开发某项新产品时，若成本较高且成功率较小，则可以通过放弃新产品的研制或购买该产品的技术专利来规避风险。

（2）改变生产经营地点。例如，将公司由一国转移到另一国，或由一国内的某一地区转移到另一地区，以规避地理位置缺陷的风险。

（3）放弃投资风险较大的项目。

（4）闭关自守，即坚持生产经营自成体系，不受任何国家政治、经济因素的干扰。

风险规避是控制风险最彻底的方法。有效的风险规避措施可以完全消除某一特定风险，其他风险控制手段仅能降低风险的概率和损失程度，进而削减风险的潜在影响力。但是，由于风险规避涉及放弃某种投资机会，会失去与该投资相联系的利益，因此风险规避措施在实际运用中存在一定的限制。

（二）风险抑制

风险抑制是指国际投资者采取各种措施降低风险的概率及经济损失程度。与风险规避不同，风险抑制是国际投资者在分析风险的基础上，力图维持原有决策，减少风险造成的损失而采取的积极措施；而风险规避虽然可以消除某一特定风险，但国际投资者要终止拟定的投资活动，放弃可能获得的潜在高收益。

风险抑制的措施有很多。例如，在进行投资决策时，做好灵敏度分析；在开发新产品前，做好充分的市场调查和预测；通过设备预防性检修制度，避免或减少因设备事故造成的生产中断；搞好安全教育，正确执行操作规程和提供各种安全设施，以减少安全事故。

（三）风险自留

风险自留是指国际投资者对一些无法避免和转移的风险采取现实的态度，在不影响投资者根本利益的前提下自行承担。风险自留是一种积极的风险控制手段，它会使投资者为承担风险损失而事先做好准备工作，修正自己的行为方式，努力将风险损失降到最低程度。

风险自留一般采取自我保险的方式来承担一定的风险。国际投资者可以定期提取一笔

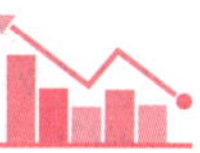

资金作为风险专项基金，以供将来发生意外事故时抵偿风险损失。

在国际投资活动中，所有国家和国际投资者都承受着不同程度的风险，有意识地对风险加以控制，可以增强自身的安全性。一般来说，国际投资者自身承受风险的能力取决于其经济实力，若经济实力雄厚，则可以承担相对较大的风险损失；相反，若经济实力薄弱，则只能承担相对较小的风险损失。

（四）风险转移

风险转移是指国际投资者通过各种经济技术手段将风险转移给他人承担。风险转移可分为保险转移与非保险转移两种。

保险转移是指国际投资者向保险公司投保，以缴纳保险费为代价，将风险转移给保险公司。在承保风险发生后，国际投资者的损失由保险公司按合同进行赔偿。

非保险转移是指国际投资者不向保险公司投保，而是以其他途径将风险转嫁出去。例如，在风险较大的国家进行投资时，国际投资者应要求当地政府、信誉较高的银行或公司为其担保，一旦发生损失，可从担保者处获得一定的补偿。

网络资源

登录中华人民共和国商务部“走出去”公共服务平台官网 http://fec.mofcom.gov.cn/article/jwaq/，查阅“境外安全风险防范”栏目，了解相关的政策法规、安全管理指南、安全风险防范、特别提醒等。

第三节 国际投资国家风险管理

一、国家风险的种类

国家风险，又称政治风险，是指在国际投资中，由于东道国政府在政权、政策、法律等政治环境方面的异常变化给国际投资者带来经济损失的可能性。国家风险可分为主权风险、国有化风险、战争风险和政策风险四种。

（一）主权风险

主权风险是指东道国从本国利益出发，不受任何外来法律约束而独立自主地处理国内或对外事务时，给国际投资者带来经济损失的可能性。例如，1979 年美伊敌对时，双方政府均宣布冻结对方国家存放在本国的财产。

（二）国有化风险

国有化风险是指东道国对外国资本实行国有化、征用或没收政策而给国际投资者带来经济损失的可能性。其中，国有化是指东道国政府接管某个私有企业；征用是指东道国政府将某个国际投资者的资产收归公用；没收是指在没有任何补偿的条件下，东道国政府占有国际投资者的全部资产。这种风险主要发生在政治不稳定、政策容易变化的国家或地区。

国有化风险是国际直接投资活动中面临的最为突出的问题，直接影响国际直接投资的资金流向、发展趋势及全球性战略的实施。

（三）战争风险

战争风险是指由于东道国国内政府领导层变动、社会各阶层利益冲突、民族纠纷、宗教矛盾等情况，使东道国国内发生战争而给国际投资者带来经济损失的可能性。一般来讲，东道国发生内乱和战争给国际投资者造成的损失最大。相比而言，一些相对落后、宗教问题比较多的国家发生战争的风险比较大。

（四）政策风险

政策风险是指东道国制定或变更政策时，给国际投资者带来经济损失的可能性。东道国的土地、税收、市场、产业规划等方面具体政策的变化将直接影响国际投资者的决策和收益。例如，土地政策中涉及土地的购买、拥有土地使用权时间的长短、土地税的内容等，税收政策中计税基数、税率和征税方法等。因此，国际投资者在国际直接投资活动中必须遵循东道国的各项经济政策。

此外，国际投资者还应重点关注东道国市场的开放程度及其在某些区域或行业实行的限制或鼓励性政策。有些国家会针对外资企业制定出歧视性政策和措施，如制定针对外资企业的《特别污染法》《劳工法》等。

印度宣布永久封禁几十款中国 App

据《印度时报》2021 年 1 月 26 日消息，印度已宣布在 2021 年 6 月永久禁用 59 款中国 App，其中包括热门应用 TikTok、WeChat、UC 浏览器等。此次被永久封禁的 App，均为 2020 年 6 月印度政府临时封禁的第一批中国 App。

此次永久禁令的颁布，对期待重回印度市场的中国企业可能存在不可逆转的影响。虽然此次永久禁用的多为应用类 App，但印度对中国 App 的管理趋于严格，游戏等其他类型 App 的开发者要想在印度市场立足，需要未雨绸缪，更谨慎、灵活地应对各种情况的发生。

资料来源：搜狐新闻，https://www.sohu.com/a/447103029_100065715

二、国家风险评估

国家风险评估是国际投资者对东道国的各种政治状况进行调查、分析、预测，得出对该国投资可能面临的国家风险的总体评价，从而为国际投资活动提供决策依据。国家风险评估是国家风险管理的基础，其评估手段主要有以下四种。

（一）指数评估法

国际投资者可以借鉴一些国际风险评估专业机构提供的风险指数对国家风险进行评估。

1. 富兰德指数

富兰德指数，又称国家风险预测指数，是20世纪60年代末，美国商业环境风险情报研究所的F.T.汉厄教授设计的考察国家风险大小的一种评价指数。该指数以0～100表示，指数越高，表示风险越低，国家的信誉地位越稳固。

富兰德指数是由定量评级体系、定性评级体系和环境评级体系构成的综合指数。三个评级体系在总指数中的比重分别为50%、25%和25%。定量评级体系主要用于评估一个国家的债务偿付能力，包括外汇收入、外债数量、外汇储备状况、政府融资能力四个方面的内容；定性评级体系主要考察一个国家的经济管理能力、外债结构、外汇管制状况、政府官员贪污渎职程度、政府应付外债困难的措施五个方面的内容；环境评级体系主要用于评估政治风险、商业环境、社会政治环境三个方面的内容。

除每年定期发布富兰德指数、研究报告、统计数据及分析结果外，美国商业环境风险情报所还对数据即期风险情况进行综合打分，并对未来几年的综合分数进行预测，进而为国际投资者评估国家风险提供参考依据。

2. 国家风险国际指南综合指数

国家风险国际指南综合指数是由设在美国纽约的国际报告集团编制，每月发布一次。该指数由政治、金融、经济三个指标组成，其中政治指标占50%，其余两个指标分别占25%。国家风险国际指南综合指数用公式表示如下：

$$CPFER=0.5（PF+FF+EF）$$

其中，*CPFER* 表示政治、金融、经济综合指数，以0～100分表示，分数越高，风险越低；*PF* 表示全部政治指标，包括领导权、法律、官僚化程度、社会秩序等13个指标；*FF* 表示全部金融指标，包括融资条件、停止偿付、外汇管制的损害程度、政府毁约等5个指标；*EF* 表示全部经济指标，包括物价上涨、偿付外债比率、国际清偿力等6个指标。

国家风险国际指南综合指数可以针对每一个具体国家，主要考察各个国家不同时期的综合风险指数及其变化情况，便于国际投资者掌握国家风险的状况和变化趋势，比较不同国家的政治风险，进一步确定投资方向。

3.《欧洲货币》国家风险等级表

《欧洲货币》国家风险等级表是由国际金融界权威刊物《欧洲货币》于每年 9 月或 10 月定期公布的当年各国国家风险等级表，侧重反映一国在国际金融市场上的形象与地位。该表的具体内容包括以下几项。

（1）进入国际金融市场的能力，占 20%，包括在外国债券市场、国际债券市场、浮动债券市场、国际贷款市场及票据市场上筹借资本的能力。

（2）进行贸易融资的能力，占 10%。

（3）偿付债券和贷款本息的记录，占 15%。

（4）债务重新安排的顺利程度，占 5%。

（5）国家风险状态，占 20%。

（6）金融二级市场上的交易能力及转让条件，占 30%。

4.《机构投资者》国家风险等级表

《机构投资者》国家风险等级表是由著名的国际金融刊物《机构投资者》，每两年在其 9 月号刊出的各国国家信誉等级表。该表是《机构投资者》向活跃在国际金融界的 75～100 个大型国际商业银行进行咨询和调查的综合结果。每个被咨询的银行要对所有国家的信誉进行评分，评分标准在 0～100 分不等。0 分表示该国的信誉极差、风险大，100 分表示该国的信誉极好、风险小。

《机构投资者》国家风险等级表重点参考了具有健全的国际风险分析体系的大银行的意见，因而可以直接反映银行界的真实看法。

5. 日本公社债研究所国家风险等级表

日本公社债研究所国家风险等级表是由日本公社债研究所每年以图表的形式公布国家风险分析的报告。该表按 14 个项目对一个国家的经济状况进行逐项评分，具体包括内乱、暴动及革命的危害性，政权的稳定性，政策的持续性，产业结构的成熟性，经济活动的干扰性，财政政策的有效性，金融政策的有效性，经济发展的潜力，战争的危险性，国际信誉地位，国际收支结构，对外支付能力，外资政策，汇率政策。

日本公社债研究所国家风险等级表采取评分制，以 0～10 分表示，10 分表示国家风险最低，0 分表示国家风险最高。风险等级分为 A、B、C、D、E 五级，由低向高排列。在实际评分时，日本公社债研究所会应先对上述 14 个项目进行打分，然后求出综合分，进一步确定风险等级。

上述各种不同的风险评估指数可以从不同侧面对一个国家的经济、金融、政治等风险进行评价，其发布机构具有一定的权威性，已被大多数国际投资者普遍接受和认可，在评估国家风险上发挥了重要作用。但是，它们也存在一定的缺陷，如根据有限的数据对各个国家的情况进行打分并进行风险判断，难以反映当下的实际情况。

因此，在利用指数评估法进行国家风险评估时，国际投资者需要对原有指标进行必要

的调整和补充，并将数据与实际情况紧密结合起来，从而对东道国的国家风险进行科学、实事求是的评估。

（二）评分定级评估法

评分定级评估法是用一组固定的评分标准将东道国各个风险因素加以量化，从而确定国家风险程度的方法。由于这种方法简便易行且可以比较不同国家的风险，因而在国际上得到了广泛应用。一般来说，评分定级评估法的整个评分定级过程分为以下四个阶段。

（1）确定风险因素，如负债比率、战争次数、人均收入等。

（2）确定风险评分标准。分数越高，风险越大，如负债比率在10%以下评为1～2分，负债比率为11%～15%评为3分，负债比率为16%～25%评为4分，负债比率为26%～50%评为5分，负债比率为51%～80%评为6分。

（3）将所有项目的分数汇总，依据国际投资风险等级序列表（见表7-1）确定该国的风险等级。风险等级越高，风险越大。

（4）比较各个国家的投资风险，确定投资方向。

表7-1 国际投资风险等级序列表

风险等级	评分	意义
AAA	0～0.5分	基本无风险
AA	0.6～1.5分	可忽视的风险
A	1.6～3.0分	风险很小
BBB	3.1～7.0分	低于平均风险
BB	7.1～15.0分	正常风险
B	15.1～30.0分	值得重视的风险
C	30.1～55.0分	高风险
D	55.1～100.0分	不可接受的风险

（三）预先警报系统评估法

预先警报系统是1975年联邦德国经济研究所制订的一系列重要的国家经济指标。这种指标系统可以用于观测国家风险状态，以期在国家风险出现之前预先警报，提醒国际投资者注意。这个系统主要由偿债比率、负债比率、负债对出口比率、流动比率、本金偿还比率、负债对外汇储备比率等指标组成。在进行国家风险评估时，国际投资者可以有选择地运用其中一部分指标，为投资决策提供依据。

（四）国别评估报告

国别评估报告是国际投资者对东道国的政治、社会和经济状况进行综合性评估的文件。它往往用于大型海外建设项目的投资或贷款之前，其性质与可行性研究报告相似，但其更侧重于规避国家风险给国际投资者造成损失。

1．政治评估

政治评估主要是对东道国政府的经济干预能力和应对环境变化能力进行评估。经济干预能力包括政府的政策设计能力、经济官员对政策的影响能力、政府的决策能力等。应对环境变化能力包括政府在石油价格变化、世界经济周期变化等国际环境发生变动时，迅速调整国际收支的能力。

2．经济评估

经济评估主要是对东道国的生产要素和发展意图进行评估，包括自然资源、人力资源、发展战略、国内资金来源、外贸出口等方面。

3．对外金融评估

对外金融评估主要是对东道国的国际金融状况进行评估，包括国际收支现状、外债、外汇储备、借款的可能性等方面。

4．政局稳定性评估

政局稳定性评估主要是对东道国和全球政治状态进行评估。东道国政局稳定性评估包括政权是否会产生突发性质变、各项政策的持续性等；全球政局稳定性评估包括各个国家的政治力量和政治利益是否处于相对稳定的态势等。

三、国家风险的管理

国家风险的管理可以从“事前规避”和“事后控制”两个方面进行。

（一）投资前的国家风险管理

1．回避

回避是防范国家风险的最简便易行的方法。回避的原则是，除非在投资前该国或地区已经发生战争、暴乱、征用财产、国有化等极端情况（这些又称为禁止投资风险），否则国际投资者不能轻易停止投资计划的实施。对于其他国家风险，国际投资者可以采取有限度的回避和容忍态度，设法从其他方面获得相应的补偿，以抵消部分国家风险带来的经济损失。需要注意的是，国家风险较大的国家往往存在潜在的高收益和高回报。

2．实证分析

通过国家风险评估方法选定东道国之后，国际投资者应当对东道国的国家风险进行详细深入的实证分析。在对东道国的国家风险进行实证分析时，国际投资者要特别注意东道国在政权、政策与法律方面的新变化及变化的背景和规律。

3．谈判

国际投资者在投资前可以设法与东道国政府进行谈判，并达成特许协议，以获得某种

法律保障，尽量减小国家风险发生的可能性。这类协议一般要明确以下几点内容。

（1）子公司可以自由地将股息、红利、专利权费、管理费用、贷款本金及利息汇回母公司。

（2）划拨价格的定价方法，以免日后双方在划拨问题上产生争端。

（3）公司缴纳所得税和财产税参照的法律法规。

（4）发生争端时进行仲裁的法律依据和仲裁地点。

4. 办理海外投资保险

许多国家都设有专门的官方机构对国际投资者的海外投资提供国家风险保险，如美国海外私人投资公司（OPIC）、英国的出口信贷保证部（ECGD）、日本通商产业省的海外投资保险部等。

海外投资保险承保的国家风险包括国有化风险、战争风险和政策风险三类。办理海外投资保险时，国际投资者应向保险机构提出保险申请，保险机构经调查认可后接受申请并与国际投资者签订保险单。在经营过程中，国际投资者有义务向保险机构报告其投资的变更、损失的发生等情况，且每年定期支付保险费用。当风险发生并给国际投资者造成一定的经济损失后，保险机构按合同支付保险赔偿金。

（二）投资后的国家风险管理

1. 制订灵活的生产和经营战略

制订生产和经营战略是指国际投资者通过生产和经营上的安排，使东道国在实施征用、国有化或没收政策后，无法维持公司原有的正常经营，从而降低国家风险的管理方式。

（1）在生产战略上，国际投资者需要控制原材料及零配件的供应、专利及技术诀窍。东道国即使征用该公司后，也无法获得生产所必需的原材料及零配件、专利及技术诀窍，就无法维持原有的正常经营。

（2）在经营战略上，国际投资者需要控制产品的出口市场及分销机构。东道国即使接管该公司后，由于失去了产品进入国际市场的渠道，生产的产品无法出口，也就无法维持原有的正常经营。例如，秘鲁在征用马可纳公司后，发现自己失去了进入国际铁矿市场的渠道，不得不与马可纳公司重新进行谈判。

2. 制订灵活的财务战略

制订财务战略是指国际投资者在融资、股权比例分配等方面采用灵活的措施，从而降低国家风险的管理方式。

（1）在融资战略上，国际投资者可以利用东道国或其他国际金融机构的融资渠道，采取大量负债经营和少量股权的方式进行融资，从而避免只使用母公司的资金。

（2）在股权结构策略上，国际投资者可以在遵守东道国的外资法关于股权结构规定的前提下，逐步出售部分或全部股权给当地投资者，分阶段地撤出对外投资。

关键术语

风险管理	经营风险	国家风险	主权风险
国有化风险	战争风险	政策风险	

课后练习

一、不定项选择题

1. 国际投资风险主要包括（　　）。
   A. 国家风险　　B. 外汇风险
   C. 经营风险　　D. 利率风险
2. 下列各项中，不属于经营风险识别方法的是（　　）。
   A. 德尔菲法　　B. 头脑风暴法
   C. 调查问卷法　　D. 幕景分析法
3. 下列各项中，不属于国际投资国家风险的是（　　）。
   A. 战争风险　　B. 主权风险
   C. 国有化风险　　D. 汇兑风险
4. 关于国际投资国家风险防范的描述，不正确的是（　　）。
   A. 国际投资政治风险防范只能在投资前防范
   B. 投保海外投资保险是防范国际投资国家风险的重要手段之一
   C. 在投资前要与东道国政府谈判，并达成协议，可以减少国家风险发生的可能性
   D. 投资前充分评估东道国的相关影响因素是尽可能防范国家风险的重要手段

二、判断题

1. 国际投资风险是客观存在的，但可以通过科学的手段予以防范和规避。（　　）
2. 一般情况下，风险越大，收益越高。但投资期越长，风险就越小。（　　）
3. 在实际中，外国资本被征用后可能得到全额补偿，也可能只是部分补偿。（　　）
4. 风险转移是最彻底的风险防范方法。（　　）

三、简答题

1. 什么是国家风险？如何有效地预防国家风险？
2. 经营风险有哪些？规避经营风险的措施有哪些？

第八章　国际投资的法律保障与争端解决

学习目标

通过学习本章内容，学生应了解国际投资法的概念、调整对象、特征、基本原则及作用；掌握国际直接投资的国内法规范和国际法规范；熟悉国际投资争端的概念、主要类型及解决方式。

章前导读

中国出台《国际投资争端仲裁规则》

随着国际投资活动的快速发展，国际投资争端与日俱增，而国际投资仲裁是解决投资者与东道国之间投资争端的主要方式。

在我国从贸易大国向贸易强国转变和“一带一路”倡议实施的背景下，建立投资仲裁机制是平等保护中国投资者在境外投资、外国投资者在中国投资的合法权益，建立公平有序的国际经济新秩序的现实需要，也是提升我国在国际投资法制发展中话语权的必然要求。

为适应“一带一路”倡议实施，支持企业走出去，独立公正地解决投资者与东道国政府间的国际投资争端，中国国际经济贸易仲裁委员会组织投资仲裁专家牵头成立课题组，分别征求了全国人大常委会法工委民法室、最高人民法院民四庭、国务院法制办协调司、商务部条法司等部门意见，经过反复斟酌和修改完善，制定了《中国国际经济贸易仲裁委员会国际投资争端仲裁规则》(以下简称《国际投资争端仲裁规则》)，于 2017 年 10 月 1 日起施行。

《国际投资争端仲裁规则》贯彻灵活、高效、经济的仲裁理念，在借鉴国际投资仲裁经验的基础上，融入中国特色，体现了国际化和实用性。同时，《国际投资争端仲裁规则》充分尊重当事人的意思自治，保障仲裁庭的独立裁判，保证仲裁裁决的公信力。

《国际投资争端仲裁规则》的出台，填补了我国国际争端仲裁规则的空白，丰富和发展了我国投资仲裁实践，为我国企业提供了解决与东道国投资争端的制度化保障，为营造更加国际化、法治化、便利化的国内营商环境迈出了坚实一步。

资料来源：搜狐国际在线，https://www.sohu.com/a/193210979_115239

思考：

1. 中国出台《国际投资争端仲裁规则》的背景是什么？
2. 《国际投资争端仲裁规则》如何实现国家权利和投资者权利的平衡？

第一节 国际投资法概述

一、国际投资法的概念

国际投资是在不同国家之间进行的投资。由于各国政策、经济、文化、社会制度等方面的差异及各国对国际投资采取的不同态度，投资国和东道国的利益、投资者与受资者的利益不一致，当事国、当事人之间势必会产生各种各样的关系。要使国际投资活动的各个环节能够正常推进，必须合理处理这些关系，这就需要国际投资法规来推动合作、保障、监管，并解决可能出现的争端。

国际投资法规是国际经济法的一个分支，是调整国际直接投资关系的国内法规范和国际法规范的总称。

国内法规范包括投资国为保护本国国民海外投资的海外投资保险法，东道国为保护、鼓励与限制引进外资和技术的外商投资法，以及有关的外汇管理法、涉外税法等。

国际法规范，即调整两国间或多国间私人投资关系的国际法制度，包括双边投资保证协定，处理投资争端的国际公约、国际惯例等。

二、国际投资法的调整对象和特征

（一）国际投资法的调整对象

国际投资法的调整对象既有横向关系，也有纵向关系，具体包括以下几种。

（1）外国投资者和东道国自然人、法人及其他经济组织之间产生的投资关系。

（2）东道国与外国投资者之间的投资管理和保护关系。

（3）跨国公司与母国有关机构之间的投资促进和投资保证关系。

（4）政府之间及政府与国际组织之间为促进和保护投资或协调投资关系而缔结双边或多边条约所产生的关系。

（二）国际投资法的特征

（1）国际投资法仅限于海外私人投资，即投资者只能是外国的自然人或法人，但接受投资者可以是东道国的自然人、法人或政府。此处的海外私人投资不包括政府间的投资、信贷等关系。

（2）国际投资法仅限于私人直接投资。直接投资是指投资者拥有一定数量的股权，直接参与经营管理，对投资企业有较大的控制力；间接投资，又称证券投资，是指投资者仅持有提供一定收益的股票或证券，对投资企业没有直接的所有权或控制权。私人直接投资包括股份、资本、技术、设备、专利权等投资，其形式有独资经营（外国企业）、合资经营（合营企业）、合作开发、合作经营等。

（3）国际投资法是调整投资环境的有效手段。投资环境是指特定国家对外商投资的一般态度，包括法律因素、政治因素、经济因素、社会因素、文化因素、心理因素等。其中，以法律因素为主导，法律因素包括税收、外汇管理、特定营业行为的限制、征用、国有化等政策和法令。无论是改善投资环境还是改变投资环境，相关各方都必须利用法律手段进行调整。

三、国际投资法的基本原则

作为国际经济法的分支，国际投资法同样适用国际经济法的基本原则。其中，国家对自然资源永久主权原则和平等互利原则在国际投资法中尤为重要。

（一）国家对自然资源永久主权原则

国家对自然资源永久主权原则是广大发展中国家在第二次世界大战后争取建立国际经济新秩序的斗争中确立的重要国际法原则。该原则规定于联合国大会通过的一系列决议中，如《关于自然资源永久主权的决议》《建立国际经济新秩序宣言》《各国经济权利义务宪章》等。

国家自然资源永久主权原则是国家主权原则在国际投资领域中的体现。这一原则的确立，不仅有助于彻底改变过去的不平等投资关系，还有利于国际投资的发展。东道国可以据此原则采用法律手段对外商投资予以管理，且不受外来因素干扰；相关国家也应本着该原则缔结双边或多边条约。

（二）平等互利原则

平等互利原则是国际经济关系和国际合作的基本原则，也是国际投资法中的一项重要基本原则。只有坚持平等互利原则，才能维持稳定、长久的国际投资关系，促进国际经济合作，从而为相关国家乃至世界经济的繁荣发展奠定基础。

平等互利原则在国际投资上既适用于国家之间的关系，也适用于不同国家的投资者之间及国家与外国投资者之间的关系。

对于不同国家的私人投资者来说，平等互利是开展经济合作的基础。对于一个国家与外国投资者来说，签署的投资协议应当以权利义务对等为基础，投资者应当遵守东道国的法律法规，东道国也应当保护投资者的合法权益不受侵害。对于有关国际投资的相关国家来说，必须坚持国家主权平等、互惠合作等原则，在订立双边投资条约时，相关国家不仅要考虑形式上的平等，更要考虑实质上的平等。

四、国际投资法的作用

作为调整国际投资关系（此处指广义的投资关系，包括直接投资关系和间接投资关系）的法律手段，国际投资法在促进国际经济合作、规范国际投资行为的过程中发挥着至关重要的作用。

（一）保护国际投资

虽然国际投资对相关国家乃至世界的经济发展具有积极的促进作用，但是，由于国际投资面临着各种风险，可能会损害投资者的利益，挫伤他们进行投资的积极性。因此，无论是投资国还是东道国，均应试图通过法律手段，对国际投资予以适当的保护，以保障有利的投资环境。

这些法律措施一般由投资国、东道国单独或共同制定，属于政府保证的范畴。国际投资法对国际投资的保护通常体现在以下几个方面。

1．公正待遇

有些国家在国内法中对外资企业的待遇标准进行规定，也有一些国家以双边投资条约的形式对待遇标准进行规定。无论哪一种形式规定的待遇标准，均能使外国投资者在东道国享受公平的待遇。一般情况下，根据不同的情形，东道国给予的待遇标准也不同，如公

正和公平待遇、最惠国待遇、国民待遇，投资者因此享有的权利大小也会有所不同。

2. 政治风险保证

政治风险是国际投资中较为敏感的一个问题，也是国际投资法保护的重点内容。有关政治风险保证的内容在国内立法、双边条约和多边投资担保机构公约中均有详细的规定，相关内容有以下几点。

（1）一些东道国的相关法律中规定，政府不能随意采取国有化和征收政策，否则，应给予企业相应的补偿。

（2）投资国主要是通过海外投资保险制度保障投资者免遭东道国政治风险带来的利益损害。

（3）东道国与投资国通过缔结双边条约的形式规定承保范围及代为求偿权问题。

（4）《多边投资担保机构公约》下建立的多边投资担保机构，也会通过承保政治风险，力图给国际投资提供更有力的保障。

3. 企业自主权的保障

企业自主权的保障主要是非市场经济国家外资立法所规定的内容，用以保护外国投资者不受国家行政部门的不当干涉。

4. 为解决投资争端提供便利

一般情况下，私人投资争端可依据各国的国内立法所确立的纠纷解决机制得以解决；国家之间因条约的适用、解释与效力而发生的争端可通过双边投资条约规定的法定程序得以解决；一国与外国投资者的争端则可通过《解决国家与他国国民间投资争议公约》的相关规定得以解决。这些国际投资法的相关规定均为外国投资者的合法权益提供了有力保障。

（二）鼓励国际投资

除了对国际投资给予保护外，国际投资法明确规定了一些有利条件，鼓励国际投资。鼓励国际投资的法律措施主要表现为政府提供的各种优惠措施，如税收优惠、财政优惠等，一般在东道国和投资国的国内立法中进行规定。一些国家还会通过缔结国际条约的形式避免双重征税，对国际投资同样具有鼓励作用。

作为东道国的广大发展中国家，出于引进外资的迫切需要，通过立法给予外国投资者以减免所得税优惠、减免关税、允许合资企业的外方先行收回投资等措施，鼓励外国投资者前来本国进行投资。此外，一些投资国也会采取措施鼓励海外投资，如为投资者提供资金和技术上的支持、采取税收抵免等措施避免海外投资者遭受双重征税等。

（三）管理国际投资

任何事物都有两面性，国际投资也不例外。在促进国际经济发展的同时，国际投资也会带来一些负面影响。如果监管不力，国际投资则可能会造成经济畸形发展、民族工业受损、金融市场混乱，乃至经济命脉受到控制等恶果。因此，各国的外商投资法是管理国际直接投资的主要法律手段，主要表现在以下几个方面。

（1）事先对外资准入实行审批制，禁止、限制或引导国际投资进入本国市场，避免重复引进造成经济畸形发展。

（2）限制投资比例，以保护东道国投资者对合营企业的有效控制。

（3）规定外商投资企业的董事会中的多数成员或企业中的重要职务由本国国民担任。

（4）要求外商投资企业优先雇佣当地技术和管理人员等，以培养本国的技术和管理人才，解决本国的就业问题。

（5）规定外商投资企业的利润汇出限额，防止国际收支失衡。

（6）要求外商投资企业优先采购当地物资，以带动当地的发展。

（7）规定外商投资企业必须接受本国行政机关的监督，如税务机关、工商行政管理机关等。

通过上述法律措施可以对外商投资进行有效管理，确保外商投资活动健康有序地开展，为本国的经济增长营造良好的氛围。

第二节 国际直接投资的国内法规范

国际直接投资的国内法规范是指各个国家以国家立法形式对其对外投资和吸引外资所提供的各种保护、鼓励、限制措施等。

一、投资国的国内法规范

（一）对外投资审批的法律规范

1. 发达国家的对外投资审批

对于发达国家而言，除了因政治因素对本国少数产业（如高新技术产业）、少数国家的对外投资进行一定限制外，一般不会对对外投资实施限制，往往还会通过各种措施鼓励本国资本向外国输出，以增强本国在国际竞争中的地位。例如，20 世纪 50 年代，日本对外投资实行逐笔审批，此后逐步放松管制，目前审批管理较为宽松，基本采取自由化政策。

2. 发展中国家的对外投资审批

对于发展中国家而言，一般设有专门部门负责审批对外投资，金额越大，审批越严格。

目前，我国正在不断简化企业对外投资审批制度，从而推动我国企业“走出去”。在实施一系列简化程序的基础上，2014 年 9 月商务部发布《境外投资项目核准和备案管理办

法》，确立“备案为主，核准为辅”的管理模式，除对中国企业在敏感国家和地区、敏感行业的投资实行核准管理外，其余均实行备案，并且进一步明确和简化了境外投资的程序。

（二）对外投资保证制度的法律规范

在对外投资过程中，国际投资者在东道国会面临各种各样的政治风险。为了解除国际投资者的后顾之忧，保护其投资及利益的安全，鼓励投资者对外投资，投资国确立了以弥补政治风险损失为目的的对外投资保证制度。

第二次世界大战之后，美国政府首创对外投资保证制度。随着国际投资的发展，对外投资保证制度逐渐成为一种法律制度。目前，大多数国家都已经或者正在完善自身的对外投资保证制度，从而保护本国的对外投资，如日本的《输出保险法》、德国的《在国外投资保险条例》等。

对外投资保证制度只限于对外私人直接投资，即投资者直接参与经营管理和支配的国外企业的投资。对外投资保证制度的保证对象只限于政治风险，不包括一般经营风险。除了进行事后补偿外，对外投资保证制度更注重防患于未然，签订保险合同时尽可能结合两国间具体的投资情形，降低事故发生的可能性。

二、东道国的国内法规范

（一）发达国家的国内法规范

发达国家往往采取自由开放政策，对外商投资企业与本国企业给予同等待遇，并对外资进行必要的监督。美国和日本为发达国家的典型，美国对于外商投资的态度从宽松到有所限制，日本对于外商投资的态度则经历了一个从严格到宽松的过程。

1. 美国的国内法规范

美国的外商投资政策较为宽松，除了一些特殊领域（如国防、通信、运输等行业）以外，外商投资可以自由进出其他领域。此外，美国并没有专门制定针对外商投资的法律，适用于本国企业的各种法律同样适用于外商投资。不过，随着外商投资对美国经济生活日益增强的影响，美国开始加强外商投资的管理。其中，影响比较大的为《爱克森—佛罗里奥修正案》，该法律授权总统可根据“国家安全”方面的理由，禁止任何外国人对从事州际商务的美国企业吞并、取得或接管。

2. 日本的国内法规范

1967 年以前，日本政府仅允许外国企业以特许协议的方式向日本转让技术或在特殊情况下与当地企业建立合营公司，且投资金额和范围限制较高。随着经济实力的变化，日本的外商投资立法日趋自由化。一般情况下，除了涉及日本国家安全或影响日本经济命脉领域的项目或企业外，外商投资准入实行自由许可制度，即仅须申报、无须逐一审批。

（二）发展中国家东道国的国内法规范

1. 发展中国家东道国的国内法规范的特征

发展中国家对外商投资监管相对严格，且在鼓励外商投资方面更为突出。总的来说，发展中国家的外商投资立法具有以下两个方面的共同特征。

（1）关于吸收外商投资，发展中国家一般都以专门法规的形式，对外商投资的审批、待遇、国有化、补偿及争端解决方式等做出特别规定，与国内投资立法有一定的区别。例如，中国的《中华人民共和国外商投资法》、土耳其的外国直接投资法、阿根廷的外商投资法、菲律宾的外商投资企业管理法等。

（2）尽管发展中国家对外商投资的限制、管理和监督相对严格，但在税收、外汇使用及争端解决等许多方面都给予外商投资企业优于本国企业的特惠待遇。

2. 发展中国家东道国的国内法规范的内容

尽管在法律名称上不尽相同，但各个国家的国内法规范都明确规定了其对外商投资的各项监管、优惠、管理措施，并对外国企业的出资比例、投资期限、国有化征用、经营管理权、劳动雇用、税收及外汇优惠政策等方面做出了明确规定。

以出资比例为例，许多发展中国家为了限制外国投资者在合资企业中的经营管理权和控制权，对外国投资者规定了出资上限或下限。例如，墨西哥规定，法令和法规无特别规定时，外国资本不得超过企业注册资本的 49%；越南规定，外国投资者出资下限为 30%；中国商务部发布的《关于外国投资者并购境内企业的规定》中明确表示，外国投资者并购后所设外商投资企业注册资本中的出资比例低于25%的，除法律和行政法规另有规定外，该企业不享受外商投资企业待遇，其举借外债按照境内非外商投资企业举借外债的有关规定办理。

负面清单管理模式

为了更加有效地对外商投资进行监管，包括中国在内的许多发展中国家引入了负面清单管理模式。负面清单管理模式是指一个国家在引进外商投资的过程中，以清单形式公开列明投资禁区。这种管理模式能让外商投资企业对照清单实行自检，对其中不符合要求的部分事先进行整改，从而提高引进外商投资的效率。

第三节 国际直接投资的国际法规范

由于各个国家的经济地位不同，投资国或东道国的国内法规范都存在一定的局限性。任何形式的政府保证，均不能全面保护对外投资的安全与利益。因此，为谋求共同的基础，

取得共同的谅解，有必要建立一种共同调整的机制，即国际直接投资的国际法规范。

国际直接投资的国际法规范包括：双边国际法规范，即两国间的投资条约，其中以投资保护协定为主；多边国际法规范，即区域性和全球性的多边投资规范。此外，自由贸易协定中的投资章节也属于国际直接投资的国际法规范的内容。

一、双边国际法规范

20 世纪 50 年代开始，发展中国家展开了一场大规模的国有化运动，阻碍了国际直接投资从发达国家向发展中国家的流动。与此同时，发展中国家需要吸收大量外资来促进本国的经济发展，但由于政局不稳及其国有化运动，外国投资者向发展中国家投资时仍有所顾虑。因此，出于发展中国家吸收外资与发达国家保护投资的共同需求，许多国家之间签订了各种形式的双边国际直接投资条约。

双边国际法规范是指两国政府为保护资本输出国投资者的利益，并促进两国间直接投资发展而签署的投资条约。它只对缔约国具有约束力，不具有普遍约束力。

国际直接投资的双边国际法规范主要有友好通商航海条约、双边投资保证协议、双边促进与保护投资协定三种类型。

（一）友好通商航海条约

友好通商航海条约确认了缔约国之间的友好关系，双方对于对方国民前来从事商业活动应给予应有的保障，赋予航海上的自由权。但是，这类条约范围较大，对于外国投资者的法律保护缺乏具体的专门规定。

（二）双边投资保证协议

为了弥补友好通商航海条约的缺陷，20 世纪 50 年代初，美国大力推行双边投资保证协议。这类协议的目的是让缔约国正式确认美国国内的承保机构在有关政治风险事故发生并依约获得理赔后，享有海外投资者向东道国政府索赔的代位权和其他相关权利。此外，这类协议还规定了双方政府因索赔问题发生纠纷时的处理程序。之后，其他国家也仿效美国签订了许多类似协议。

（三）双边促进和保护投资协定

随着国际投资环境动荡的加剧，传统的一般条约中关于保护外国投资者的规定不再具体实用。从 20 世纪 60 年代开始，一些发达国家制定了关于外资的保护、投资保险、代位求偿及争端解决等方面的促进和保护投资协定。与上述两种双边协议相比，这类协议比较具体、实用、程序化，能够对资本输出国的海外投资提供有效保护。此外，这类协议比较灵活、富有弹性，能在某些重要领域顾及签约双方各自的特殊利益，更容易谋求多国间特殊利益的平衡。

二、多边国际法规范

由于众多国家间签订纵横交错的双边投资条约，往往耗费大量的签署成本和实施成本，因此，制定权威、可靠的多边投资条约的紧迫性和必要性就更为突出。

（一）区域性国际法规范

区域性国际法规范是指由区域经济合作组织或区域经济联盟各成员政府共同签署的投资条约，旨在解决区域与区域之间、区域内的国家之间关于外资保护的问题，主要包括以下三种情形。

（1）联合国贸易与发展会议的贸易发展理事会为调整区域内各国对外资保护所提出的“区域投资法典”方案。

（2）联合国区域经济委员会（如亚洲太平洋经济社会委员会、拉丁美洲经济委员会等）与其他区域国际组织（如阿拉伯联盟、非洲统一组织、美洲国家组织等）协商的有关外资的共同措施。

（3）由区域性国际经济组织协调其成员国或一定范围的国家签订的多边条约。

其中，前两种情形在实践中及法律效力上作用不大，第三种情形则是有效的国际直接投资法的重要内容，如阿拉伯国家联盟的《阿拉伯区域内投资保证公司公约》。

此外，还有一些重要的区域性国际公约也包含直接投资条款，如欧盟的《马斯特里赫特条约》、北美自由贸易区的《北美自由贸易协定》等，对国际直接投资具有重大影响。

1. 《阿拉伯区域内投资保证公司公约》

《阿拉伯区域内投资保证公司公约》于 1971 年签署生效，是目前区域性国际直接保证计划与公约中，第一个生效并且具有实际意义的公约。该公约致力于建立一种阿拉伯国家内部投资保证制度，即仅适用于阿拉伯联盟成员国的投资者保证制度。目前，除巴林和吉布提外，所有阿拉伯国家联盟成员都参加了该公约。

2. 《马斯特里赫特条约》

《马斯特里赫特条约》于 1993 年 11 月 1 日生效，其条约中对国际直接投资进行了法律规范。该条约原则上禁止对欧盟成员国之间及成员国和第三国之间的资本跨国流动和支付加以限制，从而将资本跨国流动自由化原则扩大到非成员国与欧盟之间的资本流动，大大促进了成员国之间和成员国与第三国之间直接投资的流动。

3. 《北美自由贸易协定》

1992 年 8 月，美国、加拿大和墨西哥正式签订《北美自由贸易协定》，并于 1994 年 1 月 1 日生效。根据该协议，北美三国之间的相互投资基本上不存在限制，大大促进了美国、加拿大对墨西哥的投资。但墨西哥在附件中做了一些限制性规定，如对娱乐、能源、

汽车等行业的投资进行了一定限制。

（二）全球性国际法规范

迄今为止，国际社会尚未就国际直接投资缔结一项全面规范国际直接投资行为的世界性公约。但是，由于共同利益的存在，国际社会在建立全球性国际法规范方面也取得了一些成果，其中比较重要的有《解决国家与他国国民间投资争端公约》《多边投资担保机构公约》《与贸易有关的投资措施协议》等。

1. 《解决国家与他国国民间投资争端公约》

《解决国家与他国国民间投资争端公约》是由世界银行于 1965 年 3 月 18 日在美国华盛顿正式签署，因此又称之为《华盛顿公约》①，其主要内容是建立一个附属于世界银行的“解决投资争端国际中心”（ICSID），以解决外国投资者与东道国政府之间的投资争端，从而改善国际投资环境。

需要注意的是，ICSID 并不直接承担调解和仲裁工作，而是为解决争端提供各种设施和方便，为针对各项具体争端而组成的调解委员会和国际仲裁庭提供必要的条件，便于其开展调解或仲裁工作。

ICSID 受理的投资争端仅限于一缔约国政府（东道国）与另一缔约国国民（外国投资者）直接因国际投资而引起的法律争端，且必须由争端双方就这一投资争端向其出具调解或仲裁的书面文件。一旦出具书面同意 ICSID 管辖的文件后，任何一方不得单方面将其撤销。ICSID 的调解和仲裁程序是相互独立的，分别由调解委员会和仲裁庭执行。由于调解本身没有约束力，仲裁成为 ICSID 提供的解决投资争端方式中最为有效的办法。

2. 《多边投资担保机构公约》

1984 年，世界银行重新修订了《多边投资担保机构公约》，并于 1985 年 10 月正式通过，其主要内容是建立一个附属于世界银行的“多边投资担保机构”（MIGA）②，通过直接承保各种政治风险，为国际投资者提供经济上的保障，进一步加强国际投资法律上的保障。

MIGA 是世界上第一个被广泛接受并付诸实践的多边投资担保机构，不仅承保了各种政治风险，并作为一个国际性海外投资保险机构取消了投保人的国籍限制。因此，MIGA 弥补了官方海外投资保险业务的不足，是国际投资保险业的一个重大发展，极大地促进了国际直接投资。

3. 《与贸易有关的投资措施协议》

随着国际投资的迅速增长，与贸易有关的投资措施（TRIMs）对国际贸易的影响日益扩大。1994 年 4 月，乌拉圭回合谈判的 125 个参与方签署了《乌拉圭回合最终文件》和《世界贸易组织协定》，其中的“关贸总协定缔约国关于与贸易有关的投资措施的决定”也随之生效。《与贸易有关的投资措施协议》只适用于与货物贸易有关的投资措施，不适用于

① 我国于 1990 年签署《华盛顿公约》，1993 年成为《华盛顿公约》的正式缔约国。
② 我国于 1988 年 4 月 30 日批准《多边投资担保机构公约》，并成为 MIGA 的创始会员国之一。

与知识产权和服务贸易有关的投资措施。

到目前为止，《与贸易有关的投资措施协议》是在国际范围内第一个正式实施有关国际直接投资方面的多边协议，扩大了多边贸易体系的管辖范围，将与贸易有关的投资措施纳入到了多边贸易体系之中。

总体而言，《与贸易有关的投资措施协议》对与贸易有关的投资措施进行了有力的约束和限制，有利于东道国对国际直接投资的管制，进而改善了国际投资环境，从而促进了国际直接投资的发展。但是，《与贸易有关的投资措施协议》的实施也给世界各国，尤其是广泛运用外资管制措施的发展中国家带来了一些消极影响。

网络资源

登录中华人民共和国商务部官网 http://www.mofcom.gov.cn/，查阅“全球法律”栏目，了解常见的国际条约和境外法规。

第四节 国际投资争端解决

一、国际投资争端的概念

随着国际投资规模的日益扩大，程度的日益深化，国际投资争端与日俱增。国际投资争端是指各国际投资主体之间在国际投资活动中产生的争端，是国际间不同政治经济利益相冲突的结果。

国际投资争端产生的原因错综复杂，其解决也受到国际关系力量对比的制约，解决不好就会导致严重的后果，甚至发生战争。因此，公平、适当地解决国际投资争端，既关系到国际投资者的权益和东道国的主权，又关系到两国政府间的关系，甚至还会影响国际投资环境的变化和国际经济合作的开展。

二、国际投资争端的主要类型

国际投资主体有企业和国家，因此，国际投资争端可分为企业间的国际投资争端、企业与国家间的国际投资争端、国家间的国际投资争端。

（一）企业间的国际投资争端

企业间的国际投资争端主要表现为投融资者之间的投融资争端，主要是国内企业与外

国私人投资者基于投融资合同的履行和解释发生的争端。企业间的国际投资争端涉及国际私法，主要由国际私法进行调整。

（二）企业与国家间的国际投资争端

企业与国家间的国际投资争端主要表现为投资者与东道国政府之间在政策、法律执行过程中产生的争端。引起这类争端的原因主要有三个方面。

（1）法律上的原因，如由于东道国通过立法手段增加税收，实行外汇管制，规定外国人将部分股权转给本国人，强行中止或改变投资合同，甚至对外商投资企业实行征收或国有化。

（2）行政上的原因，如东道国政府或官员通过行政手段，不当干预、强行征税而影响国际投资者的利益。

（3）政治上的原因，如东道国国内发生动乱、战争等对国际投资者造成的损害。

由于国家不能成为司法诉讼的对象，因此，企业与国家间的国际投资争端主要由国家间的协定进行处理。

（三）国家间的国际投资争端

国家间的国际投资争端，即投资者所属国与东道国之间的投资争端，主要是两国基于对双边投资条约的解释和适用所发生的争端。这类争端主要是由税收管辖权和司法管辖权之间的冲突引起。

1. 税收管辖权引起的争端

税收管辖权是国家在税收领域中的主权，即一国政府在征税方面行使的管理权力。主权国家的税收管辖权可以按照属地和属人两种不同原则确定。

税收管辖权的分类

（1）按属地原则确立的税收管辖权，称作地域管辖权或收入来源地管辖权，是指一国政府以纳税人的收入来源地为税收管辖权的范围。其特征是该国政府对在本国领土范围内发生的一切所得均可行使征税权，而不论纳税人的身份是否为本国国民。因此，外国人只要在该国有应税所得，就必须纳税。

（2）按属人原则确定的税收管辖权，称作居民管辖权，是指一国政府以纳税人的国籍或住所为税收管辖权的范围。其特征是该国政府对本国国民取得的一切所得均可行使征税权，而不论纳税人是否在该国境内，其所得来源于何处。

目前，世界上绝大多数国家同时实行收入来源地管辖权和居民管辖权。因此，对同一笔国际所得，有关国家的税收管辖权有可能交叉或重叠，进而产生冲突。冲突一般有以下两种情形。

（1）双重居民管辖权。由于各国国内法规定不同，一个纳税人（包括自然人和法人），有可能同时具有双重的居民身份。例如，一家跨国公司在 A 国注册成立，实际管理机构设在 B 国，A 国与 B 国按各自的国内法，同时认定该公司是其法定的纳税义务人，这就产生了双重居民管辖权的冲突。

（2）收入来源地和居民双重税收管辖权。例如，甲为 A 国居民，在 B 国有一笔所得，两国政府依据不同的国内法规定，可能会对同一笔所得征税，从而产生冲突。

2．司法管辖权引起的争端

司法管辖权是指一国司法机关审判具有涉外因素案件的权力。国际上是根据国家主权原则来确定各国法院的司法管辖权。

主权国家的司法管辖权包括属地管辖权和属人管辖权。前者是指主权国家对其领土内的人、物或发生的事件所行使的最高权力，即国家对其领土内的人、物或发生的事件，除国际法规定的外交特权和豁免外，有权按本国法律和政策实行管辖。后者是指主权国家对其领土内外的本国国民所行使的最高权力，即国家对于国内外的本国国民均有管辖权，主权国家有权保护其在外国的本国国民的合法权益。

因此，对待外国人的管辖态度不同，有可能出现属地管辖权和属人管辖权的冲突。表现在司法管辖权上，就成为东道国及投资者母国均可声称对国际投资争端的诉讼行使审判权。由于同一争端在不同国家审理时适用的法律不同，其结果可能差异极大，故发生争端的当事人对由哪个国家行使司法管辖权极为关心，并常因此产生争端，致使司法管辖权本身成为解决投资争端的障碍。

按照惯例，不同主权国家的属地管辖权和属人管辖权发生冲突时，应以属地管辖权优先。但在一定条件下，也允许当事人采取东道国国内法以外的其他方式，如提交本国法院、第三国法院或国际法院审理来解决国际投资争端。

网络资源

登录中国贸易救济信息网 http://cacs.mofcom.gov.cn/，了解我国和外国的反倾销、反补贴案件及相关保障措施。

三、国际投资争端的解决方式

国际投资争端的解决方式主要有非司法解决方式、准司法解决方式和司法解决方式三类。

（一）非司法解决方式

非司法解决方式，又称政治解决方式，是指通过政治途径，而不是按照严格的法律程序和标准对争端进行解决的方式。非司法解决方式具体包括谈判或协商、斡旋和调停、调解等多种方式。

非司法解决方式可以较有力地促使争端双方进行协商并达成谅解，不受一定形式或程序的限制，可以在最大程度上以最快的速度解决争端，减少或避免给争端双方可能造成的利益损失。因此，非司法解决方式是目前解决国际投资争端较为普遍采纳且行之有效的重要解决方式。

1．谈判或协商

谈判或协商是解决国际争端最常用的方法之一。谈判或协商无须第三人介入，完全依靠相关各方当事人自己解决，且不必拘于一定的形式或程序。如果一方发现投资他方所采取的措施或行为有损其利益，即可要求谈判，力求在最大程度上以最快的速度解决问题。

就国际投资和投资协议而言，任何一项争端均涉及相关各方的经济利益，迅速解决分歧有利于投资项目的顺利进行。因此，绝大多数投资争端均可通过谈判或协商的方式进行解决。但是，只有在相关各方的立场相距不远，且共同利益促使其愿意和平解决分歧的情况下，争端才能通过谈判或协商有效解决；否则，必须求助第三人或其他方法解决。

2．斡旋和调停

如果争端的相关各方无法通过和平谈判或友好协商解决分歧，可通过引入第三人进行斡旋或调停。一般情况下，斡旋和调停都只有劝告的性质，对当事人没有约束力。

在国际法上，斡旋和调停是最古老的解决争端的方法，两者均是借助第三人的介入以达到争端解决的目的，其区别主要在于第三人在谈判过程中参与的程度与作用。斡旋是第三人通过采取种种行动（可以不参与直接谈判）说服相关各方进行谈判或继续中断的谈判；调停则是第三人积极参与谈判，并就争端各方的授权事项做出解释及提出解决方法。

第三人，即调停人，可以是国际机构、国家机构、私人机构或个人。涉及重大问题的调停一般由具有国际声望的和有经验的专家承担，如国际法院法官、联合国秘书长、世界银行行长、国际仲裁机构负责人、各国仲裁机构负责人等。

调停人在协助争端各方谈判时，主要依据相关各方提供的情报而非自身调查提出非正式的建议或解决办法。

国际苏伊士运河公司国有化

苏伊士运河位于埃及境内，是连通欧亚非三大洲的重要国际海运航道，是一条在国际航运中具有重要战略意义的国际海运航道，每年承担着全世界将近15%的海运贸易。

1851 年，英国获得埃及的许可，开始在埃及境内修筑铁路。法国也不甘落后，通过欺骗取得埃及的信任，于 1854 年与埃及签订了《关于修建和使用苏伊士运河的租让合同》，并就修建和使用苏伊士运河、成立国际苏伊士运河公司、双方的权利和义务等各方面进行了约定。

1857 年，国际苏伊士运河公司成立。1859 年春，苏伊士运河正式破土动工。1869 年，苏伊士运河正式通航。1874 年，埃及政府因开凿运河而债台高筑，发生了严重的财政危机，不得不出售其掌握的国际苏伊士运河公司 44%的股份。随后，英国政府采用各种手段取得了国际苏伊士运河公司的股份。运河开通后，英法两国垄断了国际苏伊士运河公司 96%的股份，每年从中获得巨额利润。

1956 年，埃及政府宣布将国际苏伊士运河公司收归国有，其理由是：按照国际私法，国际苏伊士运河公司的营业中心地在埃及，是埃及公司，埃及有权将其收归国有。

埃及的国有化政策遭到了英法两国的反对。英法两国认为国际苏伊士运河公司的最高管理机构——董事会在英国，其资本属于英法两国的自然人、法人所有。国际苏伊士运河公司不是埃及公司，埃及无权对其采取国有化政策。但埃及不理睬英法两国的抗议，于是英法组织联军，向埃及发动了进攻，这就是所谓的“苏伊士运河战争”。之后，英法两国与埃及请求世界银行斡旋，最终三国达成了解决争端的协议，在世界银行的调停下，埃及和英国还缔结了其他有关财务协定。

资料来源：百度文库，https://wenku.baidu.com/view/64e06ef2227916888586d721.html

3．调解

调解是在调停的基础上，根据争端性质设立常设或临时委员会，以公平原则审查争端问题，并提出相关各方均可能接受的解决办法，或向各方提供解决争端的支持，是一种比较好的争端解决方式。

在调解方式下，调解人具有较大的发言权，其提出的建议和解决方法既有利于争端的彻底解决和协议的自动履行，又有利于增强投资各方的合作关系。

按主持人的身份不同，调解可分为以下三种。

（1）仲裁机构调解。目前，世界上许多仲裁机构都受理调解的案件，具体做法包括以下两种：一是将调解程序与仲裁程序分开，分别确定调解规则和仲裁规则，调解由调解委员会主持，仲裁由仲裁法庭主持。调解不成需要仲裁时，原调解人不得为同一方的仲裁人。二是把调解纳入仲裁程序，由仲裁机构或仲裁庭主持，在仲裁程序开始前或开始后，仲裁机构或仲裁庭可主动征得当事人的同意进行调解，若调解成功，则撤销案件；只有当调解不成功或当事人不愿意调解时，才进行仲裁。

（2）法庭调解，即由法院主持进行的调解。

（3）民间调解，即由法院或者国家专门指定的调解机构以外的第三人主持进行的调解。

（二）准司法解决方式——仲裁

仲裁是指双方自愿将争端提交给第三人审理，由其做出裁决的争端解决方式。在解决国际投资争端时，第三人一般是由各方当事人以外的第三国有关机构或国际机构担任。仲裁以其独特的优势已成为解决国际投资争端最常用的方式。

1. 仲裁的特点

（1）与调解方式相比，仲裁员以裁判者的身份对争端做出裁决。这种裁决一般对双方当事人均有约束力。如果一方当事人不自动执行裁决，另一方当事人有权申请法院予以强制执行。调解则无此约束力。

（2）与司法解决方式相比，仲裁机构一般为民间组织，没有法定管辖权；仲裁机构根据双方当事人的仲裁协议受理有关案件时不受司法管辖权的限制，在争端当事人同意的情况下，普遍适用于各种国际争端。

2. 仲裁的形式

仲裁的形式包括特设仲裁庭仲裁和常设仲裁庭仲裁两种。特设仲裁庭根据争端当事人合意并按一定程序组成，案件审理完毕即自行解散。常设仲裁机构则依据国际条约或国内法律而设，可分为全球性常设仲裁机构、区域性常设仲裁机构和各国常设仲裁机构三种类型。

一般情况下，常设仲裁机构能为争端当事人提供进行仲裁的必要条件，包括仲裁场所和各类服务，能促成做出裁决，并能做出有关裁决是否有约束力的技术鉴定，有利于争端的解决。

目前世界上有许多常设仲裁机构，如苏黎世商会仲裁院、国际商会仲裁院、太平洋工业产权协会、解决投资争端国际中心、斯德哥尔摩商会仲裁院等。其中，国际商会仲裁院和斯德哥尔摩商会仲裁院分别为国际仲裁机构和各国常设仲裁机构的典型。

受理国际投资争端的常设仲裁机构虽然有很多相似之处，但在管辖范围、法律适用和仲裁裁决方面各有特色。因此，在寻找合适的解决争端的仲裁机构时，争端相关各方应在充分了解具体情况的基础上，选择最合适的仲裁机构来维护本方利益。

美国西方石油公司诉厄瓜多尔政府案

1999 年，美国西方石油公司与厄瓜多尔国有石油公司签订分成合同，由前者出资勘探开发厄境内的 15 号油田，产出的石油由双方按照大约 7∶3 的比例进行分配。2000 年，美国西方公司将分成合同中 40%的权益转让给加拿大 AEC 公司。2006 年 5 月 15 日，厄瓜多尔当局以美国西方公司未经厄方批准擅自转让合同权益为由，宣布终止分成合同。两天后，美国西方石油公司向 ICSID 申请仲裁。

仲裁庭认为，分成合同及厄法律均规定，转让分成合同中的权利和义务须经厄当局批准，因此，美国西方石油公司未经批准就擅自转让合同确有不当。但是，转让行为未经批准这一事实并不导致分成合同应当被终止，以终止合同来惩罚美国西方石油公司不符合比例原则，违反公平和公正待遇条款，并构成间接征收。

在计算赔偿额时，仲裁庭采用了现金流量折现法，即将15号油田未来预计产生的全部净收益折现到分成合同被终止之日。15号油田的可开采储量约为2.09亿桶，据此计算出美国西方石油公司遭受的损失约为23.6亿美元。由于该公司也有过错，仲裁庭只裁令厄方承担其中75%的责任。

资料来源：道客巴巴，https://www.doc88.com/p-9582701274891.html

（三）司法解决方式——诉讼

1．东道国法院诉讼

东道国法院诉讼适用于国际投资者或国际投资企业与东道国企业的争端，由东道国法院依其国内法律做出判决。

2．外国法院诉讼

外国法院诉讼是指向东道国以外的法院提起诉讼，一般为国际投资者采用，主要有追索诉讼和反垄断诉讼两种。

（1）追索诉讼是指国际投资者以东道国的国有化行为违反国际法或法院所在国的公共秩序，对被国有化的财产或该财产的销售收入的所有权甚至东道国的其他财产主张权利，要求法院在被诉讼财产实际在法院管辖领域内时维护本方利益。

（2）反垄断诉讼是指国际投资者控告与其有竞争关系的东道国企业与东道国政府共谋以国有化等方式侵犯投资者利益，要求从被指控企业处得到补偿，以间接解决其与东道国政府的争端。

3．国际法院诉讼

国际法院是联合国主要的法定组织之一，其诉讼当事人仅限于国家，任何组织和个人均不得向国际法院提起诉讼，且当事国必须接受强制管辖。此外，国际法院的管辖权以争端当事国的自愿、协定或声明为前提，各国是否将特定案件提交国际法院进行裁决，完全出于其意愿。由于这些局限性的存在，国际法院的管辖范围有限，很难独立担负解决国际投资争端的责任，更无法担负解决其他类型国际投资争端的责任。

关键术语

国际投资法	对外投资保证制度	双边国际法规范
多边国际法规范	国际投资争端	仲裁
调停和调解	诉讼	

课后练习

一、不定项选择题

1．国际投资争端一般性的解决方法包括（　　）。

A．协商　　B．调解

C．寻求司法解决　　D．寻求准司法解决

2．在国际社会中，通常所说的国际投资争端是指（　　）。

A．各投资者之间的争端

B．外国投资者与东道国政府之间的争端

C．投资所建的经济实体与东道国其他经济实体之间的争端

D．投资者所在国家与东道国政府之间的争端

3．国际投资法中的“国际”一词的含义是指（　　）。

A．国家与国家之间　　B．国家与国际组织之间

C．跨越一个国家或地区的界限　　D．一个国家或地区范围内

4．东道国对外来投资的限制制度主要表现在（　　）。

A．投资的行业领域限制　　B．投资规模上的限制

C．较为严格的审批、审查制度　　D．投资利益的汇兑与转移上的限制

5．为鼓励和保护本国投资者进行国际投资，对于在国际投资活动中可能出现的政治风险，通常是由（　　）。

A．投资者承担　　B．投资者与政府共同承担

C．东道国政府承担　　D．投资者所在国家的政府承担

6．“解决投资争端国际中心”对投资争端取得管辖权的前提条件是（　　）。

A．发生于《华盛顿公约》成员间的投资争端

B．发达国家与发展中国家间的投资争端

C．争端各方在加入《华盛顿公约》时所做出的同意该“中心”管辖的承诺

D．争端各方的书面同意

7．在现今国际社会中，唯一一个从实体法角度对国际投资活动做出规定的多边投资条约是（　　）。

A．《华盛顿公约》　　B．《多边投资担保机构公约》

C．《多边投资公约》　　D．《与贸易有关的投资措施协议》

8．制定《华盛顿公约》的国际组织是（　　）。

A．联合国　　B．WTO

C．世界银行　　D．联合国贸易与发展委员

二、判断题

1．国际投资法调整的国际私人直接投资关系既包括国内方面的关系，又包括国际方面的关系。（　　）

2．国际投资法既包括国内法规范也包括国际法规范；国际投资法是调整国际私人直接投资关系的国内法规范和国际法规范的总称。（　　）

3．国际投资法之所以综合有关国内法规范和国际法规范而形成统一体系，这是由其客观基础——国际投资关系的统一性决定的。（　　）

4．平等互利原则在国际投资上既适用国家之间的关系，也适用于不同国家投资者之间及国家与外国投资者之间的关系。（　　）

三、简答题

1．国际投资法应遵循的原则主要有哪些？其在调整国际投资活动中起到哪些作用？

2．简述国际投资争端的解决方式。

第九章 中国利用外资

学习目标

通过学习本章内容，学生应了解中国利用外资的概念和发展进程；掌握中国直接利用外资的方式、外商直接投资的规模和结构；熟悉中国对外借款的方式、中国企业境外上市的模式，以及 QFII 制度和 RQFII 制度对我国证券市场的影响。

章前导读

让中国外商投资环境更清新

习近平总书记指出："投资环境就像空气，空气清新才能吸引更多外资。过去，中国吸引外资主要靠优惠政策，现在要更多地靠改善投资环境。"

当前，随着中国经济由高速增长阶段进入高质量发展阶段，中国利用外资面临的形势和环境也发生着深刻变化。2008 年金融危机爆发后，全球直接投资流量大幅下降，近年来虽在波动中呈现恢复性增长，但一直未达到金融危机前的高点。目前，各国纷纷出台促进投资自由化、便利化的政策，加快签订各类投资协定，增强对外商投资的吸引力，全球范围内对有限投资资源的竞争日趋激烈。

随着国际产业布局的深刻变化，主要发达经济体力促再工业化、力推资本回流、力争抢占新一轮科技革命和产业变革的制高点，我国在先进制造业和现代服务业的招商引资中面临着来自发达经济体的压力。同时，东南亚、南亚等不少发展中国家利用低要素成本优势大力承接国际产业转移，在吸引劳动密集型产业投资方面也会对我国形成挤压。

从国内看，我国主要依靠低要素成本吸引外资的优势已经消失，而广阔的市场空间、良好的人力资本和产业配套能力等三大新优势已初步形成。要让这些优势充分发挥作用，关键在于加快体制机制改革，打造更加法治化、国际化的规则体系和制度环境，更好地参与国际分工与竞争。

此外，过去外国的企业主要看重我国的优惠政策，期望享受土地低价供给、税收优惠等政策红利。随着我国传统比较优势的弱化，外国的企业更看重我国营商环境的法治化、便利化，期望在市场准入、行业竞争、法律实施等方面与本国企业享受平等待遇，要求降低制度性交易成本以更好开拓内需市场。

实行“一口办理”，是在引进外资的关键环节发力，是深化外商投资领域的“放管服”改革、改善投资环境的重要举措。“一口办理”可以归纳为“一个打通、两个单一”。所谓“一个打通”，就是把地方商务部门、工商和市场监管部门的信息系统“打通”，实现两部门数据共享；“两个单一”，是指外国的企业或外国投资者通过登录各地工商和市场监管部门网站的“单一窗口”在线填写“单一表格”，从而实现同时办理商务备案和工商登记手续。

事实上，“一口办理”改革的成效早在一些地方先行先试的实践中就已显现。从效果上看，一是有效降低了企业成本，“一口办理”与传统的办理方式相比可节约企业的时间成本、人力成本等。二是优化了政府服务，商务部门和市场监管部门可以第一时间全面掌握外商投资企业的变化情况，及时发现制约企业发展的问题，提供更有针对性的个性化服务。三是大幅提升了政府的管理效能，部门间实现信息互通、数据共享，有利于提升跨部门的事中事后监管水平。

资料来源：中国政府网，http://www.gov.cn/xinwen/2018-05/23/content_5292879.htm

思考：

1．现在的中国已经“不差钱”了，为什么还要引进外资？

2．以前中国吸引外资主要靠优惠政策，现在要更多地靠改善投资环境。对此，该如何理解？

第一节 中国利用外资概述

一、利用外资的概念与分类

利用外资是指利用来自国外的货币资金（如借入国外资金、吸收国外投资、接受国外经济援助等）、物资、技术、专利等国外资本，解决本国资金、设备不足的困难，或进行

资金调节，以达到发展本国经济的目的。

利用外资的方式有很多种，大致分为直接利用外资和间接利用外资。直接利用外资是指吸收外国投资者的资金或资产（含无形资产）直接投入本国企业或事业的生产和建设，并允许投资者参与经营管理活动。间接利用外资是指通过各种方式吸收国外贷款，以加速本国经济的发展，是一种国际间的信贷关系。

二、外资对中国经济发展的贡献

改革开放 40 多年来，外资经济同国有经济、民（私）营经济一起构成了中国经济三大组成部分，为中国经济发展发挥了重要作用，主要表现在以下几个方面。

（一）弥补国内建设资金的不足

建设资金短缺是长期以来制约中国经济发展的重要因素，尤其是在改革开放初期，国内资本严重不足。当时我国积极地引入外资，弥补我国建设资金的不足，促进了我国经济的快速增长。如今，外资已经成为中国经济现代化建设的重要资金来源之一。2020 年 1—10 月，全国实际使用外资 8 006.8 亿元人民币，同比增长 6.4%。

（二）引入先进的技术设备和管理经验

由于投资项目的经营和发展状况与外国投资者自身利益息息相关，因此，外国投资者通常愿意提供较为先进的技术与设备，以提高企业的生产效率和生产能力，从而达到快速盈利的目的。与此同时，国内企业通过与外国投资者共同参与企业的经营和管理，能够获得国外先进的企业管理经验，造就一批新型的企业管理人员，这对提升国内企业的经营管理水平具有十分重要的推动作用。

（三）增强产品的国际竞争力，扩大出口

国内企业可以通过引入外资，吸收国外的先进技术、设备和企业管理经验，迎合国际市场的需求，进而生产出适销对路且质量较好的产品，提高产品在国际市场上的竞争力。不仅如此，利用外国投资者在国际市场上的营销渠道，国内企业还能够加快推动产品走向国际市场，为国家创收更多的外汇。

目前，利用外资已经成为推动中国对外贸易事业发展的重要因素，外商投资企业出口也成为推动我国出口增长的关键性因素。2019 年，全国出口商品总值为 24 984.1 亿美元，其中外商投资企业出口商品总值为 9 661 亿美元，占全国出口商品的比重为 38.7%。

（四）提高财政收入，增加就业机会

外商投资企业在中国境内依法经营、依法纳税，在为我国经济建设添砖加瓦的同时，也为政府增加了财政收入。2019 年，外商投资企业缴纳税费 28 678.6 亿元（不含关税、船

舶吨税)，占全国税收收入的 18.2%。与此同时，外商投资企业的建立和投产也提供了大量的就业机会，进而解决了不少地区的就业问题，从而极大地缓解了社会的就业压力。另外，外商投资企业通过对聘用人员进行培训，使其掌握现代技术与企业管理等方面的知识与技能，也促进了国内劳动力素质的提高和人力资本的积累。

（五）促进我国社会主义市场经济体制的完善

外商投资企业的发展促进了我国经济结构多元化的转变，推动了企业产权的流动与重组，对形成以公有制为主导、多种所有制共同发展的格局起到了积极的作用。外资促进了中国经济管理体制的改革、市场机制和竞争机制的形成，以及国有企业的改革和现代企业制度的建立和完善，有助于我国企业转换经营机制，推动政府职能转变，不断深化宏观经济管理体制的改革和市场化进程，对于建立和完善社会主义市场经济体制起到了积极的促进作用。

网络资源

登录中国投资指南官网 http://www.fdi.gov.cn/，查阅《中国外商投资报告》，了解我国吸收和利用外资的具体情况。

三、中国利用外资的发展历程

改革开放 40 多年来，我国利用外资的规模不断扩大，质量不断提升，取得了举世瞩目的成就。截至 2019 年 12 月，中国累计设立外商投资企业达 100.2 万家，累计实际使用外资金额达 2.29 万亿美元。改革开放以来，我国利用外资的历史进程大致可以分为以下四个阶段。

（一）试点探索阶段（1978—1991 年）

这一阶段以十一届三中全会做出实行改革开放的历史性决策为标志。我国通过试办深圳等经济特区，大力吸引外资发展劳动密集型出口加工业。1984 年，邓小平同志视察南方，之后我国进一步开放 14 个沿海城市，设立国家级经济技术开发区，初步形成由点及线、由线及面的开放格局。1986 年，国务院发布了《关于鼓励外商投资的规定》，在税收、信贷、进出口等方面提出了一系列鼓励外商投资的政策措施。这一阶段，我国利用外资开始起步，并在探索中不断扩大试点，年均实际使用外资达 17.9 亿美元，1991 年实际使用外资达到 43.7 亿美元。

（二）快速发展阶段（1992—2000 年）

这一阶段以 1992 年邓小平同志发表南方谈话和党的十四大决定建立社会主义市场经

济体制为标志。这一时期，外商投资领域从出口加工业扩大到高新技术等产业，从制造业扩大到服务业，对外开放范围由沿海扩大到沿江、内陆和沿边，形成了全方位、多层次、宽领域的对外开放格局。1998 年，中共中央、国务院发布了《关于进一步扩大对外开放、提高利用外资水平的若干意见》，全面阐述了利用外资在对外开放中的重要意义，提出“更多更好地利用外资，促进国民经济持续快速健康发展和社会全面进步”的指导思想。这一阶段，我国利用外资快速发展，年均实际使用外资近 360 亿美元，2000 年实际使用外资达到 407.2 亿美元。

（三）高层次开放阶段（2001—2011 年）

这一阶段以 2001 年我国加入世界贸易组织为标志，我国从单方面自主开放转变为与世界贸易组织成员在国际规则下相互开放。加入世界贸易组织开启了中国全面参与经济全球化，充分利用国内国外两个市场、两种资源的新时期。2010 年，国务院发布了《关于进一步做好利用外资工作的若干意见》，提出“创造更加开放、更加优化的投资环境，全面提高利用外资工作水平”。这一阶段，我国积极履行入世承诺，进一步扩大对外开放，利用外资方面更加注重促进产业优化升级和区域协调发展，年均实际使用外资达 803.2 亿美元，2011 年实际使用外资达到 1 239.9 亿美元。

（四）全面开放阶段（2012 年至今）

这一阶段以推动形成全面开放新格局、对外商投资实行准入前国民待遇加负面清单的管理制度为标志。党的十八大提出，适应经济全球化新形势必须实行更加积极主动的开放战略。2013 年 11 月，党的十八届三中全会提出了探索对外商投资实行准入前国民待遇加负面清单的管理模式、统一内外资法律法规、加快商签投资协定、改革涉外投资审批体制、放宽投资准入、建设上海自贸试验区、扩大内陆沿边开放等改革任务，明确了新时期利用外资的顶层设计。2015 年 5 月，中共中央、国务院发布了《关于构建开放型经济新体制的若干意见》，对创新外商投资管理体制做出了全面部署。

为推进新形势下的改革开放，党中央、国务院先后决定设立上海等 12 个自贸试验区。按照习近平总书记提出的“大胆闯、大胆试、自主改”的要求，自贸试验区积极探索外商投资管理模式创新。上海自贸试验区发布中国首份《外商投资准入特别管理措施（负面清单）》之后，自贸试验区外商投资准入负面清单已经先后 4 次修订，2018 年版的条目已经由 2013 年版的 190 条减少到 45 条。

网络资源

登录中华人民共和国商务部官网 http://www.mofcom.gov.cn/，了解我国外资政策及我国当前吸引外资情况。

案例

中国逆势而上成为全球最大外资流入国

2020 年，全球外国直接投资大幅下降，从 2019 年的 1.5 万亿美元下降至 8 590 亿美元，同比降幅达 42%。其中，发达经济体的外国直接投资流量同比急剧下降 69%，降至 2 290 亿美元，是过去 25 年来的最低水平。发展中经济体的情况相对好得多，其外国直接投资流量降至 6 160 亿美元，同比降幅为 12%。目前，流入发展中经济体的外国直接投资占全球外国直接投资的 72%，这是有记录以来的最高比例。

从地区趋势看，2020 年，全球各地区外国直接投资流量下降极不平衡。欧盟外国直接投资下降三分之二，从 2019 年的 3 730 亿美元降至 1 100 亿美元。在 27 个欧盟成员国中，有 17 个国家的外国直接投资出现下降，包括德国、意大利、奥地利和法国。

拉美和加勒比地区外国直接投资同比下降了 37%，降至 1 010 亿美元。该地区石油相关行业的投资和市场导向型投资急剧下降。在该地区较大的经济体中，只有墨西哥的外国直接投资下降相对较小，同比降幅为 10%，这要归功于该国颇具韧性的再投资收益。

流入非洲的外国直接投资从 460 亿美元下降到 380 亿美元，同比降幅为 18%。已发布的绿地项目从 2019 年的 770 亿美元下降到 2020 年的 280 亿美元，同比降幅高达 63%。主要原因是新冠肺炎疫情对该地区外国直接投资的负面影响因商品价格低和需求低而被放大。

相对于其他地区，亚洲地区较好地经受住了疫情对外国直接投资的冲击。2020 年，亚洲地区外国直接投资同比仅下降 4%，降至 4 760 亿美元。但是亚洲次区域最大的几个外国直接投资接收国的外资下降。例如，流入新加坡的外国直接投资同比减少 37%，流入印度尼西亚的同比减少 24%，流入越南的同比减少 10%，流入马来西亚的同比减少 68%。

其他一些主要经济体如英国、意大利、德国、巴西和美国的外国直接投资流量均急剧下降。2020 年，美国的外国直接投资同比降幅达 49%，降至 1 340 亿美元，绿地投资和跨境并购均大幅下降。英国的外国直接投资流入从 2019 年的 450 亿美元降至 13 亿美元。

中国出现外资流入上升趋势。2020 年，中国外国直接投资流量同比增长 4%，达到 1 630 亿美元，使中国成为当年世界上最大的外国直接投资接收国。这主要得益于中国国内生产总值恢复正增长，增幅达 2.3%，以及中国政府实施的投资便利化措施为“一带一路”倡议下的投资企稳发挥了积极作用。疫情期间，全球对跨国公司在华供应链的依赖也推动了外资在华投资的增长，中国对一些行业实施的进一步自由化政策措施也促进了新的投资。

资料来源：中国经济网，http://www.ce.cn/xwzx/gnsz/gdxw/202101/26/t20210126_36258062.shtml

第二节 中国直接利用外资

一、中国直接利用外资的方式

中国直接利用外资的主要方式有成立中外合资经营企业、中外合作经营企业、外商独资经营企业和中外合作开发等。

（一）中外合资经营企业

中外合资经营企业是外国企业和其他经济组织或个人同中国的企业或其他经济组织在中国境内共同投资开办的企业。中外合资经营企业的特点是合营各方共同投资、共同经营、按各自的出资比例共担风险、共负盈亏。其中，外国合资者的出资比例不得低于25%。中外合资经营企业是中国直接利用外资的各种方式中最早兴办和数量最多的一种，是我国吸引外资的重要方式。

（二）中外合作经营企业

中外合作经营企业是由外国企业和其他经济组织或个人同中国的企业或其他经济组织在中国境内共同投资或提供合作条件开办的企业。合营各方的权利和义务在其签订的合同中确定。开办中外合作经营企业时，一般由外国合作者提供全部或大部分资金，由中方提供土地、厂房及可利用的设施设备，有时中方也提供一定量的资金。

（三）外商独资经营企业

外商独资经营企业是指外国的企业、其他经济组织或者个人，依照中国法律在中国境内设立的全部资本由外国投资者投资的企业，但不包括外国的企业和其他经济组织在中国境内的分支机构，如分公司、办事处、代表处等。

（四）中外合作开发

中外合作开发是指外国企业同中国企业合作进行本国资源开发的一种合作形式，是目前国际上在自然资源领域广泛采用的一种经济合作方式。中外合作开发具有高风险、高投入、高收益等特点，主要适用于一些自然资源如石油、天然气、矿石、煤炭、森林等的勘探、开发和生产。《中华人民共和国对外合作开采海洋石油资源条例》和《中华人民共和国对外合作开采陆上石油资源条例》明确规定在维护国家主权和经济利益的前提下，允许外国企业参与合作开采中国的石油资源。

二、中国直接利用外资的发展历程

（一）起步发展阶段（1979—1991 年）

党的十一届三中全会后，中国确立了改革开放的基本国策，揭开了中国利用外资的序幕。1979 年，中国颁布了第一部关于利用外资的法律，即《中华人民共和国中外合资经营企业法》，同年，国务院设立外国投资管理委员会。此后，中国又陆续制定了《中华人民共和国外资企业法》《中华人民共和国中外合作经营企业法》，形成了关于外商投资的 3 部基本法。这些法律为中国吸引和利用外资提供了基本的法律依据，也营造了一个有利于外商投资的法律环境。1980 年，中国设立了深圳、珠海、汕头、厦门等 4 个经济特区，在特区内实行特殊优惠政策，以便吸引外商直接投资。随后又开放了上海、天津、大连、青岛、广州等 14 个沿海港口城市，并将长江三角洲、珠江三角洲和闽南三角地区确定为沿海开放地区，将引进外资的优惠政策进一步扩大到这些城市和地区。

在中国实行改革开放的初期，国内经济发展水平比较低，投资环境不是很理想；国内有关利用外资的法律还不太完善，外国投资者还处于观望试探阶段。因此在这一阶段，中国直接利用外资的规模较小。从外商直接投资的来源看，主要以邻近的港澳台资本为主，投资企业以私人投资的中小企业为主，项目规模偏小，技术水平较低。投资主要集中于劳动密集型的加工业和酒店服务业，主要分布在广东、福建两省和沿海开放城市。

（二）快速发展阶段（1992—1995 年）

1992 年，邓小平南行并发表“南方谈话”，标志着中国直接利用外资步入了快速发展阶段。在这一阶段，投资环境不断完善，主要表现为国务院决定进一步开放 6 个沿江港口城市、13 个内陆边境城市和 18 个内陆省会城市，从而在全国范围内形成全面开放的格局，使得中国直接利用外资在广度和深度上都有了很大的发展。

这一阶段，我国共批准外商直接投资项目 216 761 个，超过前 13 年的项目总和，平均每年批准外商直接投资项目 54 190 个，协议外资额为 3 435.22 亿美元，平均每年为 858.81 亿美元，实际利用外资额为 1 098.1 亿美元，平均每年为 274.53 亿美元。1993 年起，我国实际利用外商直接投资金额跃居发展中国家第一位，仅次于美国。这期间除了外商投资的金额有了大幅增长之外，在投资方式上，外国投资者也越来越倾向于独资经营，并且一些新的利用外资方式也开始出现，如利用证券市场吸引外资等。

（三）调整发展阶段（1996—2000 年）

为了适应国内外形势的变化，自 1996 年开始，我国对利用外资政策进行了适当的调整，主要表现在以下三个方面：一是国家计委经济贸易委员会和对外贸易经济合作部于 1995 年 6 月 20 日联合颁布了《指导外商投资方向暂行规定》和《外商投资产业指导目录》，

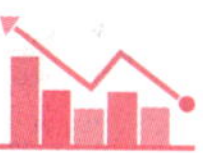

将外商投资项目划分为鼓励、允许、限制和禁止等 4 类；二是调整了外商投资企业的减免税政策，从 1996 年 4 月 1 日起，逐步取消对外商投资企业的资本性货物进口的税收优惠政策；三是试点并推广了加工贸易的银行保证金台账制度。

银行保证金台账制度

银行保证金台账制度是指经营加工贸易单位（包括经批准可以从事来料加工业务的生产企业）凭海关核准的手续，按合同备案料件金额向指定银行申请设立加工贸易进口料件保证金台账，加工成品在规定期限内全部出口，经海关核销后，由银行核销保证金台账。

这一阶段，我国共批准外商直接投资项目 104 621 个，平均每年 20 924 个，协议外资额为 2 799.86 亿美元，平均每年为 559.97 亿美元，实际利用外资额为 2 134.79 亿美元，平均每年为 426.96 亿美元。虽然与上一阶段相比，年均批准外商投资项目数和协议利用外资额降低了很多，但单个项目实际利用外资额由原先的 50 万美元提高到 204 万美元，且外资的实际利用率也由 31.97%提高到 76.25%，大大改善了外资的实际利用情况。

这期间，外商投资的各方面结构都发生了较大变化：越来越多的大型跨国公司进入中国，外商投资企业的资金来源结构和技术结构有了进一步的改善，资金和技术密集的大型项目和基础设施项目增加，外商投资的平均项目规模不断扩大，外商投资的领域进一步拓宽，第三产业开始试点利用外资，中西部地区利用外资状况也有了很大的改善。

（四）高质量增长阶段（2001—2012 年）

自从我国加入世界贸易组织后，外商投资的软、硬环境日益改善，从而迎来了外商直接投资的高质量增长阶段。2002—2007 年间，中国政府对《外商投资产业指导目录》进行了多轮修订，积极引导外资产业流向，鼓励吸引高新技术产业的外资。此外，为促进“引进来”和“走出去”政策相协调，国家发改委于 2012 年发布了《“十二五”利用外资和境外投资规划》，引导外资投向节能环保、新能源等领域和中西部地区。总体而言，这一时期中国利用外资达到新一轮高峰，我国吸收外资的质量进一步提高，外资政策体系也逐步完善。

（五）全面发展阶段（2013 年—至今）

2013 年，党的十八届三中全会通过了《关于全面深化改革若干问题的决定》，决议中明确提出“实行统一的市场准入制度，在制定‘负面清单’的基础上，各类市场主体可依法平等进入清单之外的领域”。2014 年，中国外资流入量首次超过美国，跻身为全球最大的外商直接投资接受国，吸收外资规模达 1 195.6 亿美元。到 2016 年末，我国累计使用外资达到 1.86 万亿美元。

2017 年，党的十九大报告明确提出“大幅放宽市场准入”，这是中国利用外资全面发展的重要突破。随着国内外形势的变化，2019 年，我国又出台了《中华人民共和国外商投资法》，该法是中国首部全面、系统的外资立法，为利用外资提供了更有力的制度保障，有助于我国与世界经济体系接轨。

总体而言，这一时期中国利用外资呈现良好的发展态势，全方位、宽领域、多层次的吸收外资新格局为中国经济高质量发展做出了重大贡献。

三、外商直接投资的规模

2019 年，中国新设立外商投资企业 40 910 家，实际使用外资金额 1 412.3 亿美元，占 2019 年全球外商直接投资总量的 9.2%。2019 年，全球外商直接投资流入前 10 位国家（地区）依次为美国、中国、新加坡、荷兰、爱尔兰、巴西、中国香港地区、英国、英属维尔京群岛、印度，如表 9-1 所示。

表 9-1　2019 年全球外商直接投资流入前 10 位国家（地区）

国别/地区	金额（亿美元）	占全球总流量（%）	同比（%）
世界	15 398.8	100.0	3.0
美国	2 462.2	16.0	−2.9
中国	1 412.3	9.2	2.1
新加坡	920.8	6.0	15.5
荷兰	842.2	5.5	−26.3
爱尔兰	782.3	5.1	—
巴西	719.9	4.7	20.4
中国香港地区	683.8	4.4	−34.4
英国	591.4	3.8	−9.4
英属维尔京群岛	580.0	3.8	−1.3
印度	505.5	3.3	19.9

资料来源：联合国贸易发展会议《世界投资报告 2020》，中华人民共和国商务部

四、外商直接投资的结构

（一）外商直接投资的产业结构

改革开放初期，外商投资主要集中于劳动密集型的制造业产业。2011 年，服务业利用外资所占比重首次超过制造业。2019 年，第一、二、三产业新设外商投资企业数量占比分别为 1%、15.3%、83.7%，实际使用外资金额占比分别为 0.3%、29.9%、69.8%，具体如表 9-2 所示。

表 9-2 2019 年外商直接投资产业结构

行业名称	数量（家）	比重（%）	实际使用外资金额（亿美元）	比重（%）
总计	40 910	100.0	1 412.3	100.0
第一产业	424	1.0	4.4	0.3
第二产业	6 262	15.3	422.3	29.9
第三产业	34 224	83.7	985.5	69.8

注：数据分项合计与总量不等，是由数值修约误差所致。

资料来源：《中国外资投资公报 2020》，中华人民共和国商务部

从行业门类看，2019 年，外商直接投资主要集中于制造业，房地产业，租赁和商务服务业，信息传输、软件和信息技术服务业，批发和零售业，金融业，科学研究和技术服务业；以上 7 个行业的新设外商投资企业数量占比为 89.1%，实际使用外资金额占比为 89.1%，具体如表 9-3 所示。

表 9-3 2019 年外商直接投资分行业情况

行业门类	新设外商投资企业数（家）	比重（%）	实际使用外资金额（亿美元）	比重（%）
总计	40 910	100.0	1 412.3	100.0
农、林、牧、渔业	495	1.2	5.6	0.4
采矿业	31	0.1	21.9	1.6
制造业	5 396	13.2	353.7	25.0
电力、热力、燃气及水生产和供应业	295	0.7	35.2	2.5
建筑业	557	1.4	12.2	0.9
批发和零售业	13 837	33.8	90.5	6.4
交通运输、仓储和邮政业	591	1.4	45.3	3.2
住宿和餐饮业	835	2.0	9.7	0.7
信息传输、软件和信息技术服务业	4 295	10.5	146.8	10.4
金融业	887	2.2	102.2	7.2
房地产业	1 050	2.6	234.7	16.6
租赁和商务服务业	5 777	14.1	220.7	15.6
科学研究和技术服务业	5 183	12.7	111.7	7.9
水利、环境和公共设施管理业	143	0.3	5.2	0.4
居民服务、修理和其他服务业	361	0.9	5.4	0.4
教育	258	0.6	2.2	0.2
卫生和社会工作	111	0.3	2.7	0.2
文化、体育和娱乐业	804	2.0	6.3	0.4

注：数据分项合计与总量不等，是由数值修约误差所致。

资料来源：《中国外资投资公报 2020》，中华人民共和国商务部

2019 年，高技术制造业、高技术服务业新设外商投资企业数量分别为 1 266 家和 9 045 家，实际使用外资金额分别为 133.7 亿美元和 256.9 亿美元，如表 9-4 所示。

表 9-4　2019 年外商直接投资高技术产业情况

行业	企业数		实际使用外资金额	
	数量（家）	比重（%）	金额（亿美元）	比重（%）
总计	40 910	100	1 412.3	100
其中：高技术产业	10 311	25.2	390.6	27.7
高技术制造业	1 266	3.1	133.7	9.5
高技术服务业	9 045	22.1	256.9	18.2

资料来源：《中国外资投资公报 2020》，中华人民共和国商务部

2020 年 12 月 28 日，国家发改委、商务部公开发布《鼓励外商投资产业目录（2020 年版）》，进一步扩大了鼓励外商投资范围。其中，全国鼓励外商投资产业目录共 480 条，中西部地区外商投资优势产业目录共 755 条。新版的外商投资产业目录的主要变化如下。

一是进一步发挥外资在产业链、供应链中的积极作用。新版的外商投资产业目录将制造业作为鼓励外商投资的重点方向，根据“引资补链、引资强链、引资扩链”导向增加相关内容。原材料领域新增或修改高纯电子级氢氟酸、氟化氢、特种玻璃纤维、偏光片基膜、扩散膜、掩膜版、多乙烯多胺、高性能纤维等条目。零部件领域新增或修改高压真空元件、特种阀门、特种轴承、特种玻璃、轮速传感器等条目。终端产品领域新增或修改集成电路测试设备、L3/L4/L5 自动驾驶硬件、激光投影设备、超高清电视、呼吸机、ECMO、人工智能辅助医疗设备等条目。

二是进一步鼓励外资投向生产性服务业。新版的外商投资产业目录将促进服务业和制造业融合发展作为本次修订的重点之一，在扩大开放中发展新业态和新型基础设施建设。研发设计领域新增或修改第五代移动通信技术研发、区块链技术开发、污水处理设施设计等条目。商务服务领域新增高端装备维修、数字化生产线改造与集成等条目。现代物流领域新增或修改跨境电子商务零售、大宗商品进出口分拨中心、社区连锁配送等条目。信息服务领域新增在线教育、在线医疗、在线办公等条目。

三是进一步鼓励外资投向中西部地区，助推区域开放型经济发展和外向型产业集聚发展。黑龙江、云南等省份的目录新增农产品加工、旅游开发等条目。

《鼓励外商投资产业目录（2020 年版）》既保持了政策的延续性，又进一步明确了我国鼓励外商投资的行业、领域和地区。有关优惠政策主要包括以下三个方面的内容：一是对于鼓励类外商投资项目在投资总额内进口自用设备的，除《进口不予免税的重大技术装备和产品目录》《外商投资项目不予免税的进口商品目录》所规定的商品外，对其他商品实行免征关税政策；二是对于符合条件的西部地区和海南省鼓励类产业的外商投资企业，减按 15%征收企业所得税；三是对于集约用地的鼓励类外商投资工业项目，优先供应土地。

（二）外商直接投资的区域分布

中国的东部地区一直是外商投资的主要集中地。近年来，我国积极鼓励外资向中西部等地区转移，在中西部的目录中进一步增加了劳动密集型、先进适用技术产业及配套设施等条目，进一步加大对中西部承接外资产业转移的支持力度。在国家政策利好的影响下，中西部地区迎来了承接东部产业梯度转移的机遇，外商投资覆盖的区域范围也更为广泛。

2019 年，我国东部、中部、西部地区新设外商投资企业数量占比分别为 89.5%、5.2%、5.2%，实际使用外资金额占比分别为 84.3%、6.9%、6.6%，具体如表 9-5 所示。

表 9-5　2019 年我国东部、中部、西部地区外商直接投资情况

地方名称	数量（家）	比重（%）	实际使用外资金额（亿美元）	比重（%）
总计	40 910	100	1 412.3	100
东部地区	36 613	89.5	1 191.1	84.3
中部地区	2 138	5.2	97.3	6.9
西部地区	2 137	5.2	92.9	6.6
有关部门	22	0.1	30.9	2.2

注：数据分项合计与总量不等，是由数值修约误差所致。有关部门项上包含银行、证券、保险行业吸收外商直接投资的数据。

东部地区包括北京、天津、河北、辽宁、上海、江苏、浙江、福建、山东、广东、海南。

中部地区包括山西、吉林、黑龙江、安徽、江西、河南、湖北、湖南。

西部地区包括内蒙古、广西、四川、重庆、贵州、云南、陕西、甘肃、青海、宁夏、新疆、西藏。

资料来源：《中国外资投资公报 2020》，中华人民共和国商务部

（三）外商直接投资的来源地

外商直接投资的来源地主要是亚洲、欧盟、北美及部分自由港。2019 年，亚洲十国/地区（中国香港地区、印度尼西亚、日本、中国澳门地区、马来西亚、菲律宾、新加坡、韩国、泰国、中国台湾地区）在华新设企业数占比为 71.8%，实际投入外资金额占比为 82.6%；欧洲主要国家（比利时、丹麦、英国、德国、法国、爱尔兰、意大利、卢森堡、荷兰、希腊、葡萄牙、西班牙、奥地利、芬兰、瑞典）在华新设企业数占比为 6.4%，实际投入外资金额占比为 5.1%；北美（美国、加拿大）在华新设企业数占比为 5.7%，实际投入外资金额占比为 2.1%；部分自由港地区（毛里求斯、巴巴多斯、开曼群岛、英属维尔京群岛、百慕大、萨摩亚）在华新设企业数占比为 1.6%，实际投入外资金额占比为 6.4%。

2019 年，我国的外商投资来源地国家和地区达到 179 个，比 2018 年又增加了 5 个。“一带一路”沿线国家、东盟国家的对华投资分别增长 36%和 40.1%。其中，新加坡、泰国的对华投资分别增长 51.1%、140.6%。欧盟成员国中，荷兰、爱尔兰、瑞典的对华投资同比分别增长 43.1%、311.4%、141.3%。

亚洲是中国外商投资的主要来源地。2019 年，在我国新设企业数排名前三位的分别是中国香港地区、中国台湾地区和韩国，实际投入金额排名前三位的分别是中国香港地区、新加坡和韩国。中国香港地区为中国内地外资的第一大来源地，2019 年，中国香港地区在内地新设企业 17 873 家，占内地新设外商投资企业数的 43.7%；实际投入金额 963 亿美元，占内地实际使用外资金额的 68.2%，如表 9-6 所示。

表 9-6　2019 年中国主要投资来源地情况

国别/地区	新设企业数（家）	比重（%）	实际投入金额（亿美元）	比重（%）
总计	40 910	100.0	1 412.3	100
中国香港地区	17 873	43.7	963.0	68.2
新加坡	1 242	3.0	75.9	5.4
韩国	2 108	5.2	55.4	3.9
英属维尔京群岛	304	0.7	49.6	3.5
日本	1 000	2.4	37.2	2.6
美国	1 733	4.2	26.9	1.9
开曼群岛	129	0.3	25.6	1.8
荷兰	182	0.4	18.0	1.3
中国澳门地区	1 083	2.6	17.4	1.2
德国	562	1.4	16.6	1.2
中国台湾地区	5 252	12.8	15.9	1.1
萨摩亚	197	0.5	11.9	0.8
英国	640	1.6	8.6	0.6
法国	349	0.9	7.9	0.6
爱尔兰	45	0.1	6.6	0.5
其他	8 189	20.0	45.0	3.2

注：数据分项合计与总量不等，是由数值修约误差所致。

资料来源：《中国外资投资公报 2020》，中华人民共和国商务部

2019 年，中国香港地区在内地投资金额排名前五的行业分别是房地产业，租赁和商务服务业，制造业，信息传输、软件和信息技术服务业，科学研究和技术服务业；五个行业新设企业数占比 58.4%，实际投入金额占比 75.3%，如表 9-7 所示。

表 9-7　2019 年中国香港地区在内地投资金额前五位行业情况

行业	新设企业数（家）	比重（%）	实际投入金额（万美元）	比重（%）
总计	17 873	100	9 629 894	100
房地产业	782	4.4	1 990 874	20.7

（续表）

行业	新设企业数（家）	比重（%）	实际投入金额（万美元）	比重（%）
租赁和商务服务业	2 785	15.6	1 624 777	16.9
制造业	2 447	13.7	1 499 859	15.6
信息传输、软件和信息技术服务业	2 181	12.2	1 275 133	13.2
科学研究和技术服务业	2 247	12.6	865 366	9.0

资料来源：《中国外资投资公报 2020》，中华人民共和国商务部

截至 2019 年 12 月，按照累计设立企业数量，排名前三位的是中国香港地区、中国台湾地区和美国；按照累计实际投入金额，排名前三位的是中国香港地区、英属维尔京群岛和日本，如表 9-8 所示。

表 9-8　截至 2019 年主要投资来源地前 15 位国家（地区）情况

国别/地区	累计设立企业数（家）	比重（%）	累计实际投资金额（亿美元）	比重（%）
总计	1 001 635	100	22 904.7	100
中国香港地区	474 773	47.4	11 955.1	52.2
英属维尔京群岛	24 782	2.5	1 695.8	7.4
日本	52 834	5.3	1 157.0	5.1
新加坡	26 111	2.6	1 028.3	4.5
美国	71 914	7.2	878.8	3.8
韩国	67 375	6.7	825.7	3.6
中国台湾地区	112 442	11.2	694.0	3.0
开曼群岛	3 666	0.4	441.3	1.9
德国	10 834	1.1	350.5	1.5
萨摩亚	9 104	0.9	301.9	1.3
英国	10 040	1.0	253.9	1.1
荷兰	3 668	0.4	212.9	0.9
法国	6 035	0.6	183.2	0.8
中国澳门地区	18 286	1.8	172.6	0.8
毛里求斯	2 488	0.2	150.5	0.7
其他	107 283	10.7	2 603.2	11.4

资料来源：《中国外资投资公报 2020》，中华人民共和国商务部

（四）外商投资的主要形式

改革开放以来，外商在华投资经历了逐步摸索和转型的历程。改革开放初期，外国投资者对中国的投资政策、投资环境等方面不太熟悉，因此多以中外合资、中外合作的形式进入中国。随着国内营商环境的改善，越来越多的跨国公司开始在中国进行战略投资和布局，外商在华投资形式开始呈现新特点。

首先，外商独资成为外国投资者青睐的投资形式。入世前后的数据对比很好地说明了这一点：2000 年，中外合资、中外合作、外商独资企业实际投资金额分别占比 35.8%、15.9%、46.9%。2002 年，上述 3 种类型实际投资金额占比分别为 28.4%、9.6%、60.2%。其次，外商在华投资类型更为丰富和多元，外商投资股份制企业、中外合作开发及开办合伙企业等形式的外商投资占比也在逐年上升。

截至 2019 年 12 月，中国外商投资企业总数为 586 795 家，占全部外商直接投资企业的 58.6%，实际使用外资金额 14 274.1 亿美元，占全部实际使用外资金额的 62.3%；中外合资企业共 352 076 家，占比为 35.2%，实际使用外资金额 5 645.5 亿美元，占比为 24.6%；中外合作企业 61 089 家，占比为 6.1%，实际使用外资金额 1 127.5 亿美元，占比为 4.9%。

第三节 中国对外借款

一、中国对外借款的方式

中国对外借款的主要方式有国际金融机构贷款、外国政府贷款、国际商业贷款等。

（一）国际金融机构贷款

国际金融机构贷款是指中国向国际货币基金组织、世界银行、亚洲开发银行、国际农业发展基金和其他国际性、地区性金融组织等申请贷款。

其中，国际货币基金组织可在会员国发生暂时性收支不平衡时，根据会员国向基金组织缴纳基金份额的多少对会员国提供短期借贷。

世界银行通过提供长期贷款和政策性建议，帮助会员国提高劳动生产率，促进发展中国家的经济发展和社会进步，从而改善和提高其生活水平。

亚洲开发银行为亚太地区发展中会员国或地区成员的经济发展筹集与提供资金，帮助亚太地区各会员国或地区成员协调经济发展政策，使其更好地利用自己的资源，在经济上取长补短，并促进其对外贸易的发展。

国际农业发展基金是联合国专门机构，致力于向发展中成员国提供粮食和农业发展贷

款，其以优惠条件为发展中的成员国提供资金，用于发展粮食生产，改善人民营养水平，逐步消除农村贫困。

（二）外国政府贷款

外国政府贷款是指中国向其他国政府申请优惠贷款，它具有一定的赠予性质。

在使用外国政府贷款时，一般不能把外国货币直接拿到国内来使用，而只能将外币在外国（多数是贷款国）购入本国发展经济所需的资本货物和支付国外的服务费用。所以，利用外国政府贷款，实际上就是利用外国的设备、材料、技术和服务。

中国使用外国政府贷款是中国利用外资的重要渠道之一，其目的是为了引进先进的技术设备和现代化管理经验，解决外汇资金不足的困难，获取优惠性贷款以提高经济效益，加速中国的社会主义现代化建设。

（三）国际商业贷款

国际商业贷款在我国的计划和统计中是对在国际金融市场上以商业条件借贷的筹资方式的总称。国际商业贷款方式较之国际金融机构贷款和外国政府贷款更为简单，其采购范围广，投向限制小，使用上较为灵活。但这类贷款还款期限短，且利率和综合成本较高。

国际商业贷款具体包括直接金融形式的发行债券和间接金融形式的国外银行贷款、出口信贷，以及国际租赁、补偿贸易中用现汇偿还的部分等，即国际金融机构贷款和外国政府贷款以外的全部境外贷款。

对外发行债券是指通过政府、企业、银行或其他金融机构等在国际债券市场上发行外国货币面值的债券，以募集资金。在 1996 年及以前，此项还包括企业对外发行的股票，此后，企业对外发行股票作为外商投资的一种特殊形式而单列统计。

国外银行贷款是指我国的借款人向境外的商业银行以借贷的方式筹措资金。这也是目前我国筹集大量中长期商业贷款资金的主要途径。

出口信贷是指在大宗设备和技术上，出口国政府为了支持扩大本国出口和加强国际竞争力而发放的信贷。它包括买方信贷与卖方信贷。买方信贷是出口国政府直接提供给我国用于购买该国出口商品的信贷；卖方信贷是出口国政府提供给该国的出口商，用于扩展以延期付款方式成交的出口贸易的信贷。中国进出口银行为我国大型成套设备进出口提供买方信贷和卖方信贷，以及为机电产品出口信贷提供贴息、担保等的出口信贷。

国际租赁是指我国的承租人以支付一定租金的方式向他国的出租人租用所需生产设备的交易活动。这是为克服价值巨大的商品在国际贸易中面临困难而产生的一种商品信贷和金融信贷同时进行的筹措资金的特殊形式。国际租赁对我国引进设备和外资、促进企业技术改造、扩大产品销售、盘活固定资产、优化资源配置、提高企业技术水平等方面发挥了积极的作用。

二、中国对外借款的发展概况

对外开放以来，中国步入了利用外资促进经济发展的快车道。经过 40 多年的发展，目前，中国对外借款无论从规模、渠道还是结构上都有了很大的变化，对外借款已成为中国利用外资的重要组成部分。

（一）外债规模稳定阶段（1979—2000 年）

自 1979 年以来，中国的对外举债经历了由少到多再逐步稳定的发展历程。1979—1983 年，中国处于对外借款的初级阶段，外债余额增长较慢，年均增长约 8 亿美元，外债总体规模有限；1984—1988 年，中国对外借款进入了一个迅速增长阶段，外债余额年均增长约 81.93 亿美元，年均增长率达到 56.9%；1989—1998 年，我国对外借款进入了均衡增长阶段，年均增长约 104.74 亿美元，年均增长率约为 25.36%；1999—2000 年，我国对外借款增速更为缓慢，外债余额年均增长约 213.94 亿美元，年均增长率为 14.09%。

（二）外债规模快速上升阶段（2001—2014 年）

在我国加入 WTO 之后，伴随着涉外经济的快速发展，我国外债规模（不包括中国香港地区、中国澳门地区和中国台湾地区的对外负债，下同）从 2001 年的 2 033 亿美元快速增至 2014 年末的 8 954.6 亿美元，年均增长率超过 14%，大大高于同期国内生产总值的年均增长率，如表 9-9 所示。

表 9-9　2001—2014 年外债总体情况

金额单位：亿美元

年份	外债余额	贸易信贷	登记外债余额	短期外债余额	短期外债占比
2001	2 033.0	548	1 485.0	837.7	41.21%
2002	2 026.3	576	1 450.3	870.8	42.97%
2003	2 193.6	623	1 570.6	1 027.7	46.85%
2004	2 629.9	809	1 820.9	1 387.1	52.74%
2005	2 965.4	1 063	1 902.5	1 716.4	57.88%
2006	3 385.9	1 196	2 189.9	1 992.3	58.84%
2007	3 892.2	1 487	2 405.2	2 356.8	60.55%
2008	3 901.6	1 296	2 605.6	2 262.8	58.00%
2009	4 286.5	1 617	2 669.5	2 592.6	60.48%
2010	5 489.4	2 112	3 377.4	3 757.0	68.44%
2011	6 950.0	2 492	4 458.0	5 009.0	72.07%
2012	7 369.9	2 915	4 454.9	5 409.3	73.40%

（续表）

年份	外债余额	贸易信贷	登记外债余额	短期外债余额	短期外债占比
2013	8 631.7	3 365	5 266.7	6 766.3	78.39%
2014	8 954.6	3 344	5 610.6	6 833.6	76.32%

资料来源：国家外汇管理局官网，http://www.safe.gov.cn/safe/2016/0420/6073.html

从外债的期限结构来看，我国的外债结构正逐年向短期化倾斜，2001—2013 年，随着短期外债的快速增长，短期外债占比快速上升，由 2001 年的 41%上升到 2013 年的 78%，上升了 37 个百分点。此后，随着短期外债增速放缓甚至下降，其占比逐步回落。

（三）外债规模持续攀升阶段（2015 年至今）

2015 年以来，我国外债规模持续攀升，这主要是宏观经济平稳运行和政策红利释放两方面因素叠加的结果。一方面，我国经济继续保持稳中向好态势，各项经济发展指标平稳增长；人民币汇率双向浮动弹性明显增强，汇率预期总体平稳，这些是我国外债增长的基础性因素。另一方面，多项改革措施陆续出台，提升了境内主体跨境融资的便利化程度。

2017 年，中国人民银行和国家外汇管理局进一步完善了全口径跨境融资宏观审慎管理政策，积极支持金融机构和企业自主开展本外币跨境融资，使境内机构能够充分利用“两个市场、两种资源”，不断拓宽融资渠道，降低融资成本。同时，银行间债券市场开放程度日益提高，进一步向境外投资者开放了境内金融市场，境外机构增持境内债券的意愿积极，持有境内债券规模不断增加。

2020 年三季度我国外债规模保持增长，外债结构持续优化，外债主要指标均在国际公认的安全线以内，外债风险总体可控。截至 2020 年 9 月末，我国全口径（含本外币）外债余额为 22 944 亿美元。从币种和期限结构上看，本币外债占比 39%，中长期外债占比 44%。2015—2020 年我国外债总体情况如表 9-10 所示。

表 9-10　2015—2020 年外债总体情况

金额单位：亿美元

项目	2015 年 12 月末	2016 年 12 月末	2017 年 12 月末	2018 年 12 月末	2019 年 12 月末	2020 年 9 月末
广义政府	1 114	1 239	1 687	2 323	2 709	3 273
短期	30	122	170	197	102	65
长期	1 084	1 117	1 516	2 126	2 607	3 208
中央银行	430	555	234	296	363	397
短期	132	89	108	178	254	273
长期	298	466	126	118	109	124

（续表）

项目	2015 年 12 月末	2016 年 12 月末	2017 年 12 月末	2018 年 12 月末	2019 年 12 月末	2020 年 9 月末
其他接受存款公司	6 120	6 042	8 455	8 987	9 180	10 782
短期	5 020	4 677	6 696	7 236	6 823	7 852
长期	1 100	1 364	1 760	1 752	2 357	2 930
其他部门	4 272	4 277	5 212	5 923	5 923	5 934
短期	3 041	3 126	3 978	4 579	4 288	4 151
长期	1 231	1 151	1 234	1 343	1 635	1 783
直接投资：公司间贷款	1 894	2 045	1 991	2 299	2 398	2 558
外债总额头寸	13 830	14 158	17 580	19 828	20 573	22 944

资料来源：国家外汇管理局官网，http://www.safe.gov.cn/safe/zgwz/index.html

新冠肺炎疫情发生以来，中国人民银行和国家外汇管理局出台多项跨境融资便利化措施，进一步扩大企业借用外债空间，便利企业更好地利用国际国内两种资源、两个市场多渠道筹集资金，缓解融资难、融资贵问题。

我国经济仍旧保持潜力足、韧性强、回旋空间大、政策工具多的基本特点，国际收支总体平衡的基础坚实，有利于外债继续平稳运行。

三、中国对外借款的管理

对一国经济而言，外债既是一种外部资源，也是一种潜在负担。如果利用得当，则外债可以弥补国内建设资金的不足，促进国民经济快速发展；若因管理不善导致外债规模过于庞大，则可能导致债务危机，从而给国民经济带来危害。

（一）适度外债规模的管理

外债规模管理是确定一定时期内举借外债的数量界限，即确定适当的外债规模。

在一定时期内，如果外债规模增长过快，进而超过一国对外债的偿付能力和对外资的消化吸收能力，则一方面会增加还债的经济负担，甚至引发偿债危机，从而影响该国的对外信誉和筹资融资能力；另一方面还会造成外汇资金的闲置与浪费，增加筹资的成本和风险。但对外借款过少，又会使国内一部分生产资源不能及时转化为生产力，从而影响经济发展。因此，确定适度的外债规模是发展中国家有效管理外债的关键。

1. 静态适度外债规模

从静态的角度分析，确定外债规模时应主要考虑以下三个方面的因素：一是经济发展对外汇资金的需求；二是国际资本市场的可供量；三是本国对外债的承受能力。其中，对外债的承受能力是确定外债规模最重要的因素。因此，若要加强对外债规模的控制，必须

通过科学的定性、定量分析，寻找最佳规模的数量界限。衡量一国外债规模是否合理，主要应参考三个指标，即债务率、偿债率和负债率。

债务率是外债余额与当年贸易和非贸易外汇收入（国际收支口径）之比，是衡量一国负债能力的指标。国际上通常认为该比率不应超过 100%，否则即表示外债负担过重，外汇收入难以满足对外偿债的需要。

偿债率是偿还外债本息额与当年贸易和非贸易外汇收入之比，是衡量一国还款能力的指标。国际上公认的该比率的临界值是 20%，超过该数值有发生偿债危机的可能。

负债率，又称外债率，是外债余额同国民生产总值的比值，反映外债同整个国民经济发展的关系，国际上公认的安全负债率不应超过 20%。

2019 年末，我国外债的债务率为 78%、偿债率为 6.7%、负债率为 14%，均在国际公认的安全线内，远低于发达国家和新兴国家的整体水平。

2. 动态适度外债规模

由于外债规模、出口收入和经济总量都处于不断变化之中，因而适度的外债规模应当能够形成一种动态的平衡，即动态适度外债规模。国际上通常采用外债利用系数和出口创汇系数来衡量动态适度外债规模。

外债利用系数是反映举借外债对国民经济发展促进程度的指标。其值为外债增长速度与国民生产总值增长速度的比值。若该比值小于 1，说明借入的外债推动了国民经济的发展，意味着外债利用效率较高；反之，则说明外债利用不当。

出口创汇系数是反映举借外债对商品和劳务出口促进程度的指标。其值为外债增长速度与出口创汇收入增长速度的比值。若该比值小于 1，说明外债用于出口行业的投资高或效益好，推动了借债国对外贸易的发展；反之，则说明借债国的国际收支状况没有改善，预示其可能会产生偿债困难。

（二）适度外债结构的管理

外债结构管理是指一国政府通过法规、政策和技术措施实行外债结构优化的管理行为。它是在确定的总体规模范围内，通过对国际资本市场的分析，结合国内建设对资金需求的特点，对构成总量的各个债务要素，即利率、期限、币种和融资形式等进行最优组合，其目标是保持一个合理、灵活、均衡和适度的外债结构，以降低成本，减少风险，从而保证偿债能力。

外债结构的管理主要涉及以下几个方面的问题。

（1）利率结构。借债利率的高与低，固定与浮动，是直接影响外债成本的一个重要因素。每次借入外债的利率状况影响着总体债务的利率结构和总体债务利息的支付数额。因此，借入外债时不仅要考虑债务利率的高低，同时还要控制浮动利率的比重和保持固定利率债务的较大比重，以利于预先确定利息支付数额，从而稳定利息负担。

（2）币种结构。选择何种货币借款，以及货币借款的结构也是外债管理的一个重要环节。确保币种结构合理化的基本方法有三个：一是合理选择货币，尽可能实现出口收汇币种与借款币种相一致；二是分散风险，举债时尽可能实现币种多样化；三是采取多种措施降低汇率风险。

（3）期限结构。外债分为中长期外债和短期外债两类。一般来说，借款期限在一年以上的为中长期外债，借款期限为一年及不足一年的为短期外债。从风险的角度来看，外债期限并非越长越好。在当今国际金融市场动荡不定的情况下，外债期限的长短不仅取决于利率的高低，还取决于外债货币的选择。一般来说，若选择趋势性升值货币为外债货币，则外债期限以短为宜；反之，若选择趋势性贬值货币为外债货币，则外债期限以长为宜。在决定外债期限的长短时，应根据经济发展的需要，综合考虑资金需求、资金运用收益和汇率风险等因素，并应注意外债期限的长短搭配，从而避免还本付息过分集中带来的还款压力。

（4）来源结构。按贷款的来源划分，外债分为政府贷款、国际金融组织贷款和商业性贷款。一般来说，政府贷款和国际金融组织贷款的期限长、利率低，条件比较优惠；商业性贷款往往期限短、利率高，受国际金融市场借贷关系变化的影响较大，因此，优惠性的政府贷款和国际金融组织贷款在总体外债中的比重大小是衡量资金来源结构是否合理的一个标准。

（5）使用结构。外债管理能否进入良性循环，关键在于外债的使用是否产生效益，而效益的产生往往与外债投向结构有很大关系。一般来说，外债使用结构的管理包含两个方面的内容：一是使外债的使用与出口创汇相结合，以保证按时还本付息；二是使外债的使用与国内的产业政策相结合，确保资金投向国内急需发展的产业。

（6）债务人结构。由于国民经济中所有制结构的不同，各个借款人所承担的债务对国民经济构成的潜在压力不尽相同。过多的外债负担意味着过大的偿债风险，一般来说，各国政府都力图避免外债负担全部集中在中央政府身上。

第四节 中国企业境外上市

对外借款的优点是融资量大、速度快，但也存在着不够灵活、成本较高和具有外汇风险等问题。于是，利用股市直接融资成为呼之欲出的迫切需求。利用股权方式吸收外资，有利于充分、灵活、便捷地吸引国际资本，有利于推动国内股票市场的迅速发展，使其逐步与国际市场接轨。

一、中国企业境外上市概况

中国企业境外上市是指国内的股份有限公司向境外投资者发行股票，并在境外证券交易所公开上市。

1992 年初，上海证券交易所上市了中国第一只人民币特种股——电真空 B 股，并允许境外投资者直接购买中国企业的股份，从而打开了中国企业融通外资的新渠道。

随着境内上市 B 股获得成功，中国政府积极筹划将中国企业推向国际证券市场，到境外特定的交易所发行上市。1993 年 6 月，第一家国有企业——青岛啤酒公司在中国香港成功上市。1994 年 8 月和 10 月，山东华能电子开发公司和华能国际电力公司分别成功地在纽约证券交易所上市，共筹集资金 9.6 亿美元。此后，越来越多的境内企业在海外成功上市。

一般来说，我国企业境外上市主要选择在香港证券交易所、美国纽约证券交易所和美国纳斯达克交易所上市。除此之外，部分企业还选择在伦敦证券交易所、中国香港创业板、新加坡股票交易所、新加坡股票自动报价市场、美国柜台交易市场、加拿大创业板、加拿大温哥华股票交易所、欧洲第二市场、欧盟股票自动报价市场等挂牌交易。

随着近年来中国资本市场不断扩大开放，企业的国际化融资更加便利。2016 年至 2020 年，我国共有 136 家境内企业到境外发行上市，总融资额达 7 322 亿港元。

截至 2020 年 9 月 3 日，境外投资者通过沪深港通持有的中国股票市值达 2.01 万亿元人民币，占 A 股流通市值的比重为 3.28%；加上合格的境外机构投资者（QFII）和人民币合格境外机构投资者（RQFII）持股，所有外资持有中国流通股市值的比重是 4.69%，这与日本、韩国等股票市场相比还非常低，所以境外资金进入中国股市还有很大潜力。

二、中国企业境外上市的主要模式

总的来说，中国企业通过对外发行股票来利用外资有以下五种模式。

（一）中国企业通过 B 股境内上市

B 股的正式名称是人民币特种股票。它是以人民币标明面值，以外币认购和买卖，在中国境内（上海、深圳）证券交易所上市交易的外资股。B 股上市公司的注册地和上市地都在境内。

B 股市场不仅是帮助国内企业从海外筹集资金的渠道，也是中国证券市场对外开放的途径。1999 年，中国证监会发出通知，取消了 B 股企业的所有制限制，这有助于提高 B 股上市公司的质量；2001 年 2 月，B 股市场向境内居民开放，增加了 B 股市场的资金供给。

B 股市场是我国通过资本市场利用外资的第一步。发行 B 股对吸引外资、促进企业转换机制起到了积极作用。但其与国际资本市场相比，还存在许多不规范之处，如信息披露较差，海外投资者不易了解公司情况；发行和交易量比较少，市场不活跃等。

（二）中国企业境外直接上市

中国企业境外直接上市是指在中国境内注册成立的股份有限公司作为境内法人，直接申请在境外证券交易所上市交易。如通常所说的中国企业在香港证券交易所上市的、以港元认购和交易的 H 股，以及在纽约证交所上市的、以美元认购和交易的 N 股。海外证券市场发达、资金丰富，能满足企业大规模筹资需求。同时，海外证券市场的完备监管和严格要求能促进上市公司建立现代经营管理机制。

（三）中国企业境外间接上市

由于直接上市程序繁复，成本高、时间长，所以许多企业，尤其是民营企业选择以间接方式在海外上市。间接上市主要有两种形式：买壳上市和造壳上市。

所谓买壳上市，是指非上市公司通过收购另一家已在海外证券市场上市的公司（即空壳公司）的全部或部分股份，取得对上市公司的实际管理权，然后注入其国内资产和业务，以达到海外间接上市的目的。成功的收购对于企业树立国际形象、开拓国际市场、拓宽业务范围、组建跨国公司也很有帮助。

所谓造壳上市，是指本国企业在海外证券交易所所在地或允许的国家与地区，以独资或合资的方式重新注册一家中资公司的控股公司，进而以该控股公司的名义申请上市。与买壳上市相比，造壳上市的风险和成本相对要低。另外，由于国内企业在境外注册的控股公司仅受国外相关法律的制约，所以其可在目前国内会计、审计和法律制度尚未与国际接轨的情况下，获得海外证券市场的认可，从而实现引进外资的目的。

（四）其他境外上市方式

中国企业在海外上市通常采用直接上市与间接上市的方式，但也有少数公司采用存托凭证和可转换债券上市。有些已在境外上市的企业也会采用这两种方式进行再次融资。

存托凭证，又称存券收据或存股证，是指在一国证券市场流通的代表外国公司有价证券的可转让凭证。存托凭证一般代表公司股票，但有时也代表债券。存托凭证是这样产生的：某国的一家公司为使其股票在外国流通，就将一定数额的股票委托某一中间机构（通常为一家银行，称为保管银行或受托银行）保管，由保管银行通知外国的存托银行在当地发行代表该股份的存托凭证，之后存托凭证便开始在外国证券交易所或柜台市场交易。

可转换债券是指债券持有人可按照发行时约定的价格将债券转换成公司的普通股票的债券。若可转换债券的持有人看好发债公司的股票增值潜力，则其在宽限期之后就可以行使转换权，按照预定转换价格将债券转换成为股票，发债公司不得拒绝。该债券利率一般低于普通公司的债券利率，企业发行可转换债券可以降低筹资成本。

三、中国企业境外上市的意义

（一）加强外资引进，拓宽企业的融资渠道

境外上市所带来的大量资本已经成为我国引进外资的一个重要组成部分，在我国的经济增长中发挥了重要的作用。具体到企业来说，资金不足一直是困扰我国企业发展的一个大难题。大型国有企业、高科技企业在境外发行 H 股、N 股解决了企业的资金需求，改善了企业的资本结构，提升了其比较竞争优势，从而大大加强了企业可持续发展的能力。

（二）加快完善公司法人治理结构和现代企业制度

我国企业要在境外上市，就要按照上市地的法律法规组建股份有限公司，构建有外资参与的混合型经济企业。成功上市后，外资股东将会依照公司章程来维护出资人的权益，要求公司切实履行公司章程承诺的义务，及时、准确地进行信息披露，这在一定程度上形成了外部约束。在这种压力下，境外上市公司大都能够按照国际惯例和国际规则开展业务，逐步规范自身的经营行为。

（三）加速中国企业国际化的进程

国内企业通过境外上市，既为外国投资者了解国内企业创造条件，也为国内企业走向国际资本市场创造了良好的开端。境外上市使这些企业的海外知名度显著提高。同时，境外上市公司也吸引了众多国际证券分析人士的目光，而他们每天都在世界范围内传递着企业的市场行情和分析报告，这就为国际投资者加深对中国企业的了解创造了条件，从而加快了中国企业的国际化进程。

第五节 QFII 制度和 RQFII 制度

一、QFII 制度与 RQFII 制度概述

（一）QFII 制度

QFII 是合格的境外机构投资者（Qualified Foreign Institutional Investor）的英文简称，QFII 制度是外国专业投资机构到境内投资的资格认定制度。它是一国在国内货币没有实现完全可自由兑换、资本项目尚未开放的情况下，有限度地引进外资、开放资本市场的一项过渡性的制度。这种制度要求外国投资者若要进入一国的证券市场，必须符合一定的条件，

得到该国有关部门的审批通过，再汇入一定额度的外汇资金并转换为当地货币，且只能通过严格监管的专门账户投资当地的证券市场。

作为一种引进外资、开放资本市场的过渡性安排，QFII 制度的根本目的在于吸引国外的资金进入本国资本市场。在中国的资本项目没有完全开放，货币没有实现完全可自由兑换的情况下，允许一些具有较好资质和实力、无不良记录的外国机构投资者进入中国资本市场，有限度地引进外资、开放资本市场有助于营造价值投资和理性投资的市场氛围，为中国资本市场最终完全开放和获得良好经验创造条件。

（二）RQFII 制度

RQFII 是人民币合格境外机构投资者（RMB Qualified Foreign Institutional Investors）的英文简称。其中，R 代表人民币。RQFII 可将批准额度内的外汇结汇投资于境内的证券市场。对 RQFII 放开股市投资，是从侧面加速人民币国际化进程的重要措施。

RQFII 试点于 2011 年 12 月推出，初期参与机构仅限于境内基金管理公司和证券公司的中国香港子公司。2012 年 12 月份，中国证券监督管理委员会（以下简称“证监会”）、中国人民银行和国家外汇管理局决定增加 2 000 亿元 RQFII 投资额度，使试点总额度达到 2 700 亿元。2013 年 3 月份，证监会、中国人民银行和国家外汇管理局联合发布修订后的《人民币合格境外机构投资者境内证券投资试点办法》，允许更多境外金融机构将离岸筹集的人民币资金投资于境内资本市场，同时放宽对 RQFII 投资范围的限制。RQFII 制度的正式确立，形成了证监会负责资格准入、中国人民银行负责人民币账户管理、国家外汇管理局负责投资额度的监管框架。

由于中国香港拥有大量的人民币存款且投资渠道不多，所以每当有人民币基金上市，散户均反应热烈。RQFII 的推出，既有助于拓宽中国香港的人民币投资渠道，又有助于增强资本市场的流动性。

2019 年 9 月 10 日，国家外汇管理局宣布取消 QFII/RQFII 投资额度限制。同时，RQFII 试点国家和地区限制也一并取消。

证监会等三部门发布 QFII、RQFII 新规

2020 年 9 月 25 日，为切实提高资本市场对外开放水平，经国务院批准，证监会、中国人民银行、国家外汇管理局发布《合格境外机构投资者和人民币合格境外机构投资者境内证券期货投资管理办法》（以下简称《QFII、RQFII 办法》），证监会同步发布了配套的《关于实施〈合格境外机构投资者和人民币合格境外机构投资者境内证券期货投资管理办法〉有关问题的规定》。《QFII、RQFII 办法》及配套规则自 2020 年 11 月 1 日起施行。

证监会表示，按照有关立法程序要求，此前，证监会已就《QFII、RQFII 办法》及配套规则向社会公开征求意见。总体看来，各方均赞同《QFII、RQFII 办法》及配套规则的主要内容，建议尽快出台，以提高资本市场开放水平，促进不同开放渠道协调发展。一些境内外机构也就进一步扩大开放、放宽准入、便利投资、扩大投资范围等提出了修改意见和建议。相关单位认真梳理研究，采纳了合理可行的意见和建议，进一步修改完善了《QFII、RQFII 办法》及配套规则。

据悉，《QFII、RQFII 办法》及配套规则的修订主要涉及以下三个方面的内容：一是降低准入门槛，便利投资运作。将 QFII、RQFII 资格和制度规则合二为一，放宽准入条件，简化申请文件，缩短审批时限，实施行政许可简易程序；取消委托中介机构数量限制，优化备案事项管理，减少数据报送要求。

二是稳步有序扩大投资范围。新增允许 QFII、RQFII 投资于在全国中小企业股份转让系统挂牌的证券、私募投资基金、金融期货、商品期货、期权等，允许参与债券回购、证券交易所融资融券、转融通证券出借交易。QFII、RQFII 可参与金融衍生品等的具体交易品种和交易方式，由证监会商中国人民银行、国家外汇管理局将本着稳妥有序逐步开放的原则研究决定后公布。

三是加强持续监管。加强跨市场监管、跨境监管和穿透式监管，强化违规惩处，细化具体违规情形适用的监管措施等。

证监会表示，后续将继续秉持开放理念，加快推进资本市场高水平双向开放。

资料来源：东方网，

http://news.eastday.com/eastday/13news/auto/news/finance/20200927/ u7ai9519817.html

二、实施 QFII 制度对我国证券市场的影响

（一）积极影响

1. 有利于增加证券市场的资金供给，促进经济增长

QFII 制度的实施能够促进资本的国际流动，一方面有利于我国证券市场引入资金；另一方面也提高了国外资本的回报率和资本配置效率。合格境外机构投资者到我国投资，会将投入的外汇转化为本国货币，因而可以增加我国证券市场的资金供给，扩大市场容量，有助于建立起规模更大、流通性更强的市场。在当前人民币资本项目尚未自由兑换的情况下，在资本市场引入 QFII 制度，为外国资本的进入提供了途径。

2. 有利于引导价值投资、理性化投资

目前我国证券市场投资者的主要目标是通过短线操作获取二级市场价差。投资者较多地关注股票价格的涨落，对上市公司本身的经营和效益则关心不够。引入 QFII 制度的主要目的就是防止短期炒作，从而吸引境外的中长期投资。一般来说，合格的境外机构投资

者都具有较为成熟的投资理念，倡导中长期的价值投资。虽然 QFII 的投资策略在不同的阶段会有一些变化，但其倡导价值投资的理念始终如一，其追求的是稳定、丰厚的收益。随着 QFII 投资规模的扩大，其投资理念对中国证券市场的影响力会逐渐上升，从而促使我国投资者的投资逐步趋向理性化。

3．有利于增加机构投资者比重，改善投资者结构

在我国目前的投资者结构中，中小投资者的比重明显偏高，而机构投资者所占的比重明显偏低。因此，我国证券市场的投资者结构很不合理，这更加大了股市的投机性和不稳定性。QFII 制度引进的是合格的境外机构投资者，其可以是境外基金管理机构、保险公司、证券公司及其他资金管理机构。这一政策将吸引大量的境外合格机构投资者参与我国证券市场，这有利于壮大我国机构投资者的队伍，从而改善投资者的结构。

4．有利于提高上市公司的管理水平

QFII 制度的引入将促进上市公司完善治理结构，改变经营理念。境外投资机构不但要对上市公司进行估值，而且将长期关注其投资组合内各个公司管理层的动向。这种外部监督促使上市公司管理层严格履行其应尽的职责，形成完善的制衡、约束机制，规范和完善公司治理结构。

此外，境外投资机构对经营业绩的关注促使上市公司提高信息披露的透明度，确保信息披露的真实性、准确性和完整性，从而在一定程度上有利于促进上市公司规范经营。

5．有利于增加投资渠道和投资品种

我国的金融市场与发达国家的金融市场还存在着较大的差距。我国证券市场上的金融工具品种单调、投资渠道单一。引入 QFII 制度后，境外机构投资者必然会要求证券市场提供更多的投资渠道和投资品种，尤其是对冲投资风险的金融工具，从而有利于加快我国金融创新的步伐，推动金融衍生产品的开发。

6．有利于推动证券市场与国际接轨

QFII 制度是促进国内证券市场与国际证券市场接轨的一种有效方式。我国资本市场引入 QFII 制度，不仅可以获得资金支持，还能吸收先进的经营理念、管理方式等，有助于促进我国证券市场与国际证券市场融合，推动我国证券市场的国际化进程。此外，由于 QFII 多以境外惯用会计、核算、风险评估、信贷评级等指标来制订投资策略，因而在一定程度上有利于我国上市公司建立现代化管理制度。

7．有利于促进证券市场监管模式走向成熟

对 QFII 进行资格认定，对市场监管部门的鉴别能力提出了相当高的要求。在 QFII 进入后，如何规范其行为，引导其投资，进而实现既定的政策目标，也是对监管部门的严峻挑战。此外，市场的快速发展和激烈变化还将不断地对市场监管及管理的规范化提出更高的要求，由于境外投资者的引进必然使市场参与者及上市证券的品种更加多样化，进而使得证券市场中违规行为的波及面更广，对投资者信心的影响也会更大，这就要求证券监管

部门要加大监管力度、规范证券市场的发展。

（二）消极影响

1．QFII 制度本身的局限性可能会对资本市场产生消极影响

QFII 制度并不是资本市场对外开放最终的制度安排，它只是一种过渡性的制度安排，是那些货币没有自由兑换、资本项目未完全开放的新兴市场国家或地区实现有序、稳妥地开放证券市场的特别通道。我国对 QFII 的资格、投资的范围及额度、资金的汇入与汇出、引资的定位实行较为严格的管理，这种制度的设计带有较强的主观色彩，这种设计是否适合我国当前的实际，是否能有效地引进外资还需要市场的检验。如果实践检验表明这种制度的设计不合理，则其将对国内资本市场的投资，以及我国资本市场在国际资本市场中的形象产生消极影响，从而对我国资本市场的进一步开放产生不利影响。

2．QFII 外资的频繁进出会增加我国证券市场的波动

与美国等发达国家的股票市场相比，目前我国股票市场的规模较小，场上资金相对较少，如果国外机构的资金在短期内大量涌入，势必会对国内证券市场产生巨大的冲击，从而推动股价的非理性上涨。

此外，国内市场在运行规则、信息披露监管机制等方面还不完善，投资理念不成熟，这些问题可能会引发股票价格异常波动和过度投机。一旦发生突发事件，外资将会大规模撤出，这对股市的影响也是毁灭性的。外资的进出造成的资本市场的过度动荡，必然会对我国宏观经济的稳定产生消极影响。

3．QFII 外资的进出会影响汇率的稳定

外资机构大规模进入国内市场，必然会产生人民币与外币之间大规模的资金转换。在资金从国外汇入时，首先会兑换成人民币；而在外资想撤离我国时又会由人民币兑换成外币。在这种情况下，外资的大规模流动将会影响人民币币值的稳定，这种转换将增加外汇市场上资金流动的不确定性。

4．QFII 制度的实施会给我国的市场监管带来冲击

QFII 制度实施后，由于国外机构投资者具备庞大的资金规模及丰富的资本市场运作经验，将使得我国的市场监管水平受到非常大的考验。一方面，我国现有的资本市场制度存在一些缺陷，QFII 有可能利用漏洞以一些非常的手段来获利。而另一方面，我国证券市场的监管水平不高，力度不够，同时存在监管手段不科学、行政干预较多等问题。我国证券市场的监管依托的法律、法规也不够健全，在某些环节的监管比较松懈，而且还没有科学、完善的预警监控机制。实施 QFII 制度后，资本带着逐利的目的进入我国市场，会加剧我国资本市场的波动，从而对我国资本市场的监管带来冲击。

5．QFII 制度的实施会传导国际资本市场的波动

引入 QFII 制度后，中国股市与国外股市之间的联系将会更加紧密，国内外股市的关联度会逐渐增大。由此，国外股市的波动可能通过各种途径传导到国内，从而引起国内股

市的波动。如果大量外资机构出现问题，必然引起资金的大规模转移，它所引起的金融风险将会通过各种传导机制波及我国国内的金融市场，引起国内金融市场的动荡。

6. QFII 制度的引入可能威胁我国部分行业、企业的发展

外资机构无论是在资金实力，还是在投资的操作水平方面都优于大部分国内机构。而我国国内上市公司的资本运作水平普遍较低。虽然目前国有股、法人股还不能完全流通，但未来股票的全流通是趋势。在股票全流通的情况下，外资机构很容易通过对国内上市公司进行收购兼并来控制上市公司的所有权，从而引起国内上市公司丧失部分所有权。虽然可以通过限制单个 QFII 的股权投资比例来制约其对国内上市公司的控制，但由于对外资机构的全面监管不易，外资机构完全可以通过其关联单位来实现对国内上市公司的控制。

关键术语

负面清单　中外合资经营企业　中外合作经营企业　外商独资经营企业
中外合作开发　存托凭证　QFII　RQFII

课后练习

一、不定项选择题

1. （　　）标志着中国利用外资步入了快速发展阶段。
   A. 邓小平同志发表“南方谈话”
   B. 十一届三中全会召开
   C. 加入世界贸易组织
   D. 中国企业国际竞争力和抗风险能力仍有待提高
2. 中国直接利用外资的方式有（　　）。
   A. 中外合作经营企业　　B. 外商独资经营企业
   C. 中外合作开发　　D. 中外合资经营企业
3. 中国对外借款的主要方式有（　　）。
   A. 政府贷款　　B. 国际金融机构贷款
   C. 国际商业贷款　　D. 对外发行股票
4. 中国企业境外上市的主要模式包括（　　）。
   A. 存托凭证间接上市　　B. B 股境内上市
   C. 境外直接上市　　D. 境外买壳上市

二、判断题

1．《指导外商投资方向暂行规定》将外商投资项目划分为鼓励、允许、限制和禁止4类。（　　）

2．目前，我国新设外商投资企业数量最多的是第二产业。（　　）

3．债务率不应超过100%，否则即表示外债负担过重。（　　）

4．QFII全称是合格的境外机构投资者，是那些货币没有自由兑换、资本项目未完全开放的新兴市场国家或地区实现有序、稳妥地开放证券市场的特别通道。（　　）

三、简答题

1．外资对我国的经济发展有哪些贡献？

2．如何确定适度的外债规模？

第十章　中国对外投资

学习目标

通过学习本章内容，学生应了解中国对外直接投资的发展历程；理解中国对外直接投资的动机；掌握中国对外直接投资的战略选择；了解主权财富基金、QDII 制度及中国对外投资管理体制。

章前导读

经济全球化新形势下，中国企业如何“走出去”？

自 2008 年金融危机发生以来，世界经济一直处于低速发展的阶段，如今，经济全球化正进入一个新的时期：一方面，随着国际分工的发展、科学技术的进步和跨国资本的流动，全球化进程继续推进；另一方面，全球民粹主义、保护主义抬头，贸易纷争频繁，掀起了一股逆全球化风潮。未来，全球化与逆全球化的力量将互相激荡。面临新的全球化形势，企业如何做好全球化战略布局？又应该做出什么样的改变？以下企业的海外战略或许对其他企业可以有所启发。

“存钱不如存技术”

“存钱不如存技术”，这是正泰集团董事长南存辉一直以来坚持的理念。正泰集团每年将大量资金用于科研，按照不同产业属性，将每年销售收入的 4%～12%投入研发，并相继在北美、欧洲、亚太等地区设立了三大全球研发中心和 22 家研究院，整个集团累计已获得 4 000 多件专利授权。正是凭借在产品质量和技术创新上的不断

投入，2018 年，正泰集团营收突破 700 亿元，在全球市场竞争中脱颖而出。

有了技术，正泰集团的海外项目也一直在稳步推进。如今，正泰集团已经与 80%以上的“一带一路”沿线国家建立合作关系，产品和服务覆盖 140 多个国家和地区，比如一座由正泰集团承建的输变电项目改善了巴基斯坦信德省超高压电网的输电能力，让当地每天停电 12 小时的局面成为历史，也为工业企业生产用电提供了稳定保障。正泰集团走出了一条“产品走出去、服务走进去、技术走上去”的全球化之路。

同样注重技术的，还有 TCL 科技公司创始人、董事长李东生。20 世纪末，李东生便带领 TCL 科技公司走上国际化之路，但因为在没有做好充分准备的前提下，接连遭遇突如其来的市场变化、技术转型及互联网企业的“围剿”，TCL 科技公司曾一度面临难关，李东生也因此意识到了技术研发的重要性。2009 年，他做出了一个关乎 TCL 科技公司未来的决定——集中力量进入液晶面板这个公认的最烧钱的领域。李东生说，没有自己研发的面板和芯片技术，TCL 科技公司拿什么和其他国家的大公司竞争？

事实证明，李东生的未雨绸缪为 TCL 科技公司的未来铺就了一条金光大道。TCL 科技公司旗下华星光电生产的显示屏，连续 3 年在全球范围内保持行业效率和效益领先。

李东生认为，中国企业要做大做强，就要在积累自己的核心能力上投入更多。2018 年，TCL 科技公司在研发上投入 56 亿元。截至 2019 年上半年，TCL 科技公司申请了 6 万多件专利，其中 PCT（《专利合作条约》）专利超过了 1 万件。“这些技术能力的积累能够支撑企业发展，当然申请专利和获得专利的授权有一个时间差，另外在和很多国家竞争、比较，以及企业成长的过程中，大部分中国企业申请的专利相对价值没有那么高。但是我们首先要实现量变，才能实现质变。”

在技术研发战略实施 5 年以后，TCL 科技公司的全球化布局已经进入了“快车道”。统计数据显示，2019 年 1—5 月，TCL 电视的全球销售量突破了 1 340 万台，相比 2018 年同期上涨了 24.2%。北美、欧洲和新兴国家市场销售增长势头强劲。其中，美国市场 TCL 电视销量近乎翻倍，在 2019 年 3 月更是首次单月销量超过三星电子公司，跃居全美第一。

“中国和全球领先国家的竞争最终会落脚到技术竞争，如果有更多华为量级的企业，我相信中国的竞争力会再上一个台阶。我们就是要努力往这个方向走，这也是中国经济强大过程中必须要走的路。”李东生说。

全球投资需要本土化

与前两家企业不同，复星集团更注重于资本在经济全球化中的作用。复星集团的全球资金资源整合具有“两条腿走路”的特点，即境内融资、境内使用，境外融资、境外使用。复星集团曾发布以“中国动力嫁接全球资源”模式为基础的全球化战略布局，如今，随着经济全球化的新发展，这项战略布局也在不断完善，从“中国动力嫁接全球资源”到“全球动力嫁接全球资源”。复星集团董事长郭广昌说：“我们提出了‘Glocal’

的概念，即“Global+Local”，在全球范围内建立起对当地有深刻理解、拥有丰富行业经验、富有企业家精神的投资团队，通过这些投资团队助力复星集团在当地的发展。

“我们在巴西、日本收购了在当地已有 10～20 年经验的团队，来帮助复星集团形成全球化能力，这也是复星集团全球化战略中很重要的一块，所以，复星集团从来不是派一个人或者一个团队到某个国家（地区）做投资，我们一定是进行本土化，打造具有全球化投资能力的团队。”郭广昌说。

在进行企业全球化布局时，复星集团非常注重内生式培育和外延式扩张的双轮驱动。内生式培育是指重点产业、核心项目要有自我培育的能力；外延式扩张即以投资的方式寻找目标企业，围绕目标企业进行横向、纵向的投资并购。郭广昌希望通过这一模式，形成一批在各自行业内数一数二的核心企业，再围绕核心企业形成一个个完整的服务闭环，这些闭环将成为或大或小的开放生态系统。而在整个生态系统里，不同企业将相互赋能和驱动，不断拓展和进步。

资料来源：搜狐网，https://www.sohu.com/a/331932526_99947734

思考：

1. 正泰集团、TCL 科技公司、复星集团等企业在国际化进程中的优势是什么？你看好他们的对外投资行为吗？理由是什么？

2. 我国对外投资的政策体系和政策导向的具体内容是什么？为鼓励对外投资，我国出台了哪些保障措施？

第一节 中国对外直接投资

改革开放以来，中国顺应经济全球化趋势，在平等互利的基础上积极同世界各国开展投资合作，经济开放程度不断提高，成为经济全球化的坚定支持者和积极参与者。

一、中国对外直接投资概述

中国对外直接投资是指不借助金融工具，由投资人直接将资金转移交付给被投资对象使用的投资，如购买子公司或联营公司的股份。

2000 年，中国提出实施“走出去”战略，鼓励国内有条件的企业“走出去”参与国际经济合作与竞争。2013 年，中国提出“一带一路”倡议，鼓励资本、技术、产品、服务和文化“走出去”，对外直接投资进入全新的发展阶段。

目前，中国对外直接投资规模已稳居世界前列，对外直接投资管理体制和政策体系更加完善。中国对外直接投资的快速发展，不仅提高了中国企业的国际竞争力，推动了中国

经济的转型升级，而且与世界各国实现了互利共赢、共同发展，为建设开放型世界经济做出了积极贡献。

二、中国对外直接投资的发展历程

改革开放伊始，中国政府就做出了走出国门办企业的战略决策，使得中国企业对外直接投资从无到有、从小到大地发展了起来。总体来看，中国对外直接投资经历了以下五个阶段。

（一）初步探索阶段（1979—1984 年）

1979 年，国务院明确提出了“允许出国办企业”的经济改革措施，第一次把发展对外直接投资作为一项政策确定下来。当年 11 月，北京友谊商业服务公司与日本东京丸商业株式会社合资创办的第一家境外合资企业“京和股份有限公司”在东京开业，拉开了中国企业对外直接投资的序幕。1983 年，国务院正式授权对外经贸部审核和管理企业的对外直接投资活动。

在这一阶段，参与对外直接投资活动的企业为数不多，对外直接投资的规模较小（见表 10-1）；对外直接投资主体主要是中央和地方专业外贸公司、省市国际经济合作公司，如中国化工进出口总公司、中国五金矿产进出口总公司等；投资领域主要集中在贸易、餐饮、咨询服务、承包建筑工程等少数领域；投资区域主要分布在港澳地区和周边发展中国家；在管理上实行中央高度集中的统一管理。

表 10-1　中国非贸易性境外企业及直接投资情况（1979—1984 年）

年份	1979	1980	1981	1982	1983	1984
兴办境外企业数（个）	4	13	13	13	18	47
中方直接投资额（百万美元）	0.53	20.9	2.56	3.18	8.7	80.66

资料来源：《中国对外经济贸易年鉴》

（二）起步阶段（1985—1992 年）

随着中国对外贸易的迅速发展，政府逐步放松了对企业海外投资的限制。1985 至 1992 年间，中国第一次出现了对外直接投资的高潮，兴办境外企业数和中方直接投资额都有了较大幅度的增长，如表 10-2 所示。虽然这一阶段中国对外直接投资总额比前一阶段有所增加，但规模仍然有限。

在这一阶段，参与海外投资的国内企业类型有所增加，投资主体向大中型生产企业和金融企业扩展，如首都钢铁公司、中国国际信托投资公司等都开始对外投资；投资领域逐步向资源开发、制造加工、交通运输等行业延伸；投资的地域分布广、覆盖面大。

截至 1992 年，我国的对外直接投资活动已遍布 120 个国家和地区。

表 10-2　中国非贸易性境外企业及直接投资情况（1985—1992 年）

年份	1985	1986	1987	1988	1989	1909	1991	1992
兴办境外企业数（个）	77	92	124	169	119	157	207	355
中方直接投资额（亿美元）	0.91	0.76	3.5	1.53	2.3	0.75	3.67	1.95

资料来源：《中国对外经济贸易年鉴》

（三）调整发展阶段（1993—2001 年）

由于 20 世纪 90 年代初国际和国内经济形势变化较大，国民经济出现发展过热、投资结构不合理、物价上涨过快等现象，从 1993 年开始，国家决定实行经济结构改革，缩紧银根，以此抑制通货膨胀，实现经济软着陆。与此同时，中国的对外直接投资活动也进入清理与整顿阶段，主管部门对新的海外投资实行严格控制的审批政策，并对各部门和各地方已开办的海外企业进行重新登记，对外直接投资的发展速度开始放慢，我国兴办境外企业的数量和中方直接投资总额也都有所减少，如表 10-3 所示。

表 10-3　中国非贸易性境外企业及直接投资情况（1993—2001 年）

年份	1993	1994	1995	1996	1997	1998	1999	2000	2001
兴办境外企业数（个）	294	106	119	103	158	253	220	243	312
中方直接投资额(亿美元)	0.96	0.66	1.06	2.94	1.96	2.36	5.9	5.51	7.86

资料来源：《中国对外经济贸易年鉴》

1997 年亚洲金融危机后，为了扩大出口，国家实行了鼓励企业开展境外带料加工装配业务的方针，并形成了比较完整的鼓励政策体系。2000 年，国家正式提出“走出去”战略，并逐步实施一系列对外政策与之相配合。新的海外投资战略方针的提出预示着海外投资即将出现一轮新的快速增长。

（四）快速发展阶段（2002—2016 年）

自从 2002 年 11 月正式加入世界贸易组织以后，中国对外直接投资进入快速发展阶段，对外直接投资的政策体系也逐步形成。在一系列鼓励“走出去”政策的推动下，加之中国经济快速发展和企业竞争力不断提高，中国对外直接投资的步伐进一步加快，规模不断扩大。这一阶段，中国对外直接投资流量和累计额大幅增加，2002—2016 年，中国对外直接投资净额由 27 亿美元增加到 1 701.1 亿美元。中国累计对外直接投资额由 299 亿美元增加到 1.36 万亿美元。

在对外投资快速发展的过程中，中国不断实现对发达国家的超越。2015 年和 2016 年，中国蝉联世界第二大对外投资国，并连续两年实现对外投资的净输出。截至 2016 年底，

中国对外投资活动遍布全球 190 个国家和地区，对外投资产业覆盖了国民经济的所有行业类别，且近些年制造业和高科技产业的对外投资额不断攀升。

与此同时，中国对外投资活动仍有一些需要调整和改进的地方。首先，从对外投资累计额上看，截至 2016 年，中国对外投资累计额占世界总累计额的 5.2%，与排名靠前的国家仍有较大差距。其次，从区域分布上看，中国对外直接投资的集中程度较高，不利于分散风险。再次，从总量上看，我国对外投资大部分分布在发展中国家和地区。最后，从产业结构上看，近些年对外投资产业结构出现了一些不理性的发展势头，比如房地产业和娱乐业等的对外投资过热。

（五）稳步发展阶段（2017 年至今）

鉴于前几年对外投资在快速发展中出现的问题，有关部门自 2016 年底采取相应政策对投资活动进行了调整和指导。2017 年，房地产业及文化、体育和娱乐业没有对外投资新增项目，租赁和商务服务业、制造业及批发和零售业成为三大主要投资流向行业，占同期总流量的 65.8%，而信息传输、软件和信息技术服务业的投资占比也达到了 8.6%。中国对外直接投资逐渐回归理性发展的轨道，对外投资产业结构不断优化。

2020 年，我国对外投资保持平稳健康发展，对外投资总体实现增长。2020 年全年，我国对外直接投资总额为 1 329.4 亿美元（折合 9 169.7 亿元），同比增长 3.3%，其中，对外非金融类直接投资总额为 1 101.5 亿美元（折合 7 597.7 亿元），同比下降 0.4%。对外承包工程保持平稳发展，新签合同总额为 2 555.4 亿美元（折合 17 626.1 亿元），同比下降 1.8%。对外劳务合作派出各类劳务人员 30.1 万人，截至 2020 年 12 月末，在外各类劳务人员共计 62.3 万人。

网络资源

登录中国投资指南官网 http://www.fdi.gov.cn/，查阅《中国对外投资发展报告》，了解我国历年对外投资发展情况。

案例

“一带一路”经贸合作成果丰硕

2019 年 1—11 月，中国企业对“一带一路”沿线的 56 个国家都有新增投资，合计 127.8 亿美元，占同期对外投资总额的 12.9%。与“一带一路”沿线国家新签对外承包工程合同额 1 276.7 亿美元，占同期对外承包工程总额的 61.2%。

中国与“一带一路”沿线国家的投资合作进一步深化，一批重大合作项目有序实施，示范效应不断增强。截至 2019 年 12 月，中国已与 167 个国家和国际组织签署 199 份共建

"一带一路"合作文件，还与 44 个国家建立了双边投资合作工作组。中白工业园、泰中罗勇工业园、巴基斯坦海尔鲁巴工业园、匈牙利宝思德经贸合作区等建设成效明显，中阿（联酋）产能合作园区、中埃苏伊士经贸合作区等稳步推进。

资料来源：中国工业新闻网，http://www.cinn.cn/ydyl/202009/t20200907_ 232993.html

三、中国发展对外直接投资的动机

（一）寻求市场优势

所谓市场优势，是指东道国市场拥有吸引外国企业前往投资的因素，这些因素具体包括市场规模及潜力、市场消费模式、市场竞争状况、市场基础条件等。我国企业为寻求市场优势而开展对外直接投资的动机具体表现在以下两个方面。

1. 保持原有市场和扩大新市场

由于地区集团化日益加剧和贸易保护主义频频抬头，各国纷纷设置贸易壁垒来限制进口产品，使我国开展进出口业务的一些外贸企业原有的出口市场受到挤压。为了绕过各种贸易障碍，这些企业走出国门，进行对外直接投资，进而占领市场，保持原有的出口份额。还有的企业采用"迂回进入"策略，到能进入第三国市场的东道国进行投资，以突破配额限制，最终实现扩大市场范围的目标。

2. 寻求消费层次更高的市场或转移技术优势

科技产品的迭代更新速度快，但国内消费需求有限，消费市场增长又较为缓慢，因此，拥有相关技术和产品的企业通过在消费和需求层次比较高的发达国家直接投资来进行生产与销售，以获得更高的销售额和更多的市场份额。另外，对非洲、拉美地区的一些发展中国家而言，中国的家电、纺织、食品加工等产品及技术具有明显的适用性，因而处于相关产业的企业会选择到上述发展中国家去投资，进而利用技术优势获得超额利润。

（二）寻求资源优势

此处所说的资源优势是一个广义的概念，它不仅包括东道国的矿产、森林、海洋、耕地等自然资源，还包括其科技、信息、劳动力、资金与国际关系等社会资源。拥有上述资源的东道国是谋求资源优势的企业理想的投资目的地。

1. 寻求丰富的自然资源和人力资源

由于国内的矿产、森林、海洋等自然资源有限，国内不少企业纷纷投资海外，有的通过开采取得自然资源，从而直接控制原材料来源；有的直接利用当地特有的资源，投入部分资金，生产具有当地特色的产品。与此同时，随着国际竞争的白热化，企业对高级研究开发人才的需求也日益增长。一些企业纷纷着手建立全球性的开发网络，利用其投资地的人才优势和智力资源，直接参与国际先进科技领域的开发与合作，以在全球竞争中抢占制高点。

2. 寻求先进技术

为弥补自身科技力量的不足，许多国内企业积极开展跨国技术导向型投资，购买或兼并东道国具有技术优势的企业，以获得最新的内部技术资料和信息，或者通过建立合资、合作企业，实现先进技术和管理技能的学习、消化和吸收。例如，华为在加拿大渥太华设立的先进技术研发中心是华为全球 5G 研发四大核心机构之一，10 多年来华为与加拿大当地的 13 家大学和科研机构密切合作，共同研发新技术，还拿出超过 5 000 万加元来资助当地大学开展研究工作。

3. 利用国外资金

在资本市场较为发达的国家，融资渠道多，贷款条件优惠，服务信用好，获得国际资本的机会远比国内多。于是，我国的一些企业为了解决自身资金短缺及融资渠道不畅的问题，以有限的资金到发达国家和其他发展中国家进行投资，从而吸收更多的资金。这些企业或是通过与东道国企业合资开办企业，以达到利用对方资金的目的；或是利用自己和东道国合作方的信誉，向东道国金融机构贷款筹集资金；或者通过融资租赁的方式进行融资。

（三）寻求环境优势

此处所指的环境优势是指东道国在政治环境、法律环境、经济环境和文化环境等方面所具有的优势。企业为寻求环境优势对外投资，主要体现在以下两个方面。

1. 寻求政策优惠

一些国家为了吸引外资，在税收、融资、外汇管理和关税等方面实行优惠政策，增强了自身的区位优势。例如，美国各个州、县、市的政府为吸引外资制定了许多优惠政策，只要新设企业在当地投资并雇用了员工，就可以享受包括减免税在内的各种优惠政策，因此吸引了一大批企业前去投资。

2. 寻求产业集群

产业集群是指在特定区域中具有竞争或合作关系，且在地理上集中，有交互关联性的企业、供应商、金融机构、相关产业的厂商及其他相关机构等组成的群体，如美国的硅谷。产业集群超越了一般的产业范围，形成特定地理范围内多个产业相互融合、众多类型机构相互联结的共生体，构成这一区域特色的竞争优势。产业集群发展状况已经成为考察一个经济体或某个区域和地区发展水平的重要指标。

（四）发挥自身优势

为发挥自身优势而走出国门也是我国企业对外直接投资的原因之一，具体表现在以下几个方面。

1. 发挥技术优势

我国在航天、原子能、生物工程、激光技术、超导材料等方面已接近或达到世界先进水平，但是这些新技术、新产品在国内市场的需求不足、利用率低，而在国际市场却前景广阔。因此，拥有这类技术的企业为了输出自己的优势技术，纷纷到西欧、北美及亚太地区的一些发达国家进行直接投资。

2. 发挥传统产品的优势

我国的中药、园林、烹饪技术等传统产品与技艺具有鲜明的特色，为特定消费者所钟爱。因此，在侨民集中的地区直接投资设厂，生产具有中国传统特色的商品，是中国发展对外直接投资的一种特有优势。

3. 发挥物美价廉的竞争优势

物美价廉是跨国公司抢占国际市场份额的秘密武器。由于中国在人员、设备、原材料等方面的成本较低，加之广告费、管理费所占比重不高，中国的跨国公司生产的产品能以较低的价格进入东道国市场，进而扩展到第三国市场和国际市场。

四、中国对外直接投资的战略选择

（一）对外直接投资的区位选择

所谓对外投资的区位选择，就是确定在哪个国家或地区投资能够获得最佳的经济效益。在分析区位条件时，应侧重于对该区域的优势进行分析，包括地理位置、自然资源、民族习惯、禁忌、与他国的关系、政治稳定程度、政府办事效率、法律保障、经济发展重点及前景、交通运输、税收政策、劳动力资源、土地成本等多种因素。下面简要分析一下世界上主要国家和地区的区位优势。

1. 发达国家和地区

发达国家和地区是指那些经济和社会发展水平较高，人民生活水平较高的国家和地区，它们是目前世界上对跨国投资者最具吸引力的国家和地区。发达国家大多位于欧洲，还包括亚洲的日本、韩国、以色列、新加坡，以及美国、加拿大、澳大利亚和新西兰。发达国家通常具有以下几个方面的区位优势。

（1）市场容量大，现实购买力强。所有发达国家的国内生产总值占世界生产总值的2/3左右，人均国民生产总值最低也在1万美元以上，最高的超过了10万美元，这无疑是目前世界上购买力最强的地区市场。

（2）金融环境优越，资本市场发达。欧美等国家拥有为数众多的金融机构和金融工具，金融自由化程度较高，可以降低融资成本和财务风险，同时，充分利用其雄厚的资本市场，能确保有市场潜力的技术或产品快速获得启动资金，进而迅速转化为生产力，并且通过股票上市、并购等运作大量扩充资金，从而给企业带来高额回报。中国的企业更应努力利用发达国家的资本市场。

（3）物质力量雄厚，科学技术发达。欧美等发达国家都拥有完备的基础设施，从而

为企业的发展提供了便利条件。同时，这些国家的科学技术高度领先，是世界上前沿科技信息的主要来源地。中国有实力的大企业都力争进入这些区域，通过合资办厂或在这些地方设立研究开发机构，直接获得先进技术与管理经验，并掌握最新的科技信息。

从总体上看，中国的科学技术水平与发达国家相比，确实存在一定的差距，但某些行业或项目（如软件技术、某些微电子产品和家用电器等）已同一些发达国家的水平相当接近，个别技术甚至超过了某些发达国家，如航天技术和某些遥控遥测技术。此外，由于产品周期的变化和产业结构的调整转移所提供的大量机会，以及诸如贸易业、房地产业等大量非技术型投资领域的存在，技术的差距并不构成中国企业进入发达国家的障碍。因此，中国企业已具备到发达国家投资的相对优势，可以充分利用发达国家的区位优势，从而获得自身的成长和壮大。

2. 东南亚国家和地区

东南亚国家和地区与我国地域的邻近，无疑是中国对外直接投资的一个战略重点区域，该地区的区域优势主要表现在以下几个方面。

（1）这些国家和地区拥有大量人口，是世界上最具潜力的区域市场。

（2）这些国家和地区的经济技术水平同我国比较接近，中国的不少产品和技术在该地区有着广阔的潜在市场。它们中的一些国家或地区，特别是东亚的几个工业化国家或地区成长迅速，从而创造了较大的现实市场，也形成了相对优越的投资环境。

（3）这些国家与我国有相似的语言文化背景，并拥有广大的华侨群体。这些华侨不仅熟悉当地的投资环境，而且与国内保持着不同程度的联系。由此，借助华侨的力量，有利于减少中国企业投资的进入障碍，同时又能增加当地市场对中国传统特色商品和一些特殊商品的需求。

与发达国家相比，东南亚及周边国家和地区的投资环境并不算优越，但其经济的发展水平与市场状况为中国企业发挥相对优势提供了广阔的空间，因此，中国企业在该区域寻找区位优势的同时，应更侧重于发挥自身的相对优势，保护和扩大中国传统的出口市场，同时加快和推动中国“有进有退，有所为有所不为”的产业结构的调整和转移。

3. 东欧地区国家、俄罗斯及其他独联体国家

东欧地区国家、俄罗斯及其他独联体国家正在成为世界上另一个迅速崛起的吸引投资的热点地区。该地区的区域优势主要表现在以下几个方面。

（1）这些国家同中国有着长期的经济、技术以及社会文化方面的交往和联系，中国不少企业和部门对它们的产业技术和社会环境等有着较为深入的了解。

（2）这些国家拥有仅次于西方工业化国家的技术和经济基础及相当丰富的自然资源。

（3）这些国家由于过去在经济战略上的失误，为中国一些具有比较优势的消费工业（如传统的轻工、纺织、食品、新兴的家用电器等）向其内部市场进入和扩展提供了广泛的机会。对这一区域，中国企业应将谋求区位优势和发挥自身相对优势并重，积极开展海

外直接投资。

4. 非洲地区

非洲地区资源丰富，劳动力成本较低，经济发展与地区合作势头在逐步加强。中国企业对非洲的投资领域集中在建筑、采矿、制造业、金融、科学和技术服务业等行业；投资区域集中在南非、尼日利亚、埃塞俄比亚、赞比亚、埃及、苏丹和阿尔及利亚等国。

鉴于目前非洲仍是世界上经济较为落后的地区，因此对于这一区域，中国企业应积极采取重点市场开拓战略，即首先选择一些经济和政治条件比较好的国家，利用自己的行业优势进行重点突破，并以此为中心，逐渐向周边地区扩展。

综上所述，中国企业海外投资的区域选择应以巩固和扩大对发展中国家和地区的海外直接投资为基本导向，充分发挥自身相对竞争优势；以加快发展对发达国家直接投资为主导方向，积极利用其区位优势；同时，积极、慎重地发展对东欧、独联体、非洲等国家和地区的直接投资，实施全方位、多元化、多层次的投资区位分布战略。

（二）对外直接投资的方式选择

对外直接投资的方式分为股权投资和非股权投资。

1. 股权投资

所谓股权投资，是指以资金形式在国外投资经营企业，并控制企业全部或部分的所有权和控制权的投资。

依据自身实力的不同，企业可以灵活选用股权投资方式参与海外投资。每种方式的实施都需要从企业自身的实力和东道国的特点两个方面加以考虑。

（1）对于技术先进、经济实力雄厚、管理水平较高、具备完善的国际营销渠道的企业来说，如果企业对东道国的资源和市场没有特殊的要求，且东道国经济实力较弱，则可以在海外设立独资企业或以拥有95%以上股权的方式参与投资。

（2）那些技术不太先进，产品在市场上的竞争力不强，缺乏完善的营销网络，且对东道国的资源和市场还有一定的特殊要求的企业，一般对海外企业的股份要求不高，往往以拥有海外企业51%以上股权的方式参与投资。

（3）对于技术水平一般、产品毫无特色、企业规模较小、管理水平不高，并且在市场竞争中没有任何优势的中小型企业来说，如果对进入国际投资市场的经验还不足，对国际经济环境和东道国的相关情况尚未全面了解，则应以拥有49%以下海外企业股权的方式参与投资，以求得在激烈的国际投资竞争中先站稳脚跟，然后再争取将来投资业务的拓展。

拥有股权的多少也与东道国的投资环境有关，例如，对于欧盟成员国和自主意识较强的发展中国家，企业应以拥有少数股权的方式参与投资，因为这些国家对外国公司在本国投资的控股比重会有各种形式的限制，并且对外国投资商的戒备心较强，不利于企业大力拓展海外经营业务。另外，拥有少数股权也有利于减少中国企业的海外经营风险：一方面，投资较少可以分散和减少经营不善的风险，另一方面，由于东道国也参与了投资，这必然

会调动东道国经营企业的积极性，促使东道国政府在贷款、税收、销售、运输等多方面给予优惠和支持。

2. 非股权投资

所谓非股权投资，是指不以持有股份为主要目的的投资方式，包括技术授权、管理合同、生产合同、共同研究开发、合作销售、共同投标和共同承揽工程项目等方式。其中，技术授权和管理合同是通过提供技术和管理收取一定的提成，生产合同是指通过向当地企业提供设备、原材料、生产方法、操作工艺等，按合同获取一定的利益，但生产活动由当地企业自行负责。

通过非股权投资，企业既可以减少投资，又可以通过利用技术管理和销售机制获得相应的利润，同时还可以通过这些先进技术、管理方法和销售措施对当地企业施加影响。因此，在对发展中国家进行投资时，如果我国企业在技术、管理和营销等方面具有充分的优势，则可以考虑非股权投资。

（三）对外直接投资的产业选择

在选择要投资的产业时，不仅要分析该产业所处的发展阶段、发展前景、产品供求状况、目标市场竞争情况、产业的整体生产技术水平，以及本企业在该产业中有无优势，还要考虑东道国对该产业的投资政策和法规，以及东道国的经济发展水平。因此，我国企业现阶段对外投资的产业选择，既要遵循当代国际直接投资的一般规律，又必须从产业成长的阶段性特征出发，经过全面、系统的分析，扬长避短，只有这样才能在激烈的国际市场竞争中占据有利地位，从而获得最大的投资效益。

1. 对发展中国家投资的产业选择

对发展中国家的产业投资主要集中于以下几个方面。

1）资源开采

许多发展中国家的自然资源十分丰富，但由于受到本国生产技术水平的限制，资源得不到开发。我国企业可在平等互利、共同发展的原则下，在维护东道国经济利益的基础上进行资源的合作开发。值得注意的是，由于资源开发行业存在投入资本多、周期长、运输任务重、投资区位有限，以及潜在政治风险较大等不利因素，因此投资者需要慎重进行投资选择。

2）提供适用技术

由于受资金、技术、劳动、就业等因素的影响，发展中国家的经济发展长期处于不平衡状态，单一的经济结构仍然存在。已建成的制造工业结构中多为劳动密集型工业，需要大量适用的中间技术。而中国已经形成了较为完整的工业体系，许多生产技术已趋于成熟，可向发展中国家提供适用性强、实用价值高的技术。

3）发展对外承包

对外承包是指以提供劳动力资源、建筑设备、建筑材料等实物形式参与项目工程建设。

发展中国家具有广阔的工程承包市场，中国的工程承包公司应采取多种形式，实现多产品、多元化经营。

2. 对发达国家投资的产业选择

中国企业在欧美等发达国家的投资领域十分广泛，并且呈现日益多元的投资布局。其中，值得重点关注的投资领域主要有以下几个。

1）金融领域

海外市场具有巨大的金融服务需求。一方面，人民币国际化导致的跨境贸易结算，为中资金融机构在海外市场创造了清算和结算服务需求。另一方面，中国企业在海外市场快速扩张对支付结算、项目贷款、并购贷款、经营性贷款、结构化融资、全球现金管理等综合性金融服务产生大量需求。

2）基础设施领域

国际金融危机对发达国家的一个重要启示是要推行结构性改革和改善供给面，但经济低迷导致国家对基础设施建设的支出疲弱，于是这些国家加大了在基础设施领域引进外资的力度。对于中国企业而言，发达国家的基础设施领域能够提供风险相对较低、回报持续稳定的投资机会。

3）高端消费品行业

面对国内消费者对高端产品日益增长的需求，不少中国企业一直苦于无法实现产品的高附加值和高端品牌定位。进入门槛高、品牌历史悠久、原材料相对稀缺的高端消费品行业，直接参与世界级企业的竞争而非白手起家树立品牌，成为不少中国企业的理想选择。

2020 年中国对外直接投资的主要特点

2020 年，我国对外直接投资主要呈现以下几个特点。

一是对“一带一路”沿线国家投资合作稳步推进。2020 年，我国企业对“一带一路”沿线 58 个国家非金融类直接投资 177.9 亿美元，同比增长 18.3%，占同期总额的 16.2%，较上年提升 2.6 个百分点。在沿线国家新签承包工程合同额为 1 414.6 亿美元，完成营业额 911.2 亿美元，分别占同期总额的 55.4%和 58.4%。

二是流向租赁和商务服务、批发零售、科学研究和专业技术服务、电力生产供应等领域的投资增长较快。2020 年，流向租赁和商务服务业的投资为 417.9 亿美元，同比增长 17.5%；流向批发和零售业的投资为 160.7 亿美元，同比增长 27.8%；对电力生产和供应、科学研究和技术服务的投资分别增长 10.3%和 18.1%。

三是地方对外投资活跃。2020 年，地方企业对外非金融类直接投资 807.5 亿美元，同比增长 16.4%，占同期对外直接投资总额的 73.3%。

四是对外承包工程新签项目的八成集中在基础设施领域。2020 年，我国企业承揽的境外基础设施类工程项目共 5 500 多个，累计新签合同额超过 2 000 亿美元，占当年合同总额的 80%。

第二节 中国对外间接投资

一、中国对外间接投资概述

中国对外间接投资是指在国际金融市场购买外国证券的投资，是中国投资者以取得利息或股息、分得红利等资本增值形式为目的，以被投资国的证券为主要对象的投资。其特点是投资者不直接参与所投资企业的经营和管理，对企业经营无控制权。中国对外间接投资包括证券投资和国际贷款。除带有政治意味的国际贷款外，中国对外间接投资主要表现为主权财富基金投资和 QDII 投资。

与对外直接投资相比，对外间接投资的资金调用比较灵活，投资人可以随时出售证券以进行资金转移。

二、主权财富基金

（一）主权财富基金的概念及特点

所谓主权财富，是指一国政府通过特定税收与预算分配、可再生自然资源收入和国际收支盈余等方式积累形成的、由政府控制与支配的、通常以外币形式持有的公共财富。

主权财富基金是一国利用主权财富所创立的，以提升本国经济和居民福利为目标的机构投资者。主权财富基金代表着一个国家对资产的投资再利用，其目标是通过在全球市场的投资实现国家财富的增加。截至 2021 年 1 月，挪威政府全球养老基金为全球规模最大的主权财富基金，其资产管理规模约为 10 780 亿美元。

与一般的投资基金相比，主权财富基金在资金来源、经营实体等方面有着显著的特点，其具体表现在以下三个方面。

1. 特殊的资金来源

主权财富基金主要来源于外汇储备盈余和自然资源出口盈余。前者主要以亚洲地区的新加坡、马来西亚、韩国、中国台湾地区、中国香港地区为代表；后者包括石油、天然气、铜和钻石等自然资源的外贸盈余，主要以中东、拉美地区为代表。当然，也有的主权财富基金以国际援助基金（乌干达的贫困援助基金）及发行特别国债（中国）作为自己的资金来源。

2. 浓厚的政府背景

主权财富基金必然同一个国家或地区的政府存在密切联系，因此各个主权财富基金都带有一定的政治色彩。有的由独立于财政部和中央银行的专业投资机构进行管理，如新加坡投资公司等；有的由中央银行下设专业机构进行管理，如挪威政府养老基金。虽然各个主权财富基金都强调其商业性、专业性和独立性，但从本质上来讲它们都是由政府拥有、控制与支配的，具有浓厚的政府背景。

3. 庞大的资金规模

特殊的资金来源和浓厚的政府背景使得主权财富基金的规模极为庞大。截至 2017 年底，全球共有约 40 个国家设立了主权财富基金，它们管理着 6.59 万亿美元的财富，其中中东产油国拥有全球主权财富基金的 45%，亚洲地区拥有全球主权财富基金的 33%左右。

（二）中国的主权财富基金

目前，中国的主权财富基金主要包括中国投资有限责任公司、香港货币局投资组合、中国华安投资有限公司和全国社保基金。从严格意义上来讲，全国社保基金由于不持有外汇资产，不能算作主权财富基金。而中国华安投资有限公司又较为低调，很少披露信息，因此在我国，主权财富基金一般是指中国投资有限责任公司。

中国投资有限责任公司（以下简称“中投公司”）成立于 2007 年 9 月 29 日，是依照《中华人民共和国公司法》设立的国有独资公司，组建宗旨是实现国家外汇资金多元化投资，在可接受的风险范围内实现股东权益最大化。公司总部设在北京，注册资本金为 2 000 亿美元。中投公司在全球范围内开展投资，资产类别包括公开市场股票、固定收益、另类资产以及现金产品。其中，公开市场股票指对上市公司的股权投资；固定收益包括国债、公司债等各种债券产品；另类资产包括对冲基金、泛行业直接投资、泛行业私募基金、大宗商品、房地产、基础设施等；现金产品包括现金、隔夜存款及短久期美国国债等。2019 年，中投公司境外投资净收益率为 17.41%。截至 2019 年 12 月 31 日，中投公司过去 10 年累计年化净收益率为 6.60%，自成立以来累计年化净收益率为 6.13%。

中投公司下设 3 个子公司，分别是中投国际有限责任公司（以下简称“中投国际”）、中投海外直接投资有限责任公司（以下简称“中投海外”）和中央汇金投资有限责任公司（以下简称“中央汇金”）。

中投国际于 2011 年 9 月设立，承接了中投公司当时所有的境外投资和管理业务。中投国际开展公开市场股票和债券投资，对冲基金、多资产和房地产投资，泛行业私募（含私募信用）基金委托投资、跟投和少数股权财务投资。中投海外于 2015 年 1 月成立，是中投公司对外直接投资业务平台，开展直接投资和多双边基金管理。中央汇金根据国务院授权，对国有重点金融企业进行股权投资，以出资额为限代表国家依法对国有重点金融企

业行使出资人权利和履行出资人义务，实现国有金融资产保值增值。中央汇金不开展其他任何商业性经营活动，不干预其控参股的国有重点金融企业的日常经营活动。

三、QDII 制度

（一）QDII 的概念

QDII 是合格的境内机构投资者（Qualified Domestic Institutional Investor）的英文简称，是指在人民币资本项目下不可自由兑换、资本项目未完全放开的条件下，经有关部门批准，允许符合条件的境内基金管理公司和证券公司等机构，投资境外资本市场的股票、债券等有价证券的一种制度安排。

QDII 制度由中国香港政府部门最早提出，与 QFII 一样，是在外汇管制下内地资本市场对外开放的权宜之计，以容许在资本账目未完全开放的情况下，国内投资者前往海外资本市场进行投资。设立该制度的直接目的是进一步开放资本账户，以创造更多外汇需求，使人民币汇率更加平衡、更加市场化，并鼓励国内更多企业走出国门，从而减少贸易顺差和资本项目盈余，直接表现为让国内投资者直接参与国外的市场，并获取全球市场收益。

目前的 QDII 投资框架为由国务院规定 QDII 总额度，由中国银保监会、中国证监会对机构资质进行审核并规定境外投资范围等，最后由国家外汇管理局对 QDII 机构投资额度进行审批，并对资金汇入汇出等进行监督和检查。

QDII 是目前境内居民投资境外证券市场的一个主要渠道。截至 2020 年 12 月，已有累计 169 家 QDII 机构获得 1 166.99 亿美元的投资额度。

（二）QDII 的分类

按照投资主体的不同，我国目前具有 QDII 资格的金融机构分为保险系 QDII、银行系 QDII、证券系 QDII 和信托系 QDII 等。其中，保险系 QDII 包括寿险公司、财险公司和保险资管公司；证券系 QDII 包括券商、券商资管公司和公募基金公司。QDII 额度最高的为证券系 QDII，获批额度为 435.2 亿美元，占总额度的 44.26%，其次是保险系 QDII，获批额度为 328.43 亿元，占总额度的 33.40%。这四类 QDII 的主要特点如下。

（1）保险系 QDII 运作的是保险公司自身在海外的资产，一般不对个人投资者开放。

（2）银行系 QDII 大多投资境外的固定收益类产品，也可以投资境外股票，总体而言，属于风险居中、收益也居中的 QDII，其认购门槛较高。

（3）证券系 QDII 的投资不受限制，可以用 100%的资金投资于境外股票，因此其风险和收益都比银行系 QDII 高得多。由于采用基金的形式发行，因此其认购门槛比银行系低得多，往往 1 000 元起步。

（4）信托公司获批开展 QDII 业务的资格，并不意味着有额度可以使用。目前近四成的信托公司通过申请审批后，因为没有 QDII 业务额度而迟迟没有开展业务。

（三）QDII与传统境外理财的区别

传统境外理财即传统商业银行代客境外理财业务，是指经中国银保监会批准的商业银行，通过向境内居民发行以人民币标价的境外金融产品，将募集的人民币资金，统一购买成外汇，投资境外金融产品的一项业务。投资本金和收益汇回国内后，商业银行将其结汇并以人民币方式支付给境内居民。虽然QDII制度只是人民币资本项目未开放时的一项特定的制度，但QDII相比传统代客境外理财业务有了进一步开放的迹象。总体看来，QDII与传统境外理财的区别主要有以下几点。

1．可投资证券种类不同

传统银行代客境外理财业务可以投资海外的固定收益类产品，但不得直接投资于股票及其结构性产品、商品类衍生产品，以及BBB级以下债券和票据。QDII允许内地居民以外汇投资境外资本市场，没有股票投资比例上限，也允许进行金融衍生品投资。

2．风险不同

在传统的银行理财业务中，客户与银行之间是交易关系，客户购买的是银行设计的产品。而开展QDII业务时，投资者与银行之间是一种委托与被委托的关系，银行只是对投资者的资金进行投资管理，并从中收取管理费，投资的收益和亏损由投资者自己承担。与此同时，QDII投资除汇率风险外，还具有资本市场的系统风险和非系统风险，相比代客境外理财来说风险更大，可能出现到期实际收益为负的情况。

3．期望收益率不同

由于可投资金融产品的种类和风险不同，QDII的预期收益一般高于银行代客境外理财产品。相比之下，传统银行代客境外理财业务的收益率一般不会超过其预先设定的最高收益率。

不同种类的QDII基金的收益率是不同的。QDII的收益主要取决于投资品种和投资区域。一般来讲，银行的QDII产品大多投资于境外资本市场的债券和货币性工具等固定收益类的金融产品，投资股票的比例一般不会超过50%，所以收益相对稳健但比较低；证券系QDII产品大多投资于境外的股票市场，有的证券系QDII投资股票的比例可以达到100%（如南方全球精选配置证券投资基金），所以预期收益会比较高。投资于新兴市场的QDII预期收益率会比较高，因为新兴市场具有良好的增长性；投资于成熟市场的QDII预期收益会比较低，因为成熟市场的稳定性较高而增长性有限。

4．发行货币不同

传统银行代客境外理财业务募集的是境内机构和个人的人民币资金，银行通过购汇投资于境外固定收益类产品。QDII在境外进行的投资，要求境内机构和个人必须拥有外汇，否则，投资者需自行购汇后才能进行投资。另外，QDII也不能像传统代客境外理财业务那样可通过一定手段规避人民币汇率风险。

第三节 中国对外投资管理

一、中国对外投资管理体制的演变

改革开放以来，中国对外投资管理体制经历了一个逐步放宽的过程。改革开放初期，中国外汇资金短缺严重，企业缺乏国际经营经验，对外投资实行审批制。从20世纪90年代末期开始，随着中国经济实力的不断增强和外汇储备的快速增长，对企业开展对外投资的管理不断简化。

2004年7月，国务院发布《关于投资体制改革的决定》，标志着中国开始正式实施以核准制为主的对外投资管理体制，发展改革部门负责境外投资项目的管理，商务部门负责对境外设立企业的管理。2008年8月，国务院发布《中华人民共和国外汇管理条例》，由实行强制结售汇转为实行意愿结售汇的外汇管理新体制。2014年，国家发展和改革委员会发布的《境外投资项目核准和备案管理办法》，商务部发布了《境外投资管理办法》，标志着中国对外投资管理由“核准为主”转变为“备案为主，核准为辅”，大幅简化了审核手续，并将更多的权限下放。除涉及敏感国家和地区、敏感行业的投资项目需核准外，其他境外投资项目均实行备案管理。

知识窗

强制结售汇和意愿结售汇

强制结售汇是指除国家规定的外汇账户可以保留外，企业和个人必须将多余的外汇卖给外汇指定银行，外汇指定银行必须把高于国家外汇管理局头寸的外汇在银行间市场卖出。意愿结售汇是指外汇可以卖给外汇指定银行，也可以开立外汇账户保留，结汇与否由外汇收入所有者自己决定。

根据国家外汇管理局2015年2月发布的《关于进一步简化和改进直接投资外汇管理政策的通知》，自2015年6月1日起，取消境内企业境外直接投资的外汇登记核准，改为“银行办理、外管监督”的模式，具体包括：第一，取消直接投资项下外汇登记核准，境外投资主体可直接到银行办理境外直接投资项下相关外汇登记。第二，取消境外再投资外汇备案。境内投资主体设立或控制的境外企业在境外再投资设立或控制新的境外企业时，无须办理外汇备案手续。第三，取消直接投资外汇年检，改为境外直接投资存量权益登记，放宽登记时间，允许企业通过多种渠道报送相关数据。第四，加强事中事后监管。改革后，主要由银行通过外汇局资本项目信息系统办理和完成企业境外直接投资的相关外汇登记手续，而国家外汇管理部门的职能逐步转变为事后监管。

2015年和2016年，中国连续两年都是对外直接投资的净流出国，急剧增长的对外直接投资进一步推动了我国投资便利政策的发展。2017年年底，发改委发布《企业境外投资管理办法》，2018年1月，商务部联合多个部门发布《对外投资备案（核准）报告暂行办法》。这次调整主要是在原有管理体制基础上进一步提升了对外投资便利程度及对其的监管力度。一方面推行“鼓励发展+负面清单”的管理办法，明确限制类投资领域，加强了对外投资政策的透明度和引导性，便于企业开展对外投资；另一方面，通过建立分级分类管理体制、实行对投资最终目的地备案（核准）、规范对外投资企业备案（投资）后定期报告制度、采用“重点督查”和“双随意、一公开”的事后监管，并结合同期对信息服务平台的建设，全方面提高对我国对外直接投资活动的管理力度和效率。

总的来说，我国多年来不断结合对外直接投资活动实践调整政策，大幅提升了对外直接投资便利化水平，最新政策为我国实现更高水平的对外投资便利化发展提供了方向。

二、中国对外投资的政策体系与政策导向

中国实施互利共赢的开放战略。中国开放的大门不会关闭，只会越开越大。2013年，中国提出建设“一带一路”的宏伟倡议，得到国际社会的广泛响应，成为国际合作新模板、新典范。中国政府以“一带一路”建设为引领，秉持“共商、共建、共享”原则，积极稳妥推进对外投资合作。一方面，中国政府加快完善对外投资风险防范体系，引导和规范企业对外投资方向，加强事前、事中、事后全过程监管，积极应对跨国投资面临的政治、经济、金融和社会等方面的风险，促进对外投资持续健康发展。另一方面，中国政府采取了一系列推进境外投资便利化的政策和措施，不断完善“走出去”公共服务平台，积极构建对外投资合作机制，释放了企业对外投资活力。

（一）对外投资的政策体系

中国政府相关部门致力于对外投资促进体系建设，通过加强规划引导、政策支持、综合服务等手段，鼓励有条件的各类企业积极开展对外投资合作。目前，中国已形成较为完善的、多层次的对外投资政策体系。

1. 宏观政策引导体系

为促进国内企业协调、有序和高效地“走出去”，国家发展改革委等有关部门推动出台了多项对外投资合作发展规划和政策。2015年3月，国家发展改革委、外交部、商务部联合发布了《推动共建丝绸之路经济带和21世纪海上丝绸之路的愿景与行动》，明确了共建“一带一路”的主要内涵，支持有条件的企业按商业原则开展对外投资。

2017年8月，国务院办公厅转发了国家发展改革委、商务部、人民银行、外交部联合

发布的《关于进一步引导和规范境外投资方向的指导意见》，按“鼓励发展+负面清单”模式引导和规范企业境外投资方向，明确了鼓励、限制和禁止等三类境外投资活动。一是支持境内有能力、有条件的企业积极稳妥开展境外投资活动，推进“一带一路”建设，深化国际产能合作，带动国内优势产能、优质装备、适用技术输出，提升我国技术研发和生产制造能力，弥补我国能源资源短缺，推动我国相关产业提质升级。二是限制境内企业开展与国家和平发展外交方针、互利共赢开放战略及宏观调控政策不符的境外投资。三是禁止境内企业参与危害或可能危害国家利益和国家安全的境外投资。

表 10-4 列明了中国政府关于规范境外投资方向的具体内容。

表 10-4　中国政府关于规范境外投资方向的具体内容

类别	行业或内容
鼓励开展的境外投资	有利于“一带一路”建设和周边基础设施互联互通的基础设施境外投资；带动优势产能、优质装备和技术标准输出的境外投资；与境外高新技术和先进制造业企业的投资合作，在境外设立研发中心；稳妥参与境外油气、矿产等能源资源勘探和开发；农林牧副渔等领域互利共赢的投资合作；有序推进商贸、文化、物流等服务领域境外投资，支持符合条件的金融机构在境外建立分支机构和服务网络
限制开展的境外投资	赴与我国未建交、发生战乱或者我国缔结的双多边条约或协议规定需要限制的敏感国家和地区开展境外投资；房地产、酒店、影城、娱乐业、体育俱乐部等方面的境外投资；设立无具体实业项目的股权投资基金或者投资平台；使用不符合东道国技术标准要求的落后生产设备开展境外投资；不符合东道国环保、能耗、安全标准的境外投资
禁止开展的境外投资	未经国家批准的军事工业核心技术和产品输出的境外投资；运用我国禁止出口的技术、工艺、产品的境外投资；赌博业、色情业的境外投资；我国缔结或参加的国际条约规定禁止的境外投资；其他危害或可能危害国家利益和国家安全的境外投资

资料来源：《关于进一步引导和规范境外投资方向的指导意见》，中央人民政府，2017 年 8 月 18 日

2．多层次对外投资促进体系

经过多年发展，中国已初步建立了覆盖全国范围的多层次对外投资促进体系。其主要包括以下内容：一是政府间签署的双边或多边产能与投资合作机制；二是中国国际贸易促进会、中国海外产业发展协会等全国性和综合性的对外投资促进机构；三是从省级到基层的相关地方对外投资促进机构；四是各行业协会成立的国际产能合作企业联盟。各层次间互为补充，共同促进中国企业对外投资。

3．金融财税支持体系

截至 2016 年底，中国设立了中非合作基金、中拉产能合作基金、中非产能合作基金、中阿（阿联酋）投资合作基金等十余个对外投资合作基金，帮助企业降低对外投融资成本。支持企业获取境外低成本资金、优化债务结构，为“走出去”开辟稳定的境外融资渠道，我国在 2015 年 9 月实行了外债备案登记制改革，2016 年全年备案登记企业境外发债规模超过 1 900 亿美元。此外，国家开发银行、中国进出口银行及中国出口信用保险公司等开

发性、政策性金融机构，以及各商业性金融机构，均通过多种方式加强对企业“走出去”的金融支持。截至2016年底，中国与54个国家签署了避免双重征税协定，着力为企业创造良好的税务环境。

4. 对外投资综合服务体系

加强境外投资合作信息平台建设。国家发展改革委、商务部、中国出口信用保险公司、中国社会科学院等政府部门、金融机构和智库定期发布对外投资领域的年度报告，如《对外投资合作国别（地区）指南》《中国对外投资合作发展报告》《中国对外直接投资统计公报》《国别投资经营便利化状况报告》等；机制化地举办各类对外投资和国际产能合作论坛和展会，如中国—东盟博览会国际产能合作专题论坛、中部国际产能合作论坛、西部国际产能合作论坛、国际产能合作论坛暨企业对外投资洽谈会等，帮助“走出去”的企业搭建合作平台，积极促成与各国企业的投资合作。

5. 对外投资风险防范体系

中国政府也在不断改进境外企业和对外投资安全工作，在国家安全体系建设总体框架下，完善统计监测，加强监督管理，健全法律保护，加强国际安全合作，研究制定企业海外经营行为规范。鼓励企业设立海外投资风险评估部门，加强与国际机构、跨国公司、东道国企业和中介组织的合作，对投资地区或国家的政治动向、监管政策、安全形势、各利益相关方诉求等方面进行综合分析，科学评估投资项目收益和风险。加强政府各部门、驻外机构和使领馆的沟通协调，在中国海外投资利益受到损害时，协同运作，互相配合，支持中国企业维护海外权益。

（二）对外投资的政策导向

对外投资服务于国民经济和社会发展全局。中国对外投资按照统筹推进“五位一体”总体布局和协调推进“四个全面”战略布局的要求，牢固树立和贯彻落实新发展理念，坚定奉行互利共赢的开放战略，坚持稳中求进工作总基调，以供给侧结构性改革为主线，以“一带一路”建设为重点，进一步引导和规范企业对外投资方向，促进企业合理有序开展对外投资活动，防范和应对对外投资风险，推动对外投资持续健康发展，实现与东道国互利共赢、共同发展。

中国政府相关部门按照“企业主体、市场导向、商业原则、国际惯例、互利共赢、防范风险”的原则，支持企业开展对外投资活动。

1. 企业主体

企业是对外投资的主体，应明确自身定位，发挥自身优势，结合自身发展战略和客观条件开展对外投资活动，企业对于其对外投资项目自主决策、自负盈亏、自担风险。

2. 市场导向

充分发挥市场在资源配置中的决定性作用，更好地发挥政府作用，促进要素有序自由流动、资源全球高效配置、国际国内市场深度融合，实行资本项下有管理的市场化运

行机制。

3．商业原则

企业在对外投资活动中要注重商业可持续性，做好国际化经营规划和投资项目价值评估，在科学分析项目经济、技术可行性的基础上，稳妥有序地开展对外投资。

4．国际惯例

企业在对外投资活动中要遵守国际惯例和通行投资规则，遵守合作国法律法规和监管制度，尊重国别文化差异和宗教习俗，提高境外经营水平。

5．互利共赢

引导企业充分考虑东道国国情和实际需求，注重与当地政府和企业开展互利合作，注重承担企业社会责任，创造良好的经济社会效益，促进互惠互利、合作共赢。

6．防范风险

坚持稳中求进的工作总基调，坚持依法合规，合理把握境外投资重点和节奏，积极做好对外投资事前、事中、事后监管，切实防范各类风险。

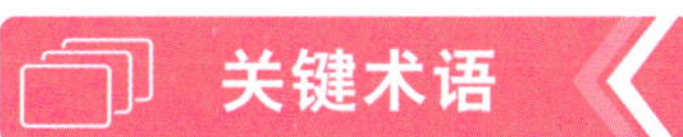

关键术语

"走出去"战略　　一带一路　　对外直接投资　　对外间接投资
主权财富基金　　QDII

课后练习

一、不定项选择题

1．（　　）的开业，拉开了中国企业对外直接投资的序幕。

A．京和股份有限公司　　B．京盛股份有限公司
C．京西股份有限公司　　D．京东股份有限公司

2．对外直接投资的方式包括（　　）。

A．中外合资　　B．股权投资
C．非股权投资　　D．中外合作

3．不属于主权财富基金特点的是（　　）。

A．特殊的资金来源　　B．浓厚的政府背景
C．庞大的资金规模　　D．强大的人际关系

4．我国目前具有 QDII 资格的金融机构有（　　）。

A．证券系 QDII　　B．保险系 QDII

C．银行系 QDII　　D．信托系 QDII

5．中国政府支持企业开展对外投资活动的原则包括（　　）。

A．商业原则　　B．互利共赢

C．市场导向　　D．企业主体

二、判断题

1．我国对外投资以对外直接投资为主。（　　）

2．我国按照“鼓励发展+负面清单”的模式引导和规范企业境外投资方向。（　　）

3．主权财富基金只能由国家政府部门管理。（　　）

4．《关于进一步引导和规范境外投资方向的指导意见》明确了鼓励、限制和禁止等三类境外投资活动。（　　）

三、简答题

1．试分析中国发展对外直接投资的动机。

2．中国对外直接投资的战略选择包含哪些方面的内容？

参考文献

[1] 陈菲琼. 国际投资 [M]. 杭州：浙江大学出版社，2006.

[2] 戴志敏，王义中. 国际投资学 [M]. 杭州：浙江大学出版社，2012.

[3] 孔淑红. 国际投资学 [M]. 北京：对外经济贸易大学出版社，2015.

[4] 李东阳. 国际投资学教程 [M]. 上海：立信会计出版社，2007.

[5] 李辉，姚丹，郭丽. 国际直接投资与跨国公司 [M]. 北京：电子工业出版社，2013.

[6] 李军燕. 国际金融实务 [M]. 大连：东北财经大学出版社，2015.

[7] 卢进勇，杜奇华，闫实强. 国际投资与跨国公司案例库 [M]. 北京：对外经济贸易大学出版社，2005.

[8] 卢进勇，杜奇华，李锋. 国际经济合作教程 [M]. 北京：首都经济贸易大学出版社，2016.

[9] 王薇薇. 国际投资 [M]. 北京：知识产权出版社，2014.

[10] 王育红，张国胜. 国际投资理论与实务 [M]. 北京：北京交通大学出版社，2006.

[11] 小岛清. 对外贸易论 [M]. 天津：南开大学出版社，1988.

[12] 阎敏. 国际投资学 [M]. 北京：清华大学出版社，2015.